나이듦의 신학

Copyright ⓒ 2016 by R. Paul Stevens
Originally published in English under the title *Aging Matters*
by Wm. B. Eerdmans Publishing Co.
Grand Rapids, Michigan, U.S.A.
All rights reserved.

This Korean translation edition ⓒ 2018 by CUP, Seoul, Republic of Korea.

This Korean edition is published by arrangement of Wm. B. Eerdmans Publishing Co. through rMaeng2, Seoul, Republic of Korea.

이 한국어판의 저작권은 알맹2를 통하여 Eerdmans Publishing Co.와 독점 계약한 도서출판 CUP에 있습니다.
신 저작권법에 의하여 한국 내에서 보호받는 저작물이므로 무단 전재와 무단 복제를 금합니다.

나이듦의 신학

초판	1쇄 인쇄 2018년 12월 07일
	4쇄 인쇄 2024년 11월 12일
지은이	폴 스티븐스
옮긴이	박일귀
발행인	김혜정
디자인	홍시 송민기
기획위원	김건주
마케팅	윤여근, 정은희
발행처	도서출판 CUP
출판신고	제2017-000056호 (2001.06.21.)
주소	(04549) 서울특별시 중구 을지로 148, 8층 803호(을지로3가, 드림오피스타운)
전화	02) 745-7231
팩스	02) 6455-3114
이메일	cupmanse@gmail.com
홈페이지	www.cupbooks.com
ISBN	978-89-88042-93-9 03230 Printed in Korea

* 파손된 책은 구입하신 서점에서 교환해 드리며 책값은 뒤표지에 있습니다.

나이듦의 신학

당신의 소명을 재구성하라

폴 스티븐스 지음 | 박일귀 옮김

Aging Matters
finding your calling for the rest of your life

Contents

프롤로그 6

Part 1

소명

1 은퇴를 재구성하다 18

2 인생 후반기의 소명은 매우 중요하다 44

3 인생 후반기의 소명과 하나님의 사람들 68

Part 2

영성

4 영적 여정으로서의 나이듦 94

5 나이듦의 악덕 122

6 나이듦의 미덕 144

Part 3

유산

7 다방면의 유산 남기기 172

8 인생 돌아보기와 인생 미리보기 200

9 끝은 또 다른 시작 228

에필로그 256
참고문헌 262
색인 273
주 308

나이듦은 패배가 아니라 성공이며,
형벌이 아니라 특권이다.

아브라함 헤셸 Abraham Heschel

프롤로그

> 은퇴 생활의 성공 여부는
> 대부분 지금까지 살아온 방식에 달려 있다.
> 폴 투르니에[1]

> 나이듦은 패배가 아니라 성공이며,
> 형벌이 아니라 특권이다.
> 아브라함 헤셸[2]

2016년 현재 78세인 나는 아직 '최고령 노년층'에 속하지는 않지만, 곧 진입한다. 최근 연구에 따르면, 노년층은 몇 개의 하위 범주로 나누어진다. 60~69세는 '젊은 노년층(young-olds)'이고, 70~79세는 '고령 노년층(old-olds)'에 속한다. 그리고 80세 이상은 '최고령 노년층(oldest-olds)'으로 분류된다.[3] 그래서 나 자신뿐 아니라 노년을 보내고 있는 독자(그 중 상당수가 나보다 많은 질병으로 고생하고 있을지도 모른다)를 위해 매우 큰 관심을 가지고 이 책을 집필했다. 우리는 노년을 어떻게 생각해야 할까? 더 중요한 질문은 이것이다. 우리는 노년을 어떻게 살아야 할까? 그리고 우리는 신앙(어떤 신앙을 가졌는지는 상관없다)을 가지고 노년을 어떻게 보내야 할까? 은퇴하면 그동안 인생에 의미와 목적을 부여하던 소명도 끝이 나는가?(나는 8년 전에 은퇴했다) 아니면, 은퇴에 대해 다시 정의해야 하는가? 오늘날 사람들은 은퇴를 '재구성'해야 한다고 말한다. 즉 전혀 다른 관점으로 다르게 바라보아야 한다고 말한다. 월터 라이트(Walter Wright)는 《인생의 삼삼분기》(The Third Third of Life)에서 "은퇴는 재구성되고 있다"라고 말한다.[4]

다음과 같은 질문들도 제기된다. 나이가 들면 영성이 고양되고 인생을 초월하거나 관조하는가? 특별히 나이드는 것과 관련해 미덕이나 악덕이 있는가? 노년에 영적으로 성장하게 만드는 영적 훈련이 따로 있는가? 우리의 유산은 무엇인가? 우리는 이 세상에 무엇을 남기고 떠날 것인가? 모두가 맞이하는 죽음에 대해 어떻게 생각하며 살아야 하는가? 누구도 이 질문들을 피할 수 없다. 그리고 이를 통해 또다시 다음 생에 관한 질문이 제기되고, 이 세상에서 수명을 연장하는 것이 과연 선한 일인지 묻게 된다. 이 모든 질문은 책에서 자주 다루게 될 것이다.

솔직히 나는 나 자신을 위해 이 책을 쓰고 있다. 그리고 독자 여러분을 위해 이 책을 쓴다. 여러분 가운데는 노부모를 모시는 사람도 있을 것이다. 혹 사회복지사나 간병인으로서 '나이듦'의 의미가 무엇인지, 노년을 보내는 사람을 어떻게 도우면 좋을지 알고 싶다면, 이 책이 도움을 줄 수 있다. 이 책은 나이듦에 관한, 즉 모든 사람에 관한 책이기 때문이다. 기독교적인 관점으로 앞에서 제기한 질문에 접근할 것이고, 성경 내용을 인용할 것이다. 물론 다른 종교를 가진 사람들도 풍부한 통찰력이 있고 신앙이 전혀 없는 사람도 나름의 견해가 있다.[5] 하지만 유대교나 기독교 신앙이 있지 않거나 다른 종교에 속해 있는 사람들도 부담 없이 접근할 수 있도록 이 책을 썼다. 나는 기독교 신앙이 노년을 비극적 결말보다는 새로운 모험과 축복으로 여길 수 있도록 도와준다고 믿는다. 내가 좋아하는 유대인 작가 아브라함 헤셀(Abraham Heschel)은 이렇게 말한다. "나이듦은 패배가 아니라 성공이며, 형벌이 아니라 특권이다."[6] 이어서 다음과 같이 말한다. "마치 대학에서 최고학년이 되는 것처럼, 인생의 완성을 이룬다는 기대를 품고 노년을 맞이해야 한다. …… 사실 노년은 가능성이 풍부한 인격 형성기이다. 이 시기에는 인생의 어리석음을 버리고, 자기기만을 간파하고, 이해심과 공감 능력이 깊어지고, 정직함의 지평이 넓어지고, 공정성에 대한 감각이 한층 성숙하기 때문이다."[7] 물론 이 책에서 나는 더 많은 이유를 제시할 것이다.

회색 쓰나미

인구 그래프를 보면 노년층이 팽창하고 있다는 사실을 확인할 수 있다. 그래프는 마치 뱀이 덩치 큰 동물을 삼킨 것처럼 보인다. 중세 시대 후반에는 20세까지 살아남는 사람들이 평균적으로 약 50세까지 살았다. 1992년 미국 인구의 12%(3,000만 명 이상)가 65세 이상에 해당한다. 최적 추정치에 따르면, 2020년에 미국 인구의 18%가 이에 해당한다. 2040년에는 북미인 네 명 중 한 명이 65세 이상 노인이 된다. 1776년 미국에서 태어난 아이는 평균 기대 수명이 35세였다. 하지만 21세기 중반에 이르면 남자는 86세, 여자는 92세로 예상한다.[8] '미 의학 연구소는 (미국에서) 2011년부터 시작해 베이비붐 세대(1946~1964년에 태어난)가 20초마다 한 명꼴로 65세가 될 것이라고 발표했다.'[9] 베이비붐 세대는 결혼, 출산, 은퇴 준비를 미루어 왔고, 때로는 경제적인 이유로 은퇴까지도 미루고 있다. 그래서 사람들은 50세 정도에 인생의 '후반전'이 시작된다고 말하는데, 월터 라이트와 같은 사람들은 이 시기를 인생의 '삼삼분기(third third)'라 부르기도 한다. 월터 라이트는 일삼분기(0세~30세)에는 '보육, 교육, 준비 기간을 보내면서 정체성과 목적이 형성되고 친밀감과 관계를 경험한다'고 설명한다. 30세에서 60세인 이삼분기에는 "가족과 일에 사로잡힌다. 즉 자신의 핵심적인 인간관계를 규정하고 직업과 커리어에 전념한다." 삼삼분기인 60세부터 90세까지는 "은퇴 후에 인생의 미개척 영역에 맞닥뜨린다."[10] 예전에는 삼삼분기가 짧은 편이었지만, 지금은 건강 상태가 양호하고 수명도 길어져 거의 20~30년이나 된다. "삼삼분기의 핵심은 …… 다음과 같다. 우리가 삼삼분기에 들어서면 수명의 종류와 형태, 가능성이 완전히 새로워진다."[11]

월터 라이트는 1960년에 처음으로 '은퇴한' 어느 할머니가 그 이후로도 네 개의 직업 활동(강의, 병원 자원봉사, 역사 동호회 운영, 도서관 업무)을 했다는 이야기를 꺼낸다.[12] 하지만 아무리 유익하고 놀라운 사례들도 노년에 관한 사회 인식을 바꾸지 못하고 있다.

사회는 노년을 어떻게 바라보는가

고전적인 자유주의 경제학자들은 인구 억제와 출산율 저하가 경제가 건강해지는 데 중요하다고 말한다. 하지만 최근에는 노인을 부양할 젊은 노동 인구가 급격히 줄어들면서 위기가 닥쳐오고 있다. 정부가 운영하는 국민연금마저 내는 사람 줄어들고 혜택을 받는 사람은 늘어나고 있어 문제가 심각하다. 그래서 오늘날 노인들은 허약하고, 아프고, 무기력하고, 수동적이고, 성욕이 없고, 외롭고, 사랑받지 못하고, 배울 능력이 없고, 짐스러운 존재로 여겨지는 경우가 많다. "미국인들은 나이가 드는 것을 개인적 존재 또는 사회적 존재가 받아들여야 할 당연한 부분으로 보지 않고, 과학 기술이나 전문 지식의 도움을 받아 의지력을 갖고 해결해야 할 문제로 여기고 있다."[13] 사람들이 나이드는 것을 두려워하는 이유 중 하나는 죽음이 두려워서이다. 여기서 논리가 순환된다. 사람들은 대부분 나이가 들어서 죽는다. 그래서 죽을 것이기 때문에 나이드는 것을 두려워한다. 결국, 나이듦은 일종의 자기모순에 빠진다. 모든 사람은 더 오래 살기를 바라지만, 아무도 나이드는 것은 원치 않는다. 고대의 문헌이나 문화유산에서 주목할 만한 점 하나가 있다. '근대'라고 부르는 시대 이전에는 노년과 죽음이 지금처럼 서로 긴밀하게 연결되지는 않았다. 우리는 죽음을 나이가 들면 찾아오는 당연한 결과로 보지만, 고대인들이나 심지어 초기 기독교인들조차 사람은 반드시 노년까지 살 것이라 기대하지 않았다. 이러한 맥락에서 아우구스티누스(Augustine)는 이렇게 말했다. "생애 어느 순간에 죽지 않을 것이라 장담하면서 죽는 사람은 아무도 없다. 어차피 오래 산 사람이나 짧게 산 사람이나 인생의 최후는 같다. …… 어떤 종류의 죽음을 맞이하든 결국 삶은 끝이 난다."[14] 성(性)에 따라서도 노화를 느끼는 차이가 다르다. 루이스 리치몬드(Lewis Richmond)는 이렇게 말한다. "여성은 폐경기를 겪기 때문에 노화를 더 빨리 더 실감나게 느낀다."[15] 어떤 의사는 이렇게 표현하기도 했다. "여성은 나이가 들고 있다는 것을 깨달으면 낭떠러지에서 떨어지는 기분이 들지만, 반면에 남성은 같은 나이임에도 노화의 징후들을 무시하거나 좀 더 서서히 깨닫는다."[16]

이 책 1부에서는 먼저 소명이라는 측면에서 나이듦의 문제에 접근해 볼 것이다. 은퇴를 긍정적인 경험으로 재구성하는 것을 살펴보고자 한다. 우리가 죽을 때까지 일할 생각이 있는지 자신에게 물어보고, 또 어떻게 일을 해야 하는지 알아볼 생각이다. 또한 남은 생애를 위한 소명을 어떻게 발견할 수 있는지 생각해 볼 것이다. 이러한 맥락에서, 구약 성경과 신약 성경에서 노년과 관련된 여러 이야기와 가르침을 참고할 것이다.

2부에서는 영성에 관해 다루어 볼 것이다. 나이가 드는 과정 자체가 하나의 영적 훈련이나 영적 여정이 될 수 있는지 살펴보고, 또 어떤 미덕과 악덕이 특별히 노년과 관련 있는지 질문을 던져 볼 예정이다.

3부에서는 다방면의 유산 남기기에 대해 생각해 볼 것이다. 우리가 어떻게 죽음과 다음 세상의 삶을 준비할 것인지를 이야기할 것이다.

이 책 전체에서 나는 노년을 잠재적으로 풍성한 열매를 맺는 계절이라고 말할 것이다. 한 유대 랍비는 노년기의 생산성과 관련해 이례적인 사례들을 제시한다.

> 주세페 베르디(Giuseppe Verdi)는 73세에 〈오텔로〉(Otello)를, 80세에 가까운 나이에는 〈팔스타프〉(Falstaff)라는 걸작을 남겼다. 토마스 만(Thomas Mann)은 70세가 넘어서 소설 《파우스트 박사》(Dr. Faustus)와 《사기꾼 펠릭스 크룰의 고백》(Confessions of Felix Krull, Confidence Man)을 집필했고, 피카소(Picasso)는 90대에 필생의 역작들을 남겼다. 건축가 프랭크 로이드 라이트(Frank Lloyd Wright)는 69세부터 창조적인 작품들을 만들기 시작했고, 철학자 앨프리드 노스 화이트헤드(Alfred North Whitehead)는 65세 이후에 가장 영향력 있는 저서를 출간했다. 또한 발명가 버크민스터 풀러(Buckminster Fuller)는 80세에 혁신적인 창조력이 충만했다.[17]

우리 가운데 이들만큼 창조적인 사람은 거의 없을 것이다. 하지만 우리는 모두 노년을 긍정적으로 바라보며, 이 새로운 환경이 제공하는 특별한 기회를 잡을 수 있다. 그리고 우리는 다음과 같은 유익을 얻게 될 것이다.

이 책에서 무엇을 얻을 수 있는가

- 관점─나이듦을 은퇴의 경험을 재구성하는 기회이며, 새로운 기회가 열리는 성숙의 과정으로 보게 된다.
- 소망─믿음으로 인해 우리가 과거보다 더 나은 미래를 내다볼 수 있게 된다는 사실을 깨닫는다.
- 인도─삶의 목적과 의미인 '소명'을 발견하도록 인도한다.
- 영적 성장─악덕을 다루고 미덕을 키우고 영적 훈련을 진행하면서 나이듦의 과정을 영적인 여정으로 볼 수 있도록 돕는다. 그 결과 좀 더 전인적인 인간이 되고 하나님과 친밀해지고 이웃과 사랑을 나누며 창조 질서와 조화를 이루게 된다.
- 실제적인 지침─유언장 작성하기, 인생 후반기 검토하기, 죽음과 사후의 삶 준비하기 등을 다룬다.

폴 피어스 박사(Paul Pearse, 나는 그와 함께 리젠트 대학과 캐리 신학대에서 'Aging Matters' 과정을 가르친다)와 황위쉬엔(Yuk Shuen Wong) 박사는 '건강한 노년에 도움이 되는 요인들'을 정리했다. 《BC 사이콜로지스트》(BC Psychologist)라는 학술 잡지에 기고한 글에서 그 요인들을 제시했다. 첫째는 직업적인 요인이다. 일에 대한 우선순위와 헌신의 정도를 재조정함으로써 시간을 의미 있게 사용하고 동기 부여와 흥미를 계속 유지하게 한다. 둘째, 건강에 관한 요인이다. 개인의 육체적·정신적 건강에 기여하는 요인을 말한다. 셋째는 사회적 요인이다. 개인에게 안정과 행복을 주는 인간관계, 우정, 공동체의 소속감 등을 말한다. 넷째, 재정적인 요인이다. 예전과 생활 방식이 달라진 노년에도 개인이 안정적인 재정을 확보할 뿐만 아니라, 가족과 공동체에 의미 있는 기여를 할 수 있을 정도로 자산을 보유하고 있는 것을 말한다. 마지막으로 영적인 요인이다. 인생의 신비나 초월적인 존재와의 관계를 경험하면서 영적으로 깊어지는, 일종의 '제2의 기회'라고 말한다.[18] 이 책에서는 이 다섯 가지 요인을 모두 다룰 것이다.

이 책을 최대한 활용하는 방법

물론 이 책은 나이가 든 사람뿐 아니라 청장년이나 노인을 돕고자 사람 모두 읽을 수 있다. 이 책은 주석을 많이 달았을 뿐 아니라 책 끝에 참고 문헌과 색인도 실어 놓았다. 각 장 마지막에는 토론에 도움이 될 만한 질문거리를 제시했고, 관련 성경 구절로 성경 공부도 할 수 있게 했다. 개별적으로 공부할 수도 있지만, 그룹으로 모여서 활용하는 데 더 초점을 맞추었다. 예컨대 그룹으로 모일 경우, 9~10주 동안 구성원들이 미리 한 장씩 읽고 와서 토론하거나 성경 공부를 진행할 수 있다. 성경 공부를 할 때는 이 주제에 관해 '성경은 뭐라고 말한다'라는 식으로 진행되지 않는다. 그보다는 성경 텍스트에 관해 각자가 스스로 질문을 품어 보고 내 삶에 유용하게 적용할 만한 답을 찾아가면 된다.

그럼 유익한 시간이 되길 바란다!

Part 1

소명

인간은 본래 낙원에 있었다.
그러므로 노예근성이 아니라
인간의 존엄성에 걸맞은
영적 즐거움을 느끼며 땅을 일군다.

— 성 아우구스티누스

1 은퇴를 재구성하다

2주 정도면 은퇴하기에 가장 이상적인 기간이다.
알렉스 컴포트[1]

그리스도인의 사전에 …… 은퇴란 단어는 없다.
제임스 M. 휴스턴[2]

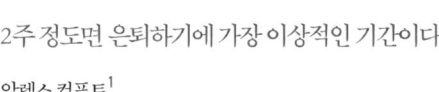

　나는 우리가 죽기 전까지 일해야 한다고 진지하게 제안하고 싶다. 물론, 은퇴 후 '노동 지옥'에서 해방되기를 꿈꾸고, 웬만하면 극심한 생존 경쟁에서 빠져나오고 싶어 하고, 조기에 은퇴할 계획을 세우고 있고, 죽을 때까지 여가와 소비를 즐기며 살고자 하는 사람에게는 너무나 터무니없는 소리라는 걸 잘 안다. 하지만 나는 정말 진지하게 제안한다.
　성경에는 민수기 8장 23~25절 말고는 은퇴와 관련된 내용이 없다. "여호와께서 또 모세에게 말씀하여 이르시되 레위인은 이같이 할지니 곧 이십오 세 이상으로는 회막에 들어가서 복무하고 봉사할 것이요 오십 세부터는 그 일을 쉬어 봉사하지 아니할 것이니라." 레위인은 50세에 은퇴해야 했다. 아무래도 은퇴한 뒤로는 젊은 사람들의 멘토 역할을 하는 것이 적절하다고 생각한 듯하다. 이처럼 성경에 은퇴와 관련해 언급하는 내용이 거의 없는 이유는 성경 시대에는 우리가 '노년'이라고 부르는 나이까지 사는 사람이 거의 없었기 때문일 것이다. 당시 사람들은 세상을 떠날 때까지 일했다. 대가족을 이루고 살던 농경 사회에서는 항상 노인들에게 할 일이 있었다. 물을 길어 오거나 식사 준비를 돕거나 손주를 돌보는 일 등 작은 힘으로도 할 수 있는 일들이 있었다. 개발도상국에서도 크게 다르지 않다. 하지만 산업 사회와 정보화 사회로 발전하면서 사람들의 기대 수명[3]이 높아지고 있다. 즉 많은 사람이 은퇴한 뒤에도 이삼십 년을 더 살게 되면서 65세 정도에 은퇴 계획을 세운다. 어떤 사람들은 좀 더 일찍 55세쯤 은퇴를 꿈꾼다. 그리고 그다음은 무엇을 할까? 확실히 은퇴는 변화하고 있다.

변화하고 있는 은퇴의 모습

《에이지 웨이브》(*Age Wave*)라는 책에서 켄 디찰드(Ken-Dychtwald)와 조 플라워(Joe Flower)는 기존의 은퇴가 어떻게 변화하고 있는지 다음과 같이 설명한다.

> 우리는 예전의 은퇴 후의 삶에 관해 설명하고 있다. 할아버지는

베란다에서 잠들어 있고, 회사에서 그에게 은퇴 선물로 준 금시계는 조끼 호주머니에서 째깍거리고 있다. 할아버지의 친구들이 낚시, 카드놀이, 체커를 하려고 온다. 하지만 노후 생활은 빠르게 변하고 있다. 이제는 일을 완전히 그만두는 것이 아니라 대신 시간제 근무나 기간제 근무 등 생산적인 활동을 하면서도 한편으로 여가 활동을 즐기는 방식으로 변화하고 있다.[4]

북미나 북서유럽을 중심으로 나이가 들어서도 일하는 문화가 점점 형성되고 있다. 내 서재에는 두 권의 책이 있다. 하나는 《일하는 기쁨》(Joy at Work)이고, 다른 하나는 《일하지 않는 기쁨》(The Joy of Not Working)이다. 일간지 〈밴쿠버 선〉(The Vancouver Sun)에 소개된 어느 노부부는 이렇게 말했다. "앞으로 우리 목표는 남은 20~25년 동안 하고 싶은 일을 하면서 건강하게 사는 것입니다. 그런 삶이 무엇인지 명확하게 정의하기는 어렵지만 가능한 한 일을 적게 하고 별 탈 없이 사는 것으로 생각합니다. 우리는 누구에게도 유산을 남겨줄 계획은 없습니다."[5] 기본적으로 이런 사람들은 일하고 싶어 하지 않고 무엇인가에 도전하거나 전념하는 것도 별로 내켜 하지 않는다. 여기에는 또 다른 두 개의 메시지가 담겨 있다.

흔히 노인들은 젊은 사람들이 일할 수 있도록 자리를 비워 주어야 한다고 말한다. 하지만 그와 동시에 노인 인구에 대한 연금과 의료비가 엄청나게 확대되는 상황에서 노인들은 앞으로 닥칠지 모르는 막대한 재정 '쓰나미'를 피하려면 정부의 연금 제도에 보탬이 되도록 계속해서 일해야 한다. 매일 캐나다에서는 1,000명이, 미국에서는 1만 명이 65세가 되고 있다. 2018년 캐나다는 14세 이하의 아동보다 65세 이상의 노인이 더 많아졌다.[6] 첨단 기술 사회가 되고 복잡한 기술을 이용하는 일터가 늘어나면서 노인들은, 특히 기술 분야에서 일하던 노인들은 아주 어릴 때부터 아이패드를 사용하면서 자란 젊은이들을 쫓아갈 수 없다고 생각한다. 하지만 그들이 하고자 하는 일은 무엇인가? 세상에는 무상으로 일을 하고 싶은 사람은 거의 없다. 곧 보여주겠지만, 문제는 '무상으로'가 아니다. 이 문제의 핵심은 은퇴라는 개념이 비교적 최근에 만들어졌다는 것이다.

비노동 발명하기

은퇴라는 개념은 19세기 말 20세기 초에 등장했다. 서양에서는 얼마 전까지만 해도 연금이라는 것이 없었고, 보통 사람들은 '세상을 떠나기 약 3년 전에' 일을 그만두었다.[7] 대부분은 70대까지 일을 했고 퇴직한 뒤 얼마 있지 않아 세상을 떠났다. 건강이 좋지 않으면 그보다 좀 더 일찍 일을 그만두었고 가족의 보살핌을 받았다. 조지 베일런트(George Vaillant)는 20세기 말 평균 은퇴 생활 기간이 3년에서 약 15년으로 늘어났다고 밝히고 있다.[8] 급격한 변화가 일어나고 있다.

공식적으로 은퇴 제도를 만든 최초의 국가는 1889년 독일이었다. 공식적인 은퇴 연령은 50세에서 70세까지 나라마다 다르다. 어떤 나라에서는 연금이 고갈되는 것을 막고 세금을 더 내게 하려고 은퇴 연령을 점점 올리고 있다. 재산이 많은 사람은 다른 사람보다 여가를 더 많이 즐긴다.

또 한편으로 2008년 세계 금융 위기와 거기서 비롯된 불안감(오늘날 새로운 세계 경제의 특징으로 자리 잡음) 때문에 사람들은 울며 겨자 먹는 심정으로 계속 일을 하고 있다. 최근에 〈밴쿠버 선〉에 실린 글에서 캐나다인을 대상으로 조사한 결과 브리티시 컬럼비아(British Columbia)에 사는 베이비붐 세대(1946년부터 1964년까지 태어난) 중 40%가 은퇴 연령이 지나서도 일하고 있었고, 무려 84%는 은퇴 계획이 없다고 대답했다. 왜 그럴까?

원인은 단순하지 않다. 첫째, 그들은 정신적으로 활발한 상태를 유지하길 바란다. 둘째, 그들은 일하면서 사회적인 상호 작용을 하고 싶어 한다. 하지만 39% 가량이 재정적인 필요 때문이라고 답했다. 인터뷰에 응한 베이비붐 세대는 편안하게 노후를 보낼 만큼 충분히 돈을 모으지 못했다고 말했다. 그들은 은퇴에 대한 생각을 너무 늦게 시작했고, 투자한 만큼 돌려받는 것도 많지 않았고, 악화된 경제 상황에 크게 영향을 받고 있었다. 캐나다에서 베이비붐 세대 3명 가운데 1명이 빚을 안고 은퇴하는 것으로 파악되었다.[9]

은퇴의 긍정적인 면과 부정적인 면

대부분의 연구에 따르면, 원하는 시기 이전에 은퇴를 강요당하거나, 건강 문제로 더 일하지 못하거나, 계속 일하지 못할 만큼 실력이 부족해지는 경우 사람들은 은퇴를 부정적으로 생각한다. 어떤 사람들은 어느 대출 담당자가 콕 집어 말했듯이 "이제는 일이 재미없어서" 퇴직하기도 한다. 피로가 은퇴의 이유가 될 수도 있다. 은퇴에 대한 압박은 계속해서 증가하고 있는 듯하다. 첨단 기술 분야에서 일했던 내 동생은 이렇게 말했다. "이제는 젊은 사람들을 못 쫓아가겠어." 하지만 수명이 길어지면서 우리가 크게 바라지도 않던 인생의 새로운 시기가 펼쳐지고 있다. 조앤 치티스터(Joan Chittister)는 다음과 같이 이야기한다. "5명 중 2명이 계획보다 일찍 퇴직해야 하는 시대에, 사람들이 느끼는 상실감은 사회적 전염병(social epidemic)의 특징을 모두 지니고 있다."[10]

그에 반해 베일런트(Vaillant)는 네 가지 요건만 갖춰진다면 은퇴 생활에서 보람을 느낄 수 있다고 말한다. 첫째, 은퇴자가 기존의 직장 동료 대신 다른 사회적 관계를 맺을 수 있어야 한다. 둘째, 인생을 즐기는 법을 재발견해야 한다. 셋째, 창조성을 개발해야 한다. 이와 관련해 베일런트는 다음과 같이 말한다. "모네(Monet)는 76세에 비로소 '수련(睡蓮)'을 그리기 시작했다. 벤저민 프랭클린(Benjamin Franklin)은 78세에 이중 초점 렌즈를 발명했다. 레오폴드 스토코프스키(Leopold Stokowski)는 94세에 6년짜리 음반 계약서에 서명했고, 할머니 화가 모제스(Grandma Moses)

는 100세에도 그림을 그렸다."⁽¹¹⁾

그렇다면 은퇴란 무엇을 의미하는가?

어떤 사람에게는 은퇴가 풀타임 근무에서 파트타임 근무로 바뀌거나 한 직장에서 다른 직장으로 옮기는 것을 의미한다. 또 어떤 사람에게는 취미 생활을 하거나 여가 활동을 하는 데 많은 시간을 들이는 것을 의미한다. 누군가는 골프 치러 다니고, 여행도 하고, 레저용 자동차를 몰고 북미 대륙을 돌아다니고, 온종일 앉아서 텔레비전만 보는 여유로운 일상을 생각한다. 은퇴한 사람 중에 많은 이들이 의학적으로 "우울증과 기능장애를 동반한 은퇴 후 지남력(指南力) 장애 지연 증후군"⁽¹²⁾이라고 표현되는 어떤 증후를 보인다. 안타깝게도 인생을 일에 바친 남성 가운데 퇴직 후 얼마 있지 않아 세상을 떠나는 사람이 있다.

은퇴는 또 하나의 도전이라는 사실에는 의심할 여지가 없다. 어느 부인은 남편의 은퇴를 이렇게 표현한다. "남편은 두 배로 늘어나고 돈은 반으로 줄어든다." 역시나 돈이 문제다. 은퇴한 사람을 위한 강의나 책에서 가장 먼저 돈 문제를 다루는 것이 그리 놀랄 일은 아니다. 하지만 돈이 노후 생활의 모든 것을 해결하는 것도 아니다. 우리는 은퇴에 대한 접근 방식 자체를 재구성해야 한다. 여기서 재구성한다는 것은 은퇴를 새로운 방식으로 바라보는 것, 즉 루이스 리치먼드가 말하듯이 "비관적인 자세에서 낙관적인 자세로 태도"를 바꾸는 것을 의미한다.⁽¹³⁾ 바로 그것이 이제 우리가 해야 할 일이다.

은퇴를 재구성하기

첫째, 은퇴는, 자발적이든 비자발적이든, 하나의 유익한 충격이다. 충격적인 경험(trauma)은 한 사람의 인생을 재평가할 기회를 제공한다. 유진 비안키(Eugene Bianchi)는 이렇게 말한다. "이 부정적으로 보이는 도전은 지금까지 몸에 굳어버린 행동 습관에서 벗어날 수 있는 절호의 기회가 될 수 있다. 고통스러운 자기 평가가 때로는 개인의 기쁨과 사회의 이익에 이바지하도록 시간과 에너지를 창조적으로 사용하게 하는 새로운 통찰력을 제공한다."[14] 은퇴를 생각하면서 떠오르는 질문들이 여생을 위해 가장 중요한 자기 평가의 도구가 될 수 있다. 가령 다음과 같은 질문이 있다. 지금까지 내가 살면서 한 일은 무엇인가? 가족, 이웃, 세상, 그리고 내가 아직도 만들고 싶어하는 주변 환경에 이바지한 것은 무엇인가? 내 인생의 의미는 무엇인가? 나는 무엇을 위해 살고 있는가? 내 인생에서 가장 중요한 것은 무엇인가?

둘째, (공식적인 의미에서) 은퇴 이후는 개인적으로 성장하는 중요한 시간이 될 수 있다. 여기서 개인적 성장은 지적, 사회적, 관계적, 영적인 성장을 가리킨다. 비안키는 일의 중요성을 강조하면서 이러한 성장의 가능성을 말한다. "중년의 성장 가능성은 상당 부분 일에 대한 태도에 달려 있다. 육체노동이든 정신노동이든 일은 사람들이 이 세상에 자기 자신을 표현하고 드러내는 방식이다."[15]

셋째, 은퇴는 한 사람의 재능과 기질, 삶의 경험에 좀 더 적합

한 일을 할 가능성을 열어 줄 수 있다. 비안키는 일을 단순히 직업 정도로 보는 것이 아니라, 좀 더 나아가 명상의 관점으로 접근하며 종교적인 경험으로 바라본다.[16] 다음 장에서 우리는 '소명'이라는 관점에서 이 부분을 살펴볼 것이다.

넷째, 은퇴는 한 사람의 소명을 재평가하는 데 중요한 시간이 될 수 있다. 근본적으로 소명은 한 사람의 인생에 의미와 목적을 제공한다. 우리가 직장 생활을 그만둔다고 해서 소명까지 내려놓는 건 아니다. 비안키도 이렇게 말한다. "그런 일은 은퇴를 알지 못한다. 그런 일을 잃는다는 건 소명을 잃는다는 것이며, 가치와 의미가 사라지는 것이다."[17]

다섯째, 잘만 샤흐터-샬로미(Zalman Schachter-Shalomi)**가 《노인에서 현자로》**(from age-ing to sage-ing) [18] **라는 책에서 밝히듯, 공식적인 은퇴는 우리가 변화를 꾀하는 시기가 될 수 있다.** 일터, 가정, 교회에서 다음 세대에게 멘토가 될 수 있다면, 고대나 성경 시대처럼 나이든 사람이 지혜와 경륜을 지닌 원로(元老)로서 사람들에게 조언과 도움과 지지와 방향 설정을 해 줄 가능성이 열린다. "멘토링을 은퇴의 대안으로 생각한다면 나이든 사람들도 일터에서 젊은 사람들을 훈련하는 역할을 할 수 있다." 유대 랍비의 말이다.[19] 하버드대학교에서 사람들의 전 생애를 추적하며 성인 발달과 관련해 장시간의 종단 연구를 진행했는데, 여기서 몇 가지 중요한 사실이 발견되었다. 베일런트가 지적하듯이, 여기서 핵심은 '생성 능력(generativity)'이다. 즉 '다음 세대를 돌보는 것'과 '삶과 일에 투자해 자아를 확장하는 것'이다.[20] 달리 말하면, 나이든 사람이 젊은이를 양성한다는 것이다. 이는 일반적인 가족 구조의 전환을 가져온다는 점에서 매우 급진적이다. 젊은이가 노인을 돌보는 것이 아니라 노인이 젊은 사람을 돌보고, 보살피고, 가르치고, 양육하고, 그들로부터 배우는 것이다. 시편 92편은 '안식일을 위한' 시편이다. 이 시편은 매일의 노동과 부담을 내려놓고 인생이 무엇인지 특히 노년에 하나님과 함께 어떻게 살아야 하는지 돌아보도록 인도한다. 시편 92편 14절에서 의인은 "늙어도 여전히 결실하며 진액이 풍족하고 빛이 청청하니"라고 말한다.

은퇴 후에도 할 일이 있다

창세기부터 요한계시록까지 성경은 하나님의 형상을 닮은 인간이라는 존재에게 일이 매우 중요한 부분임을 단언한다. 이것은 내가 우리는 죽을 때까지 일해야 한다고 주장하는 이유 중 하나이기도 하다. 데살로니가전서 4장 9~12절과 데살로니가후서 3장 6~13절에서 사도 바울은 그가 사역하는 교회 안에 만연한 부실한 노동 윤리에 관해 다루고 있다. 어떤 사람들은 '세상'에 나가 노동한다는 건 그다지 중요하거나 의미가 있다고 생각하지 않았다. 그래서 가능한 한 노동을 피했고 '교회 일'만 열심히 했다. 교회 일은 영원한 가치가 있다고 생각했기 때문이다. 물론 오늘날에도 같은 문제가 되풀이되고 있다. 우리는 먼저 노동이 무엇인지 이해해야 하고, 그것이 왜 그렇게 중요한지 알아야 한다.

노동에 관해 매우 다양하고 복잡한 정의들이 있지만, 가장 단순한 정의는 바로 이것이다. 노동은 '분명한 목표의식을 가지고' 에너지를 확장하는 것이다. 육체노동이든 정신노동이든 아니면 둘 다여도 관계없고, 보수가 있든 없든 상관없다. 우리가 놀이를 할 때, 에너지를 확장하기는 하지만 분명한 목적의식을 가지는 건 아니다.[21] 우리는 서비스나 제품을 만들어내지는 않는다. 일과 놀이는 자주 겹쳐지는데, 확실히 어린아이들은 일(work)이 놀이(play)이고 놀이가 일인 경우가 많다. 이러한 겹침은 '나는 피아노를 친다(I play the piano)', '나는 하키를 한다(I am playing hockey)'와 같은 일상 언어에서도 자주 나타난다. 나는 공식적으로는 '은퇴했지만' 여전히 일하고 있는 몇 사람을 소개하면서 이번 장의 주제를 이야기해 보려고 한다. 모두 실존 인물이지만 여기서는 가명을 쓰겠다.

샘은 보잉747 기장에서 은퇴했고 그때부터 보트를 수리하는 일을 해 왔는데, 그건 그가 항상 좋아하던 일이었다. 엘리너는 큰 금융 회사의 간부였고 지금은 어느 교회에서 행정 업무를 맡고 있다. 에드는 고등학교 디자인 기술 교사였는데, 은퇴 후에는 가난한 사람들의 집을 고쳐 주는 자원봉사를 하고 있다. 병원 교회 목사로 활동했던 린다는 지금은 양로원에서 봉사 활동을 한다. 대럴은 학교 상담 교사였는데 지금은 교도소 안의 사람과 밖에 있는 사람을 연결하는 기관에서 봉사자로 일한다. 멜린다는 비서로 일했고 현재는 비영리 기관 두 곳에서 비서로 봉사하고 있다. 리는 평생 식물성 기름 생산업에 종사했는데, 은퇴한 뒤에는 오랜 경력을 살려 어느 기관을 운영하면서 식용유를 재활용할 뿐 아니라 UN과 함께 여러 나라에 식습관을 고단백으로 바꾸는 방법을 자문하고 있다. 산드라는 전업주부였지만, 어떤 의미에서는 은퇴한 적이 없다. 다만 이제 막 은퇴한 남편에게 "나는 이제 점심 식사 준비를 안 할 거예요."라고 말한 적은 있다. 그녀는 지금 훨씬 더 작아진 콘도 스위트룸을 관리할 뿐 아니라 손주들을 돌보며 운전도 해 주고 있다.

제임스는 교수였는데, 퇴임 후에도 계속 파트타임으로 가르치고 있고 옛 제자들을 찾아가 학문적으로 성숙할 수 있도록 조언도 해 준다. 그웬은 한 학군의 고위 행정관으로 일했고, 지금은 새로운 실험적인 교육 프로그램을 운영하는 데 무료로 자문을 제공한다. 댄은 큰 제조 회사의 기술부에서 일했고 지금은 예전부터 하고 싶었던 작은 농장을 운영한다. 리디아는 어느 식당의 주인이자 매니저였는데, 지금은 파트타임으로 지역 장례식장에서 일하고 있고, 자원하여 교회 사회봉사에 참여하고 있다. 앨빈은 농부였다. 아들이 농장을 물려받은 뒤로 그는 이웃의 농장을 돌아보며 지속적으로 도움을 주고 있다. 캐나다 일간지인 〈글로브 앤 메일〉(The Globe and Mail)은 캐나다 항공 기사인 벤 에트킨(Ben Etkin)의 사망 소식을 내보냈다. 그는 1970년에 (컴퓨터 이전의) 계산자를 이용해 망가진 아폴로 13호를 고쳤던 인물이다. 신문 기사는 '그는 절대 은퇴하지 않았다'라고 썼다. 심지어 은퇴하고 집에 있을 때 파킨슨병에 걸린 친구를 위해 움직임 정도를 줄여 주려고 특별한 슬리브(sleeve)를 고안하기도 했다.[22] 이 사람들은 모두 자신이 좋아하는 일을 하고 있다고 말할 것이다. 은퇴한 이후로 여가가 많아졌지만, 그들은 모두 일하고 있다. 어떤 사람은 보수를 받기도 하고 어떤 사람은 자원봉사를 한다.

그런데 우리는 왜 보수를 받는 것과 상관없이 죽을 때까지 일해야 하는가? 그리고 실제로 죽은 뒤에도 새 하늘과 새 땅에 부활해서도 일해야 하는 건가? 후자의 질문은 다음 생에서 다루려고 한다. 지금은 이곳의 인생에만 주목해 보자. 우리가 죽을 때까지 일해야 하는 몇 가지 이유는 다음과 같다.

첫째, 우리는 일을 하도록 만들어졌다. 노동은 하나님의 형상을 닮은 인간이 지닌 존엄한 영역이다. 창세기에서 말하듯이 우리는 거룩한 존재가 반영되어 만들어진 형상이다. 성경의 첫 번째 책인 창세기는 하나님의 형상을 반영한다는 것은 두 가지를 포함한다고 말한다. 우리는 관계적인 존재로, 즉 공동체를 이루는 존재로 만들어졌다. "하나님이 자기 형상 곧 하나님의 형상대로 사람을 창조하시되 남자와 여자를 창조하시고"(창 1:27). 이는 하나님 자체가 성부, 성자, 성령의 사랑과 섬김의 공동체 안에 거하시는 관계적인 존재이기 때문이다. 따라서 사람들은 관계 안에 있는 존재들이다. 인간의 존엄성의 핵심에는 바로 '관계'가 있다.

하나님의 형상을 반영하는 인간의 다른 측면도 이에 못지않게 중요하다. 하나님은 노동하는 분이시다.[23] 예수께서 말씀하듯이 (요 5:17), 하나님은 지금도 일하고 계신다. 우리도 하나님처럼 일하도록 만들어졌다. 우리는 통치권을 부여받아 우리 자신을 제외한 모든 것을 통치한다. 하나님은 우리에게 땅을 경작하고 지키게 하셨다(창 1:26; 2:15). 우리는 농사부터 유전공학까지, 회계 업무부터 그래픽 아트까지 모든 일에서 이 통치권을 사용한다. 이유는 간단하다. 하나님은 인간에게 계속 고안하고, 소통하고, 창조하고, 유지하고, 조직하는(이 외에도 성경에 나오는 하나님의 일과 관련된 표현을 여러 개 더 추가할 수 있다.) 일을 하도록 인도하시기 때문이다. 조앤 치티스터는 이에 관해 다음과 같이 말한다. "우리는 숨을 쉬는 한, 인류의 선(善)을 위해 세상을 공동으로 창조할 책임을 지니고 있다."[24] 물론 노동은 쉬운 일이 아니고, 심지어 세상에 타락이라는 큰 문제가 발생한 이후로 줄곧 땅에는 가시덤불과 엉겅퀴가 나오고 있다(창 3:1~24). 일터는 복잡하고 정치적이며 말 그대로 힘든 곳이 되었다. 하나님께서 아담에게 "얼굴에 땀을 흘려야"라고 말한 것을 우리가 고스란히 겪고 있다. 노동은 인간이 타락하기 전에 주어진 것이므로, 문제가 있더라도 노동 자체는 궁극적으로는 선하다. 나중에 그리스도께서 그 저주를 대부분 뒤집은 뒤로는 노동은 상당 부분 회복되었다.[25]

둘째, 노동은 세상에 유익하다. 성경은 두 가지 비전을 제시한다. 말씀하고 계획하고 만들며 일하시는 하나님. 그리고 "동산을 경작하고 지킬"(창 2:15) 임무를 맡은 하나님의 형상을 닮은 인간

대부분 사람이 생각하는 것과는 반대로, 세상이 인간을 위해 만들어진 것이 아니라 인간이 세상을 위해 만들어졌다. 도시를 계획하고, 정부에서 일하고, 우주에 로켓을 보내고, 유전자를 결합하는 것뿐만 아니라 쓰레기를 수거하고, 계산서를 정리하고, 누군가의 머리를 스타일링하고, 기저귀를 갈고, 식탁에 밥을 차리고, 그림을 판매하는 등 지극히 일상적인 영역까지 우리는 광범위하게 피조물을 돌본다. 이 모든 것이 세상을 안정적으로 돌아가게 한다. 그래서 노동은 피조물에게 유익한 것이고, 또 그래야만 한다. 물론 노동은 우리 자신에게도 유익하다.

셋째, 노동은 우리에게 유익하다. 노동은 우리에게 몇 가지 좋은 점을 제공하는데, 그중 하나는 우리를 우리 자신에게서 벗어나게 한다는 것이다. 디트리히 본회퍼는 고전《성도의 공동생활》(*Life Together*)에서 노동의 치료적 가치(이것은 그의 말이 아니라 내 말이다)에 대해 다음과 같이 말한다. "노동은 사람들을 비인격적인 세계로 내몬다. 그리스도인은 형제애가 가득한 세계에서 나와 비인격적인 세계로 들어간다. 이 새로운 만남에서 그리스도인은 객관적인 눈을 갖게 된다. 비인격적인 세계는 자기중심적이고 이기적인 모든 것으로부터 그리스도인들을 정화하려고 하나님이 마련한 도구이다." 본회퍼는 이어서 말한다. "노동은 그리스도인이 자기 자신으로부터 해방되는 하나의 방책이다."[26]

노동을 통해 우리는 재능과 재주를 발휘한다. 결국, 우리는 우리에게 맡기신 재능과 자원을 사용함으로써 하나님께 책임을 다하게 된다.[27] 노동은 나 자신과 내가 사랑하는 이를 부양할 수 있게도 한다(살후 3:7~10). 그뿐만 아니라 노동을 통해 벌어들인 것을 어려운 사람과 나누거나 세금을 냄으로써 관용을 베풀 수도 있는데, 이는 넓게 보면 이웃을 사랑하는 하나의 방법이기도 하다(엡 4:28). 하나님이 인간을 창조하고 기뻐하셨듯이(창 1:31), 인간도 선한 일을 하면서 만족감을 느낀다. 이런 이유로 우리는 일을 통한 기쁨도 하나님이 주신 선물이라는 사실을 인정한다(전 3:13, 5:18). 그러므로 노동은 우리에게 유익한 것이다. 물론 이웃에게도 좋은 일이다.

넷째, 노동은 이웃을 사랑하는 실제적인 방법이다. 그리스 원어로 '사역'은 섬김을 뜻한다. 사역은 우리가 하나님과 이웃을 섬기는 모든 방식, 하나님이 말씀하신 '심히 좋은'(창 1:31) 방식을 말한다. 상담, 목회, 설교, 수업, 치료 등과 같은 일은 확실히 눈에 드러나 보이는 사역이다. 그러나 대부분의 선한 일은 보이지 않는 곳에서 이루어진다. 인터넷으로 사람들을 연결하는 일, 데이터를 제대로 입력하는 일, 책을 전달하는 일, 기계의 기어 장치에 기름을 칠하는 일 등 '비종교적인' 모든 일이 하나님의 눈에는 그 자체로 중요하다. 자신이 섬기는 사람들이 누구인지 모르는 실험실 기사, 연구원, 제조업 종사자들은 특히나 그렇다.

여러분은 일터에 가는 것을(또는 취업을 준비하며 일을 구하는 것을) '사역하러 가는 것'이라고 생각한 적이 있는가? 모든 선한 일은 동료 인간을 사랑하는 실제적인 방법이다. 특별히 성경에서 예수는 우리에게 그렇게 하라고 말씀하신다. 신학자 케네스 칸저(Kenneth Kantzer)는 비즈니스에 관해 이렇게 말한다. "인간은 사회적인 존재로 창조되었으므로 결코 홀로 살아갈 수 없다. 사회적 본성 때문에 우리는 서로에게 기대게 되는데, 따라서 필연적으로 교환 행위에 의존한다. 교환 행위는 우리의 근원적 본성에서 기인한다."[28]

우리는 이웃을 사랑하는 일로부터 은퇴하지 않는다. 다만 지금까지 평생 해 온 다양한 일들과는 다른 방식으로 이웃을 사랑하는 일을 할 뿐이다.

다섯째, 노동은 하나님 나라를 확장하는 데 참여한다. 하나님 나라는 노동을 통해 우리가 참여할 수 있는 이 세상 안에서 '샬롬(shalom)'을 가져오고 생명을 부여하는 하나님의 통치를 말한다. 하나님 나라는 전체적이고 종합적이다. 우리는 이 땅에서 행한 예수의 사역을 보고 하나님의 사역이 지닌 전체성(全體性)이 무엇인지 파악할 수 있다. 예수 자신이 바로 '하나님 나라'로 불렸다. 그분은 '하나님 나라의 복음'을 전하실 뿐만 아니라(눅 9:2, 10:11), 자신이 직접 하나님 나라가 되셨다. 사람들의 육체적 필요를 채워 주는 것은 물론이고, 감정적이고 심리적인 필요까지 돌보셨다. 예수는 목수로 일하셨고(막 6:3), 5,000명을 먹이셨고(마 14:15~21), 귀신을 몰아내 병자를 고치셨고(마 8:16), 죽은 자 가운데서 나사로를 살리셨고(요 11:43~44), 제자들의 발을 씻기셨다(요 13:4~5). 영적인 것만 하나님 나라에 해당하지 않는다. 하나님 나라는 개인적, 사회적, 정치적, 경제적인 것이며 우주적인 것이다. 이 세상에서 가장 선한 노동은 하나님 나라를 확장하고 사람들과 창조 세계에 '샬롬'을 불러오는 일이다. 영적인 일(때로는 '하나님 나라의 사역'이라 표현된다)과 이른바 '세속적인' 일을 구분하는 것은 비성경적일 뿐 아니라 해로운 일이다. 복음 사역과 사회의 일은 상호 의존적이며, 이 두 가지는 함께 예수가 가르쳐 주신 "하나님 나라가 임하시오며"라는 기도를 성취하게 한다. 이 말은, 즉 모든 인간의 일은 하나님 나라의 가치를 담고 있고, 하나님 나라의 목표가 하나님 나라의 사역으로 간주할 수 있음을 보여준다.

여섯째, 노동은 우리가 영적으로 성장하는 데 '중요한 바탕'이 된다. 안타깝지만 은퇴한 사람 가운데 일은 안 하고 놀다가 생을 마감하려는 사람이 있는 게 사실이다. 하지만 이것이 영적으로 좋은 영향으로 미칠까? 복권에 당첨되거나 어마어마한 재산을 물려받아서 더는 일을 하지 않는 사람들은 대개 영적으로 움츠러든다. 《메시지》(The Message)의 저자로 잘 알려진 유진 피터슨(Eugene Peterson)은 영성을 개발하는 데 일이 중요하다는 점을 강조한다. "나는 영성 개발을 위한 주된 장소가 일터라고 주장할 준비가 되어 있다."[29] 어떻게 이 주장이 참일 수 있을까?

앞에서 디트리히 본회퍼의 통찰력 있는 언급 외에도, 일하는 가운데 직면하는 모든 사안, 가령 실패, 성공, 승계, 위임, 좌절, 경쟁 등은 우리를 영적 성장의 길로 초대한다. '아킬레스건'이라고 불리는 약점은 대부분 일을 하는 가운데 드러나는 경우가 많다. 그것은 다른 사람에게 필요한 존재가 되고 싶은 욕구, 다른 사람에게 인정받고 싶은 욕구, 다른 사람을 좌지우지하고 싶은 욕구일 수 있다. 정확하게 우리의 약점이 드러날 때, 바로 거기서부터 성장할 기회를 얻는다. 앨빈 웅(Alvin Ung)과 내가 《일삶구원》(IVP 역간)에서 말했듯이, 일곱 가지 치명적인 죄악은 성령의 아홉 가지 열매와 놀랍게도 잘 연결된다(갈 5:22~26).[30] 이는 우리가 욕구하는 바로 그 지점에서 하나님을 찾고 성장해야 한다는 걸 의미한다. 실제로 우리의 모든 욕구는 일종의 기도이기도 하다. 기도 자체는 우리가 일을 할 때 자연스럽게 나오는 것이며, 성장과 도움을 위해 하나님의 임재와 공급을 구하는 주요한 방법이다. "도와주세요."라는 한마디 울부짖음으로 우리는 하나님의 무한한 자원에 접근할 뿐 아니라, 훨씬 더 중요하게는 하나님과 연결되기도 한다.

마지막으로, 노동은 다가올 영생을 준비하게 한다. 구약 성경의 종말론적 비전은 일하는 인간의 모습으로 묘사된다.[31] 이 장면은 신약 성경에서 완성된다. 그리스도인으로서 우리의 종착지는 새 하늘과 새 땅으로 묘사되는 영광스러운 물리적 장소이다(계 21~22장, 사 65장). 우리는 '천국'에서 '구원받은 영혼'이 되는 것이 아니라, 새 하늘과 새 땅에서 완전히 새로운 인격으로 부활할 것이다. 부활한 인류는 영광스러운 몸을 입은 새로운 피조물이 될 것이다(고전 15장, 빌 3:21). 그들은 각자의 문화와 민족적·

언어적 다양성을 그대로 유지할 것이다.[32] 다시 말해, 현재의 모습을 그대로 유지하면서도, 한편으로는 극적인 변화와 새로움을 경험하게 된다. 우리가 온전히 이해하지 못하겠지만 어떤 방식으로든 인류의 노동은 확실히 새로운 창조로 들어가는 길을 찾을 것이다(계 14:13). 영적인 일과 영적인 삶만 지속되고 하나님께 중요한 것이 아니라, 모든 일과 인생이 믿음과 소망과 사랑으로 이루어진다.[33] 세상의 왕들이 자기 영광을 가지고 거룩한 도성으로 들어가고(계 21:24), 그리하여 변화된 창조 세계가 이전에 그리스도인들이 행한 일들로 꾸며질 것이다(계 14:13). 그러므로 주 안에서 우리의 노동은 "헛되지 않다"(고전 15:58).

성경의 메시지에는 좋은 소식이 있다. 새 하늘과 새 땅에서 우리는 완전한 인간이 될 것이며, 끊임없는 경배와 경이로운 관계, 굉장한 경험에 더해 지금은 결코 경험하지 못할 '일'을 누릴 것이다. 숨겨진 재능이 드러날 것이다. 이 땅에서 일하면서 뒤로 제쳐두었던 창조성이 빛을 발할 것이다. 돈이 오가지 않으면서도 상호 교환이 일어나는 공동체 안에서 각자가 독특한 천재성을 드러낼 것이다. 성경의 마지막 책에서는 하나님의 사람들에 관해 다음과 같이 묘사한다. "그들이 [그리스도]와 함께 세세토록 통치('노동'으로 읽음)할 것이다."[34] 지금 우리가 하는 '일'은 영원히 하게 될 노동에 대한 준비이다. 비록 우리가 일상적으로 하는 일의 행위나 본질, 주제와는 직접적인 연관성이 없더라도 말이다. 일하는 데 발휘하는 재능과 실제로 일하는 방식, 그리고 가장 중요한 누구를 위해 일하느냐의 문제는 결국 상상할 수 있는 최고의 노동 조건을 갖춘 최상의 일터로 이어질 것이다.

이러한데 여러분은 왜 죽기 전까지 일하는 것을 원치 않는가? 노동은 소명의 일부이며, 따라서 여러분은 절대로 은퇴하지 않는다. 만약 노동이 소명의 일부라면 소명의 나머지는 무엇일까? 인생의 나머지를 위한 소명을 찾으려면 어떻게 해야 하는가? 이제 그 주제로 넘어갈 차례가 되었다.

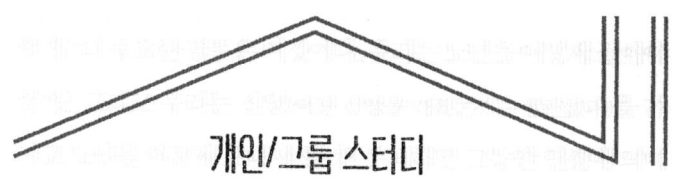

개인/그룹 스터디

잠언, 데살로니가전서 3~4장

개인 묵상

가족 안에서 일과 은퇴에 관련된 이야기를 살펴보자. 부모님이나 조부모님은 노년이 가까워지면서 어떤 일을 하셨는가? 보수를 받는 일을 그만두기 전과 후에 일에 대한 태도는 어떠했는가? 또는 가사에 전념하다가 전업주부의 일에서 물러났을 때 어땠는가?

그룹 토론

잠시 상상해 보자. 여러분은 지금 돈이 아주 많아서 다시 일할 필요가 없다. 그것이 영적으로는 좋은 일일까?

성경 공부

잠언 6:6~11, 10:26, 13:4, 15:19, 21:25~26

1 잠언은 '게으른 사람'의 모습을 유머러스한 필치로 꼬집는다. 인생의 책임과 관련해 게으른 사람의 내적인 태도와 외적인 결과를 이야기해 보자.

2 교회에서 말하는 일곱 가지 치명적인 죄악 가운데 하나인 '나태함'은 편안함만 추구하면서 맡겨진 의무를 회피하는 것으로 정의됐다. 아무 일도 하지 않거나 가능한 한 적게 하려고 하는 게 도대체 무슨 문제가 되는가?

3 데렉 키드너(Derek Kidner)는 게으른 사람을 고용하는 일에 관해 다음과 같이 설명한다. "그는 어떤 일도 시작하지 못할 것이다. … 그는 어떤 일도 끝내지 못할 것이다. … 그는 어떤 일도 감당하지 못할 것이다. … 따라서 그는 욕구 불만인 상태로 마음만 뒤숭숭하고(잠 13:4, 21:25, 26), '가시덤불'처럼 일이 꼬여버려 속수무책이 된다(잠 15:19). 그리고 게으른 사람은 고용주에게 대단히 귀찮고(잠 18:9) 분통 터지는(잠 10:26) 존재이다."[35] 여러분은 살면서 이런 사람을 만나본 적이 있는가?

4 지금까지 여러분의 일과 휴식은 어떠했는가? 일을 너무 많이

하는 편이었는가, 일을 너무 적게 하는 편이었는가? 아니면 일과 휴식이 적절하게 균형을 이루었는가?

5 성경은 우리에게 일곱 날 가운데 하루는 일을 멈추고 온전히 쉬라고 권유한다(안식일, 출 20:8~11). 그러면 은퇴도 확장된 의미의 안식일로 볼 수 있는가? 그렇다면, 혹은 그렇지 않다면 이유는 무엇인가? 은퇴 후 여생을 위한 소명을 찾는 시기로 안식년을 보내는 것은 어떤 가치가 있는가?

6 그리스도인의 사전에 은퇴라는 말은 없다고 알려져 왔다. 여러분은 동의하는가, 동의하지 않는가? 그 이유는 무엇인가? 여생의 소명을 발견하고 은퇴 후에 안식년을 취하는 것은 어떤 가치가 있는가?

7 많은 사람이 인생 '전반전'에는 성공을 향해 달려가다가, 중반쯤에 전환기를 거쳐, '후반전'에는 무언가 의미 있는 일을 찾으려 한다. 이렇게 나이가 드는 방식은 좋은 것일까? 그렇다면 혹은 그렇지 않다면 이유는 무엇인가?

데살로니가전서 4:9~12, 데살로니가후서 3:6~13

8 사도 바울은 자신이 섬기는 교회에서 성도들의 노동관이 너무 빈곤하다는 사실을 알게 되었다. 어떤 사람들은 이 땅에서 일하

는 것이 중요하지 않거나 의미가 없다고 생각했다. 그래서 가능하면 세속의 일은 피하고 교회 사역을 하는 데 시간을 쏟고 싶어 했다. 그래야 영원한 보상이 있을 거라 믿은 것이다. 오늘날 교회 안에서는 어떤 면에서 이러한 문제를 볼 수 있는가?

9 바울은 왜 성도들이 일해야 한다고 말하는가?(바울의 다른 서신에서는 성도들이 열심히 일해야 하는 몇 가지 이유를 언급하고 있다. 엡 4:28, 골 3:22~4:1)

10 예수의 지상 명령은 하나님 사랑과 이웃 사랑 두 가지로 요약된다. 보수를 받지 않는 일이더라도, 어떻게 하면 일을 통해 하나님과 이웃을 사랑할 수 있을까?

11 노인 세대를 교회와 세상에서 자원봉사자로 일하게 하면 어떤 이점이 있고 어떤 부분에서 도전이 되는가?

인간은 본래 낙원에 있었다.
… 그러므로 노예근성이 아니라 인간의 존엄성에 걸맞은
영적 즐거움을 느끼며 땅을 일군다.

— 성 아우구스티누스[36]

2 인생 후반기의 소명은 매우 중요하다

> 인생의 아침에 세운 계획으로 인생의 오후를 살 수는 없다. 아침에 중요했던 것이 오후에는 보잘것없어지고, 아침에는 진리였지만 저녁에는 거짓이 되기 때문이다.
> 칼 융[1]

> 우리는 언제든지 하나님의 소명을 새롭게 받는다. 그러므로 매 순간 준비되어 있어야 한다.
> 칼 바르트[2]

프랭크와 너대니얼 두 사람은 인생의 노년에 무엇을 할지 머릿속에 그려본다. 프랭크는 어느 제조 회사의 CEO 자리에서 은퇴한다. 그는 은퇴 기념 만찬 자리에서 장래를 생각해 보았다. 늘 말하듯 은퇴 후에도 제한적으로나마 자문 활동을 하면서 회사와 관계를 맺고 비상근으로 사업 활동도 계속하고 싶어 한다. 이제는 재산을 꽤 모아서 굳이 생계유지를 위해 일할 필요는 없다. 지역 교회에서 사역하는 일도 늘 꿈꾸고 있었다(물론 회사 생활을 다람쥐 쳇바퀴 돌리는 일 같다고 생각해본 적은 단 한 번도 없다). 아마 매년 제3세계 국가로 출장갈 일도 있을 텐데, 그때마다 여행을 다닐 생각도 있다. 프랭크와 그의 아내는 은퇴가 부부에게 '단일하고, 균일하며, 통합적인 삶'을 제공할 것이라 기대하고 있다.

어느 신문사를 다니던 너대니얼은 은퇴 기념 만찬 자리에서, 시니어 판매 직원으로서 공로를 인정하는 표창을 받았다. 그런데 이 만찬에서 너대니얼은 전혀 뜻밖의 발표를 했다. 그는 인생의 진로를 확 바꿀 계획이다. 그에게는 단 하나의 계획이 있다. 잘 죽는 법을 배우고 싶다. 그 목적을 달성하기 위해 그는 재산을 최소한으로 줄일 생각이다. 키케로(Cicero)는 이렇게 말했다. "여행자가 여행이 끝날 무렵에 짐을 늘리는 것만큼 터무니없는 일이 또 있는가?" 그동안 필요한 만큼 책도 많이 읽었다. 이제는 자녀들을 위해 회고록을 남기고 싶다. 관상기도와 중보기도 하는 방법도 배우고 싶다. 그는 날마다 다음과 같이 존 베일리(John Baillie)의 기도로 하루를 시작할 생각이다.

> 주님, 오늘 하루도 저의 생각이 세상 유행에 사로잡히지 않도록 보호해 주소서. 당신은 제가 감각적인 것과 세상의 시류에 만족하지 않고, 보이지 않는 영원한 것을 묵상할 수 있도록 힘을 베푸십

니다. 날마다 보이지 않는 세계를 붙잡고, 그 세계에 대한 의식을 키우고, 마음에 거룩한 관심이 생겨 이 땅의 삶이 마지막을 향해 갈수록 잠깐 머무를 이곳에 매이지 않으며 다가올 세상에 더욱더 익숙해지도록 저를 인도하소서.³

여러분이 두 만찬에 참석한다면 어떤 반응을 보일 것인가? 두 사람 각자가 보이는 두려움은 무엇인가? 이 두 사람에게 여러분은 어떤 조언을 해 주겠는가?

두 사람의 사례는 노년의 소명을 찾는 것이 얼마나 복잡한 일인지 보여준다. 한편으로는 위에서 인용한 칼 융의 말처럼 모든 것이 달라진다. 나이가 들면서 인생에서 추구하는 것들의 의미가 변한다. "아침에 중요했던 것이 오후에는 보잘것없어진다." 다른 한편으로는 보수를 받는 일은 그만두더라도 인생의 소명은 계속된다. 소명은 계속되지만 드러나는 방식은 바뀔 것이고, 노년에는 급진적인 변화가 일어날 것이다. 나의 경우를 예로 들어보겠다.

나는 목사, 학생 상담사, 목수, 경영자, 교수, 독립 컨설턴트로 일해 왔다. 직업을 나열하니 꽤 복잡하고 혼란스러워 보인다(실제로 혼란한 시기를 겪기도 했다). 하지만 나의 소명은 세상을 살아가는 하나님의 사람들을 격려하는 것이고, 하나님과 내 가족, 내 이웃을 사랑하며 자연과 사람을 아름답게 가꾸는 것이다. 소명의 겉모양은 바뀔지 몰라도 그 본질은 변함이 없다. 현재 78세인 나는 여전히 살아 있는 동안 내가 해야 할 일을 찾고 있다! 그래서 나는 자아를 찾고 하나님을 찾는 이 흥미진진한 여정에 여러분을 초대한다. 위에서 인용한 칼 바르트의 말이 좀 더 좋은 표현이다. "매순간 준비되어 있어야 한다."

이 여정을 떠나려면 먼저 소명이 무엇인지 알아야 한다. 그리고 소명의 포괄성, 소명에 대한 몇 가지 오해, 소명을 발견하는 과정, 마지막으로 소명을 지키기 위한 훈련을 연구해야 한다.

소명이란 무엇인가?

나는 'vocation'이라는 옛 단어보다 'calling(이 책에서는 '소명'으로 번역함 - 옮긴이 주)'이라는 단어를 더 좋아하지만 사실 뜻은 같다.[4] 라틴어인 'voco'와 'vocatio'는 각각 'call'과 'calling'을 의미한다. 불행히도 일반적으로 영어에서는 'vocation'을 'occupation(보통 '직업'이라는 의미를 지님 - 옮긴이 주)'과 같은 뜻을 지닌 단어로 사용한다. 하지만 'occupation'보다 'vocation'이 넓은 의미를 지니고 있는데, 누구나 필요에 의해서나 건강상의 문제로 'occupation'을 쉽게 그만둘 수 있다. 나는 'calling'이라는 단어를 사용함으로써 중요한 사항을 강조하고 있다. 즉 누군가 직업을 선택하면 그 사람은 소명에 따라 선택된다. 소명을 받는 이가 있다면 반드시 소명을 주는 이가 있어야 한다. 소명을 주는 이는 창조주다. 하나님을 믿지 않아도, 유대교나 기독교 신앙이 없어도 소명을 받는다. 하나님은 그 사람이 소명의 기원을 알든 모르든 모든 사람에게 소명을 주시기 때문이다. 종종 이렇게 말하는 사람들이 있다. "나는 이 일을 위해 태어났어", "이것은 내가 되고 싶고 하고 싶은 거야." 오스 기니스는 이에 대해 마음을 끄는 글을 남겼다. "어떤 추구를 충족하기 위해 인간적인 추구 이상의 것이 필요하다면, 그때 소명은 추구하는 사람 자신이 추적당하고 있다는 것을 의미한다."[5] 신약 성경에 자세하게 설명되어 있듯이, 창조주는 다음의 세 가지 방식으로 모든 인간을 추구하고 부르신다.

첫째, 우리는 하나님께 속하라는 소명을 받는다. 하나님은 그의 창조물과 벗하기를 바라고 우리도 창조주와 사귀기를 바란다. 이 바람이 다른 욕구나 우상에 의해 압도되거나 변질되더라도 말이다. 성 아우구스티누스는 이렇게 말했다. "당신께서는 당신 자신을 위해 우리를 만드셨습니다. 그러니 우리의 마음은 당신 안에 안식하기 전까지는 편히 쉴 수 없습니다."[6] 창세기에 나오는 창조에 관한 비유적 설명에 따르면, 하나님은 사귐을 위해 아담과 하와를 편안한 안식처에 두셨다. 하나님은 시원한 바람을 맞으며 사랑스러운 창조물과 함께 산책하는 분으로 그려진다. 신약 성경에서는 단지 창조 세계를 회복하기 위한 거대한 계획에 동참시킬 일꾼을 구하는 것만이 아니라, 하나님과 교제하기 위해서 이 땅에 아들 예수를 보냈다고 말한다. 고린도전서 1장 9절은 다음과 같이 기록하고 있다. "너희를 불러 그의 아들 예수 그리스도 우리 주와 더불어 교제하게 하시는 하나님은 미쁘시도다" 이 소명은 나이가 들어도 변하지 않는다. 나중에 영성에 관한 이야기를 할 때 또 언급하겠지만, 하나님과의 교제는 나이가 들수록 더욱 깊어지고 강렬해진다. 따라서 하나님께 속하는 것은 하나님의 일을 하는 것보다 앞선다. 이것 말고도 또 다른 차원의 소명이 있다.

둘째, 우리는 의롭게 살라는 소명을 받는다. 성경에서 말하는 의로움은 경건함과 같지 않다. 의로움이란 하나님과, 그리고 사람들과 올바른 관계 안에서 살아가는 것이다. 그래서 이 두 번째 차원의 소명은 '존재'의 문제, 즉 살아가는 방식의 문제이다. 신약 성경에서는 'call'이라는 단어는 사랑, 거룩함, 자유, 소망의 삶을 살라는 소명을 묘사할 때 사용한다.[17] 나이가 들면 소명도 변할까? 이론상으로는 그렇지 않지만, 겉으로 보기에 우리는 다음 세대에게 본보기가 되도록 살아가는 방식이 깊어지라는 소명을 받는다. 사도 바울은 제자인 디모데에게 이 젊은이가 '나의 살아가는 방식'을 지켜보고 있다는 내용의 편지를 썼다(딤후 3:10). 부모와 조부모는 아이들에게 주로 본을 보여서 가르친다. 공식적이든 비공식적이든 모든 교육은 결국 모방의 과정이다. 예수도 이렇게 말씀하셨다. "제자가 그 선생보다 높지 못하나 무릇 온전하게 된 자는 그 선생과 같으리라"(눅 6:40). 우리는 이 내용을 나이듦의 미덕과 악덕을 다루는 장에서 좀 더 자세히 이야기할 것이다. 이 밖에도 다른 차원의 소명이 있는데, 그것은 직업적 소명과 관련된 사람들에게 꼭 맞는 이야기이다.

셋째, 우리는 교회와 세상에서 하나님의 일을 하고 하나님의

섬김에 동참하라는 소명을 받는다. 이 소명은 재능, 소질, 사역, 직업, 역할, 일, 사명 등을 포함한다.[8] 이런 방식으로 우리는 창세기 1장 27~28절에 나오는 근본적인 소명, 즉 이 땅을 보전하고, 창조의 잠재성을 계발하고, 사람들을 돌보라는 인간의 소명을 이룬다. 사람들이 인생의 후반전을 맞이할 때 가장 큰 변화가 일어나고 변화에 대한 가장 큰 오해가 발생하는 지점이 바로 여기다. 그 오해 때문에 이른바 '세속적인' 직업을 가진 믿음의 사람들이 지속적으로, 심지어 영원히 의미 있는 무언가를 하고 싶어 한다. 그래서 '사역하러 가기'를 바라는 것이다. 풀타임으로 신학교육을 받고 전임 사역자가 되거나, 파트타임으로 기독교 단체에서 자원봉사자로 일을 한다. 물론 순전히 하나님께서 인도하시고 재능과 적성에 적합하다면(때로는 적합하지 않을 수도 있지만) 아무 문제 없다. 그러나 세속적인 일을 버리고 하나님의 일을 해야 한다고 생각하고 있다면 문제가 된다. 1장에서도 살펴보았듯이, 우리는 세상의 무수히 많은 직업 안에서 '하나님의 일'을 할 수 있다. 하나님께서 지속적으로 창조하고, 유지하고, 변화시키고, 완성하는 일에 동참할 수 있다.

12세기에 월터 힐턴(Walter Hilton)은 세속적인 직업에서 벗어나 수도원으로 들어가고 싶어 하는 어느 사업가로부터 편지를 받았다. 이와 같은 일은 인생의 '후반부'에 일어나는 현상과 비슷하다. 힐턴은 사업가에게 답장을 보냈다. 자기가 하는 일에서 벗어나지 말고 오히려 더 깊이 들어가라고 조언했다. 실천하는 삶과 관상하는 삶을 조화시키라고 했다. 복음서에 나오는 전형적인 두 유형인 실천하는 마르다와 관상하는 마리아를 적절하게 연합하라고 충고해 주었다.[9] 힐턴은 편지에 다음과 같이 적었다.

> 당신은 실천하는 삶인 노동과 관상하는 삶인 영성이 잘 어우러지게 해야 합니다. 어떤 때는 마르다처럼 당신의 가정, 자녀, 고용인, 소작인, 이웃을 돌보는 데 바쁜 시간을 보내야 합니다. …… 또 어떤 시간에는 마리아처럼 이 세상의 바쁜 일에서 벗어나 주님의 발 앞에 잠잠히 앉아 주시는 은혜에 따라 기도하고 거룩하게 사유하고 그분을 묵상해야 합니다.[10]

부르심을 받은 사람만 소위 전업 사역자나 목회자가 되는 현실을 보면, 근대와 탈근대 세계에서 소명이 상실된 상황을 뚜렷하게 확인할 수 있다. 확실히 우리는 탈(脫) 소명 시대를 살아가고 있다. 소명의 신학 없이 우리는 인생을 쇠하게 만드는 대안에 빠지고 만다. 운명론(어떤 '힘'에 인생을 맡긴다), 운수(인생의 목적의식 자체를 부정하고 삶을 우연의 연속으로 본다), 업보(우리의 '업'과 미래의 보상을 연결한다), 허무주의(고생 끝에 낙이 온다는 사실을 부정한다), 그리고 오늘날 가장 흔한 대안인 자아실현(우리를 마법사로 만들면서 인생의 의미와 목적을 발명해 낸다). 이에 반해 소명에 관한 성경의 교리는 우리 인생의 모든 의미를 선한 하나님의 부르심과 연결해 준다.

이 문제가 얼마나 복잡한지는 앞서 프랭크와 너대니얼의 이야기에서 충분히 볼 수 있다. 하지만 그들의 이야기에서 소명에 대한 모든 오해가 자세히 밝혀지지는 않았다. 아직 다른 오해가 남아 있다.

소명에 대한 오해

그러므로 우리는 소명에 대한 몇 가지 오해를 정리한 다음 시작해야 한다.[11]

첫째, 하나님은 우리 인생을 위한 놀라운 계획을 세우고 있지 않다. 그분은 그보다 훨씬 좋은 놀라운 목적을 가지고 계신다! 어떤 그리스도인은 하나님의 뜻에만 초점을 맞추려 하다 보니 오히려 마음만 불안해진다. 청사진과 같은 계획은 반드시 따라야 하는 세부적인 내용이 포함되기 마련이다. 반면 '목적'은 배를 가게 하는 물살이 빠른 강물과도 같은데, 심지어 실수까지도 포함해 궁극적인 방향으로 나아가는 것이다. 그리스도 안에서 모든 것을 새롭게 하는 하나님의 위대한 목적에 참여한다는 것은 악에 반대하고, 도시를 유지하고, 공동체를 세우고, 인간의 삶에 존엄과 가치를 부여하는 제도를 만드는 것이다. 그래서 장 칼뱅(Jean Calvin)은 성도는 이웃에게 가장 큰 이로움을 줄 수 있는 직업을 선택해야 한다고 조언한다.[12] 그러나 이것은 목사가 되거나, 기독교와 관련된 일을 하거나, '사람'을 섬기는 직업을 선택해야 한다는 말은 아니다. 직접 '사람'과 관련이 없더라도 우리는 재능과 소질을 가지고 이웃에게 유익한 일을 할 수 있다.

둘째, 소명(vocation)은 돈을 버는 직업과 같지 않다. 사실 우리는 소명을 이루기 위해 꼭 보수를 받는 일을 하지 않아도 된다. 어떤 사람은 자원봉사로 인류를 섬기는 일을 완수한다. 직업, 경력은 그리스도 안에서 소명의 중요한 부분이지만, 전부는 아니다. 소명은 포괄적이다. 성경에 따르면, 최초의 인류 커플은 하나가 아니라 세 가지 풀타임 근로를 해야 했다. 첫째, 하나님과 풀타임으로 교제해야 했다. 둘째, 남녀의 교제를 통해 땅 위에 공동체를 세워야 했다. 셋째, 하나님이 주신 땅을 관리하고(창 2:15), 하나님의 동료로서 그분의 창조 세계를 발전시켜야 했다(창 4:20~22). 죄가 세 가지의 소명을 훼손시켰지만, 그리스도께서 이 소명을 위해 우리를 회복시키셨고, 우리는 새 예루살렘에서 인류의 소명이 완전히 성취될 때까지 엄청난 구원의 회복을 누릴 것이다. 따라서 보수를 받는 일보다는 훨씬 많은 종류의 일들이 존재할 것이다. 물론 그 일은 주로 앞에서 말한 세 가지 풀타임 근로 가운데 하나겠지만 말이다. 그리스도인은 자신의 필요를 충족시키면서(살전 4:12; 살후 3:12), 동시에 타인의 필요도 충족시키기 위해(엡 4:28) 돈벌이가 되는 일을 구해야 한다. 하지만 엄밀히 말하면, 우리가 실직하거나 은퇴하더라도 여전히 포괄적인 하나님의 부르심 안에 속해 있다.

셋째, 소명(calling)은 특별히 종교적인 일에만 한정되어 있지 않다. 이 장 첫머리에서 했던 이야기를 다시 생각해 보면, 이 문제가 가장 혼란스럽다. 프랭크는 자기 일을 소명의 일부로 보지 않는 것 같다. 그리고 은퇴한 지금 스스로 삶에서 중요하다고 생각하는 일, 가령 제3세계나 개발도상국에서 봉사하거나 교회와 관련된 일을 하고 싶어 한다. 예수의 지상 명령과 관련된 소명에 관해 오해하면, 소위 세속적인 직업을 가진 사람들은 일에 대한 자존감을 잃는 비극을 겪는다. 은연중에 교사, 법조인, 의사는 목사, 복음 전도자, 선교사와 같은 사역자보다 낮은 위치에 있다고 생각한다. 하지만 복음은 주님의 일을 감당하기 위해 시민의 역할, 사회적 역할, 정치적 역할, 가정의 일원으로 해야 할 역할, 교회의 일원으로 해야 할 역할을 다하라고 이야기한다.

여기서 가장 중요한 질문은 과연 '주님의 일'이 무엇이냐는 것이다. J. 캠벨 화이트(J. Campbell White)의 고전적인 정의를 보면 기독교 사역이 무엇인지 쉽게 이해할 수 있다. "하나님의 영원한 계획을 이루기 위해 그분의 일을 하는 기쁨은 무한하고 영원하지만, 세상의 명성, 쾌락, 부(富)는 빈껍데기에 불과하다. 하나님의 일을 하는 데 모든 것을 쏟는 사람들은 인생을 최대한 값지게 사는 것이다."[13] 세상을 향한 그리스도의 진정한 목적은 무엇이고, 하나님의 일은 무엇일까? 단순히 교회 사역이나 선교 사역은 아니다. 세상을 향한 그리스도의 목적은 하나님 나라이다. 하나님의 생명과 샬롬을 사람, 사회, 모든 창조 세계에 가져다주는 것이다. 1장에서 살펴보았듯이, 하나님을 기쁘게 하는 일보다 더 좋은 일은 없다. 그가 구두 수선공이든 사도든 그건 문제가 되지 않는다. 접시 닦는 일을 하거나 강단에서 설교하거나 아무런 상관이 없다. 무엇이든 선한 일이면 모두 어떻게든 하나님 나라를 이루어 가는 데 보탬이 된다.

노년에 무언가를 '하는 것(doing)'은 비록 속도도 느리고 보수를 거의 받지 않을지라도 같은 일을 지속하는 것을 의미할지 모른다. 제임스 휴스턴(James Houston) 박사는 나이가 90대이지만 지금도 영성 신학을 계속 가르친다. 우리의 소명 가운데 '하는 것'은 젊을 때는 생계를 유지하느라 오랫동안 소홀했던 취미 생활을 되찾는 것일지도 모른다. 하지만 폴 투르니에(Paul Tournier)는 다음과 같은 말을 한다. "자기 일 말고 다른 일은 해보지 않은 사람이 은퇴한 뒤에 새로운 일을 시작하는 경우는 드물다."[14] 이 말인즉슨 우리가 한창 활동하는 시기에 은퇴를 미리 준비해야 한다는 것이다. 아무런 목적도 없이 단순히 방향만 전환한다면, 은퇴한 다음 무언가를 '하는 것'은 아무 의미도 없다. 이러한 준비 없이 많은 이들은 소파에 앉아 온종일 TV만 쳐다보고 있거나, 돈이 좀 있다면 죽기 전까지 유람선을 타고 바다를 떠돌아다닐 것이다.

내 주변에 있는 친구들은 은퇴를 아주 잘 준비했다. 내가 아는 어느 산부인과 의사는 목재를 가지고 작업하는 걸 좋아했는데, 은퇴한 지금은 공방을 차려 놓고 자녀들에게 가구를 만들어 주거나 손주들에게 장난감을 만들어 주고 있다. 자녀들을 다 키운 샌드라는 오랫동안 손을 놓고 있었던 그림 그리기를 다시 시작했다. 그녀는 미술 수업을 받았는데 그림 그리기가 마음과 영혼을 표현하는 놀라운 수단일 뿐 아니라 타인을 위한 봉사도 될 수 있다는 사실을 알았다. 투르니에는 많은 여성에게 찾아오는 이 특별한 전환에 대해 다음과 같이 말한다. "대부분 … 자녀를, 특히 막내를 떠나보낼 때, 어머니에게 찾아오는 감정적 위기는 생각보다 심각하다. …"[15] 하지만 샌드라는 이 전환기를 미리 준비했고 스스로 위기를 잘 극복했다. IBM에 다니던 버드는 사람들과 어울리기 좋아하는 사람이었는데, 동료들을 위해 비공식적으로 목회 활동을 했다. 은퇴한 뒤에는 우리 도시에 있는 자전거 배달원들과 시간을 함께 보내며 그들의 비공식적인 목회자가 되었다. 위험한 여행 전에는 나에게 자기 장례를 부탁하면서 한마디 조언을 해 주었다. "장례식은 큰 교회에서 하는 게 좋을 거예요. 이 도시에 있는 자전거 배달원들은 다 모일 테니까."

보통은 한창 활동하는 시기에 이미 새로운 목표의 씨앗을 마련한다. 새로운 목표는 마땅히 '제2의 커리어'[16]라 불릴 만하다. 이것은 애초부터 자유롭게 정해진다. 즉 자신이 하고 싶어서 하는 것이지, 회사, 직업, 사업, 조직의 요구 때문에 하는 것이 아니다. 어떤 사람은 글을 쓰거나 그림을 그리고, 또 어떤 사람은 정원을 가꾸거나 목공 일을 한다. 그런데 이들은 어떻게 전환기에 자신의 소명을 발견하는 것일까?

인생 후반기의 소명 발견하기

폴 투르니에는 나이듦에 관한 훌륭하고 지극히 개인적인 책에서 '노년기 소명의 전환'을 주제로 다루며 다음과 같이 말한다.

> 칼 융이 '자연적인 인생'이라고 부른 인생 전반기를 성공하려면, 특정 분야를 전공하고 한정된 영역에서 높은 수준에 이르러야 한다. 그러므로 필연적으로 세계를 넓게 보는 눈은 희생된다. 젊을 때는 직업적이고 사회적인 성공을 위해 몇 가지 소질만 계발하다 보니 많은 재능을 묵히고 있다. 칼 융이 말한 인생 후반기의 '통합', 즉 인간 완성을 향한 새로운 진전은 오랫동안 커리어를 위해 희생해야 했던 모든 것을 일깨우는 것을 말한다.[17]

여기에 소명을 발견하는 데 도움이 될 만한 몇 가지 구체적인 지침이 있다.

첫째, 하나님은 우리의 핵심 동기를 통해 인도하신다. 나의 핵심 동기는 설계하고 만드는 것이다. 어떤 사람의 동기는 고치고 완성하는 것이다. 장래를 극복하는 것을 동기로 삼는 사람도 있고, 타인을 돌보는 것이 주요 동기인 사람도 있다. 엘리자베스 오코너(Elizabeth O'Connor)는 이렇게 지적한다. "우리는 바로 자신의 존재 안에 새겨진 하나님의 뜻은 찾아보지 않은 채 그분의 뜻을 구하고 있다."[18] 랄프 맷슨(Ralph Mattson)과 아서 밀러(Arthur Miller)는 사람의 중심 동기가 일터에서 어떻게 소명과 직업으로 표출되는지 그 관련성을 연구하는 일에 전념해 오고 있다. 지금은 SIMA 테스트로 체계화된 그들의 접근법은 다음의 세 가지 사실을 가정한다. ❶ 하나님은 특정한 방식으로 일하고 섬기는 능력을 지닌 존재로 우리를 만드셨다. ❷ 무엇이 우리에게 즐거움을 주었다면 그것이 하나님께서 설계하신 대로 존재하고 행동했기 때문이다. ❸ 중심이 되는 동기 부여의 패턴은 평생 지속된다. 예컨대, 다섯 살 때 다친 새를 간호했던 소년이 35세에 구급차를 운전한다.

이 밖에 흥미, 적성, 가치, 성격, 학습 양식, 생활 변화 등을 측정하는 정교하면서도 더 간단한 테스트들이 있는데, 자기계발 워크북에서도 이용해 볼 수 있다.[19] 이 테스트들은 사람들이 자기 자신을 이해하는 데 도움을 준다(물론 이 테스트들은 세상의 많은 사람이 직업을 스스로 선택하거나 커리어를 계발하는 특권을 제대로 누리지 못한다는 사실은 좀처럼 인정하지 않는다). 우리는 자신을 기만하는 능력이 대단하기에 실제로 나 자신을 아는 데 평생이 걸린다. 에너지가 많아 행동 지향적이고 과업 지향적인 사람은 특별히 자아와 만나는 영성 훈련이 필요하다. 커리어, 결혼 상대, 심지어 교회 안에서의 역할을 선택할 때도 심리사회적인 정체성을 얻는 수단이 되는 내적 판타지나 바라던 자아상(wished-for self)에 영향을 받는다. 이 모든 것이 하나님 안에서 소명과 관련해 우리의 삶에 중심이 되는 동기가 있음을 암시한다.

둘째, 우리의 재능과 소질은 창조주가 부여하셨는데, 이를 통해 하나님은 우리를 세상에서 이웃을 섬기도록 인도하신다. 이러한 재능과 소질은 대개 평생 변하지 않는다. 물론 그동안 무시되다가 노년에 취미나 '제2의 커리어'에서 발견되기도 하지만 말이다.

셋째, 창조주는 우리에게 평생 크게 변하지 않는 성격을 주셨다. 어떤 종교적인 사람들은 회심의 경험을 이야기하면서 "하나님이 내 성격을 완전히 바꾸어 놓았다."라는 식으로 말한다. 실제로 영적 회심은 성격이 변하는 것이 아니라 자신을 묶고 있던 죄의 굴레에서 벗어나는 것을 뜻한다. 사도 바울은 천성적으로 반대자를 무찌르고 '승리'를 쟁취하는 것을 좋아하는 사람이었다. 바울이 그리스도의 제자가 되었을 때 그의 동기는 투지에서 감사함으로 바뀌었지만, 성격 자체는 변하지 않았다. 그는 계속 반대자를 무찌르고 '승리'를 쟁취했다. 나는 성격이 내향적이지만, 그렇다고 내가 '사람을 상대로 하는 일'을 하지 말아야 하는 것은 아니다. 오히려 정반대다. 나는 좀 더 깊이 사색하고 숙고하는 방식으로 사람을 상대하는 일을 할 수 있다.

넷째, 주변 환경이 우리의 소명 의식을 형성한다. 하나님은 우리의 인생에 모든 것을 마련해 놓으신다. 인생은 단순히 사건의 총합을 가리키지 않는다. 출생, 가정 배경, 교육과 노동의 경험, 심지어 신체 능력과 감정의 역량 또는 한계까지 우리의 소명을 발견하는 데 중요한 요소로 작용한다. 하나님은 이 모든 것을 통해 우리를 인도하신다.

마지막으로, 하나님은 (가끔은) 직접 인도하신다. 어떤 이에게는 주님이 목소리를 통해서, 또는 머릿속을 떠나지 않는 깊은 인상을 남기면서 직접 말씀하신다. 어떤 사람에게는 특정한 성경

말씀을 보여 주시기도 한다. 성 아우구스티누스가 이런 사례에 해당한다. 그는 아이들의 노랫소리를 듣고 회심했다. "집어서 읽어라, 집어서 읽어라." 아우구스티누스는 이것을 성경을 펼쳐서 읽으라고 말씀하시는 하나님의 음성으로 여겼다. 그가 성경을 펼치자 그의 인생을 송두리째 바꿀 말씀 구절이 눈에 들어왔다. "내가 그 말씀을 끝까지 읽었을 때, 내 마음속에 확신의 빛이 물밀듯 밀려왔고 의심의 그림자는 완전히 사라지고 말았다."[20] 이 점에 관해서 투르니에는 다음과 같이 말한다.

> 나는 하나님께서 모든 사람을 위한 매 순간의 계획을 세우고 있다고 믿는다. …… 나는 하나님께서 전체를 아우를 뿐 아니라 지극히 세세한 것까지 통치하신다고 확신한다. 하나님은 우리 인간을 인도하시는데, 우리에게 자유의지를 주셨기 때문에 우리가 스스로 인정하는 범위까지 인도하신다. 하나님은 믿는 자뿐 아니라 믿지 않는 자도 인도하신다. 이러한 사실을 아는 것, 나를 인도해 달라고 기도하는 것, 그리고 잠잠히 그분의 말씀을 듣는 것이 바로 믿는 자의 특권이다. …… 그분에게 무엇을 구해야 하는가? 그것이 바로 찾아야 할 점이다. 그러므로 당연히 그분에게 가서 물어야 한다.[21]

이 책의 원서 부제는 "당신의 인생 후반기를 위한 소명 찾기"이다. 하지만 그것은 단숨에 이루어지지 않는다! 소명을 발견하는 작업은 평생에 걸쳐 이루어진다. 아마도 당신은 20세 또는 30세, 40세 때 소명을 모두 알아냈다고 생각할지도 모른다. 하지만 사실상 이 유쾌한 의무는 끊임없이 계속되어야 하는 일이다. 특히나 그것은 당신 인생의 전환기에, 가령 55세나 65세에 은퇴를 하거나 70세에 '제2의 커리어'를 남겨두고 인생 3막에 직면하는 중요한 시기에 소명을 찾는 이 의무를 다시 부여하는 것은 특히 중요하다. 실제로 평생에 걸친 당신의 소명은 거의 달라지지 않지만, 소명이 드러나는 모습은 달라진다. 직업을 선택하는 일은 단번에 결정되어야 하지만, 우리는 그 일을 통해 그리스도 안에서 하나님의 위대한 목적을 이루는 일에 함께하고, 이 목적 안에서 우리의 인생은 수많은 수정과 결정, 변경과 실수로 채워진다.

소명을 온전히 지키는 훈련

소명을 주제로 다룬 논문에서, 청교도인 윌리엄 퍼킨스는 소명을 발견할 뿐 아니라 소중하게 지켜야 한다고 말한다. 소명에 따라 사는 인생은 우상의 공격으로 어그러질 수 있는데, 이는 커리어를 계발하는 한창때의 이야기만은 아니다. 물론 이런 시절에는 (돈에 눈이 먼) 이득, (사람의 인정을 받고자 하는) 영광, (성공으로 쾌락을 얻는) 즉각적인 황홀감이라는 우상과 만난다. 십중팔구 매우 도전적인 직업이나 육아처럼 아주 열정적인 보살핌은 중독성을 지닐 수 있고 우상이 될 가능성이 있다. '우상 숭배'는 궁극이신 하나님보다 다른 것을 더 궁극적으로 여기는 것을 말한다. 은퇴한 이후에도 자기만족, 쾌락, 의미 추구라는 우상에 빠질 수 있다. 퍼킨스는 '부르심을 받은 일에 합당하게 행하는 것'(엡 4:1)은 일과 일하는 사람의 지속적인 성화의 과정을 요구한다는 사실을 강조한다. 그는 17세기에 합당하게 행하지 않은 사례를 들었는데, 그것은 오늘날에도 적용된다. 가령 의사는 충분한 진료 없이 처방을 내린다. 상인은 무게를 틀리게 재거나 제품을 겉보기에 좋게 꾸며서 소비자를 속인다. 후원자는 대중 앞에서 큰 기부액을 약속해 놓고 일부만 기부하고 나 몰라라 한다. 건물주는 임차료를 한정 없이 올린다.[22]

계속해서 퍼킨스는 소명을 지키지 못하는 주요 원인이 내가 잘못된 위치에 있기 때문이 아니라, 영적 욕구 앞에 무너지기 때문이라고 지적한다. 영적 욕구 앞에 무너진다는 것은 하나님께서 우리를 위해 최고로 여기는 것보다 다른 무언가를 더 갈망한다는 것을 말한다. 우리가 만약 하나님이 우리에게 주신 특정한 소명을 가장 소중하게 여기지 않는다면, 우리는 압살롬이나 세배대의 아들들이나 가인처럼 불만이 쌓이고 말 것이다.[23]

이 치명적인 욕구에 대응하기 위해 퍼킨스는 몇 가지 실제적인 방안을 제시한다. ❶ 우리의 인생 가운데 세우신 하나님의 계획을 발견함으로써 고난을 겪는 시기에도 하나님이 주신 소명을 확신해야 한다.[24] ❷ 우리가 나의 소명(결혼, 직업, 사역 등)에 그릇된 이유를 가지고 접근한다면 뉘우쳐야 한다. 물론 그렇다고 나의 자리를 내팽개쳐서는 안 되며 성실함과 선한 양심을 가지고 계속 나아가야 한다. 특히, 그릇된 이유를 가지고 결혼하려는 사람에게 이는 매우 중대한 문제다.[25] 나아가 퍼킨스는 이렇게 충고한다. ❸ 말씀과 기도로 일하는 사람과 일 자체가 모두 성화되기를 바라야 한다.[26] ❹ 자신이 처한 특정한 상황을 하나님의 섭리로 여기기 위해 일을 하려는 유혹을 뿌리쳐야 한다. ❺ 이 세상이 아닌 하늘을 열망함으로써 이 세상보다 더 나은 것에 애정을 쏟아야 한다(엡 1:18).[27] ❻ 힘든 일이 찾아올 때 우리를 소명에서 멀어지게 하는 야심, 질투, 조급증 등을 제거하고 계속 소명을 유지해야 한다. 이 마지막 방안에서, 마취법이 없던 시절에 살던 퍼킨스는 의학적인 이미지를 활용한다. 환자가 아무리 소리를 질러도 아랑곳하지 않고 피부를 절개하는 의사처럼 우리도 소명을 흔들림 없이 유지해야 한다고 말한다![28]

퍼킨스가 보여 준 깊은 소명의 영성 뒤에는 중요한 진리가 존재한다. 바로 마지막 날에 지금까지 해온 일에 대한 책임을 져야 한다는 것이다. 우리가 소명을 지키는 데 최고의 동기 부여는 우리가 소명을 지키기 위해 해온 일에 대해 심판하는 마지막날을 염두에 두어야 한다는 사실이다. 퍼킨스는 이렇게 묻는다. "그렇다면 어떻게 그날에 하나님 앞에서 좋은 평가를 받을 수 있을까? 우리는 자신이 받은 복을 계산하고, 결함이 있는 모든 걸 따져 보고, 그런 다음 죽음으로 하나님의 필요를 채우신 그리스도에게 충성을 다해야 한다."[29] 그리스도인의 소명에 대한 지침 대부분은 이 강력한 성경적 메시지를 놓치고 있다. 머나먼 고대와 기원후 1

세기에 성경의 인물들이 경험한 노년의 소명을 살펴보면 특별히 깨달음을 얻을 수 있다. 이는 다음 장에서 살펴볼 내용이다.

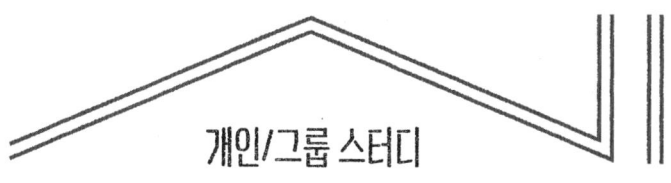

개인/그룹 스터디

노년에 열매 맺기 : 시편 92편

개인 묵상

당신이 어렸을 때를 떠올려 보자. 나이든 사람 가운데 누가 당신에게 영향을 주고, 가르치고, 성장하는 데 도움을 주었는가? 그들의 모습은 어땠는가? 그들은 무엇을 했는가?

그룹 토론

프랭크와 너대니얼의 이야기로 다시 돌아가서, 당신이라면 어떻게 각자가 여생의 소명을 발견하고 인생의 다음 단계를 통찰하도록 도움을 줄 것인가? 그들에게 어떤 질문을 할 것인가? 어떻게 그들을 소명의 자리로 향하도록 이끌 것인가? 자신이 어떤 사람으로 창조되었고, 무엇이 자신에게 기쁨을 주고, 무엇이 "나는 이것을 위해 태어났다."라는 느낌을 주고, 무엇으로 타인을 섬길 수 있는지, 그들이 이 모든 것을 깨닫도록 당신은 어떻게 도울 수 있는가?

시편 92편 읽기

1 시편 기자는 주님을 찬양하는 것이 좋다고 말한다(1~5절). 그가 하나님을 찬양하면서 얻은 좋은 점은 무엇인가? 당신은 하나님을 찬양하면서 그중 얼마만큼 좋은 점을 경험했는가?

2 시편 기자는 음악과 열 줄 현악기를 이야기하면서, 아침이든 저녁이든 제한을 두지 않고 성전에서 찬양을 올린다. 일부 그리스도인들이 찬양을 주일 교회 예배로 제한하는 것과는 대조적인 모습이다. 당신은 어떻게 매일 일상 속에서 주님을 찬양하는가?

3 시편 기자는 '어리석은 자'와 주의 '원수'의 운명은 어떻게 된다고 말하는가(6~11절)? 주의 위대하심과 선하심은 장수(長壽)와 직접적인 연관이 있다는 사실에 동의하는가? 그렇다면 혹은 그렇지 않다면 이유는 무엇인가?

4 시편 기자는 자신의 인생을 돌아보면서 무엇에 감사하는가(10~11절)? 당신은 인생을 돌아볼 때 무엇에 감사하는가?

5 시편 기자는 노년을 묘사하면서 어떤 이미지를 사용하는가 (12~15절)? 이런 이미지는 오늘날 우리의 문화를 나타내는 이미지와는 어떻게 다른가?

6 늙어도 여전히 열매를 맺으려면 무엇이 필요하다고 생각하는가?

7 항상 푸르고 싱싱하려면 무엇이 필요하다고 생각하는가? 왜 시편 기자는 마지막에 하나님의 선하심을 한 번 더 언급했다고 생각하는가?

8 당신이 지금 있는 자리에서 다음 세대를 위해 어떤 이바지를 할 수 있는가? 이를 위해 무엇이 필요하겠는가?

> 늙어가는 법을 배우는 것은 지혜의 명작이며
> 최고의 인생 기술이다. —앙리 아미엘, 1874[30]

3 인생 후반기의 소명과 하나님의 사람들

연장자는 교회 공동체의 일원으로서 계속 소명과 사역을 감당하고 성도를 돌보아야 한다.
테레즈 라이소트[1]

청년의 임무가 생물학적인 후계자를 만드는 일이라면, 나이든 이의 임무는 사회적 후계자를 만드는 일이다.
조지 베일런트[2]

 현대 서양 사회에서는 나이드는 것이 하나의 '문제'가 되고 있다. 반면 동양에서는, 적어도 과거에는, 나이가 드는 것이 하나의 특권이었고 노인은 존경을 받았다. 78세인 나는 이제는 쓸모없는 사람으로 치부된다. '명예 교수'라는 나의 직함 역시 '명예롭게 교직에서 물러난다는 것'과 다름이 없다. 하지만 내가 과거의 동양으로 간다면 교직에서 이렇게 물러나지 않앉을 것이다. 그만큼 문화에 따라 '나이가 든다는 것'에 접근하는 태도는 큰 차이를 보인다. 성경에서 살펴볼 많은 사례에서도 차이를 느낄 수 있는데, 다만 중요한 예외가 있다면 기대 수명이 오늘날보다 훨씬 짧다는 사실이다. 대부분의 성경 시대에는 기대 수명이 약 40세였다. 따라서 이 장에서 우리는 먼저 성경이 실제로 나이듦의 과정에 대해 무엇이라고 말하는지 살펴볼 것이다. 그런 다음 성경의 이야기를 살펴보면서, 우리가 알 수 있는 한에서 성경 안에서 노인은 자신에게 그리고 그들이 속한 사회에서 어떻게 여겨졌는지 살펴볼 것이다. 그리고 마지막으로 몇 가지 결론을 끌어낼 것이다.

구약 성경의 나이든 이들 – 성문에서 판결하다

구약 성경이 말하는 인간 존재에 관한 연구에서 한스 발터 볼프(Hans Walter Wolff)는 나이가 들면서 힘, 감각, 표현력은 줄어들지만, 노인의 명예가 어떻게 존중되고 노인에게 선악을 판별하는 역할을 어떻게 맡겼는지 보여준다. 당시 장로들은 성문(城門)에 나가서 판결을 내리는 일을 해야 했다.[3] 르호보암 왕은 젊은 이들의 충고를 듣는 대신 수염 있는 남자들로 구성된 일종의 사법 기관에 귀를 기울여야 했다.[4] 잠언 16장 31절에서 말하듯 백발은 영광의 면류관이다. 하지만 볼프는 나이가 항상 지혜를 상징한다고 말하지 않는다.[5] 예전에 누군가 말했듯이, 나이를 많이 먹는다고 꼭 지혜롭다는 보장도 없다. 실제로, 성경은 나이 많은 사람이 어린 사람을 다스린다는 생물학적인 통칙을 뒤집는다. 하나님께서 더 어린 사람을 선택할 때도 많았다. 형 에서보다 동생 야곱을 선택하셨고, 야곱의 아들 가운데 막내 다음으로 어린 요셉을 선택하셨다. 나이 많은 엘리 대신 사무엘을 선택하셨고, 사울이 아닌 어린 다윗을 선택하셨다. 야곱은 임종 자리에서 장남 므낫세보다 아우인 에브라임을 앞세웠다. 욥기에 등장하는 어린 엘리후는 연로한 어른들의 이야기를 존중하며 듣기를 기다렸다가, 결국 어른들 앞에서 자기 견해를 밝히게 되었다(욥 32:6~10).

놀랍게도 성 베네딕트 수도원의 규칙에 따르면, 수도원장은 공동체에서 가장 어린 구성원의 이야기에 귀를 기울여야 한다. 실제로 그가 하나님에게서 온 지혜를 가지고 있을지도 모르기 때문이다. 보통은 나이가 많은 사람을 지혜로운 장로로 대하지만, 하나님의 영은 젊은 사람에게 지혜와 리더십을 부여하실 뿐 아니라 나이 많은 사람에게 젊음을 일깨우면서 나이를 먹는 일반적인 과정을 뒤집으실 때도 있다. "소년이라도 피곤하며 곤비하며 …… 오직 여호와를 앙망하는 자는 새 힘을 얻으리니 독수리가 날개치며 올라감 같을 것이요 달음박질하여도 곤비하지 아니하겠고 걸어가도 피곤하지 아니하리로다"(사 40:29~31). 특히 신약 성경에서 이를 확인할 수 있다.

신약 성경의 나이든 이들 – 연장자에서 장로까지

노부인 엘리사벳은 아기 예수를 임신한 동정녀 마리아가 찾아왔을 때 예수를 최초로 '주님'이라고 부른 사람이다. 엘리사벳은 임신 중인 마리아보다 더 먼저 아기 예수가 누구인지 알아차리고는 이렇게 말한다. "**내 주**의 어머니가 내게 나아오니 이 어찌 된 일인가"(눅 1:43). 아기 예수가 태어나 성전에 봉헌할 때도 이를 지켜본 사람은 예시바(유대교 학교)를 졸업한 젊은이가 아니라 두 노인이었다.

시므온은 이스라엘이 받을 위로를 기다리는 의롭고 경건한 사람이었다. 성령은 계시를 통해 그가 하나님의 기름 부음 받은 메시아를 보기 전에는 죽지 않을 것이라고 했다. 그는 성령의 인도로 성전에 들어가 젊은 부부와 아기 예수를 만났다. 시므온은 성령의 인도에 민감한 노인이었다. 그는 아기 예수를 팔로 받아 안고는 이렇게 찬송했다. "주재여 이제는 말씀하신 대로 종을 평안히 놓아 주시는도다 내 눈이 주의 구원을 보았사오니" 그런데 시므온이 본 하나님의 기름 부음 받은 메시아는 이스라엘만을 위한 구원자가 아니었다. 예수는 "이방을 비추는 빛"이기도 했다(눅 2:26~27, 29~32). 이 거룩한 노인은 하나님의 나라가 국제적으로 확장될 것을 예상했고, 나중에 바울이 이를 위해 온전히 헌신했다. 시므온은 계속해서 마리아와 요셉에게 예언을 전했다. 아기 예수의 소명이 어떤 결과를 낳는지, 그것이 아기 부모에게는 어떤 영향을 미칠지 이야기했다. 같은 방향으로 오랫동안 순종하면 노년에 하나님의 계시를 특히 잘 들을 수 있게 되는 것인가? 그런데 시므온만이 지금 일어나고 있는 일을 지켜본 유일한 노인은 아니었다.

여든 네 살의 경건한 과부 안나는 밤낮으로 성전에서 금식, 기도, 예배를 드리며 하나님을 섬겨 왔다. 그녀는 마리아와 요셉, 그리고 아기에게 다가서서 하나님께 감사드리고, 예루살렘의 구원을 기다리는 모든 이에게 이 아이에 대해 말했다(눅 2:38). 복음서에서 엘리사벳이 그리스도를 주님이라 부른 최초의 고백자라면, 시므온은 하나님 나라가 세계로 뻗어 나가는 것을 최초로 목격한 사람이다. 그리고 안나는 다른 사람에게 예수에 관한 좋은 소식을 나눈 최초의 복음 전도자가 될 것이다. 실제로 누가복음 초반에 나오는 하나님께서 하신 일을 알아차린 젊은이는 마리아와 요셉이었고, 천사가 전해 준 소식을 듣고 들판에 있다가 찾아온 일개 목동 무리였다.

예수는 제자 베드로가 노인이 되면 다른 사람이 와서 옷을 입히고 원하지 않는 곳으로 끌고 간다고 말씀하셨다(요 21:18). 물론 베드로는 마지막까지 충실한 제자였다. 이른바 사랑받는 제자 요한은 몇 년 동안 밧모섬에 유배된 뒤에 당시 교회 전통에 따라 노년에 에베소에서 지냈다. 사도 바울은 노예 주인 빌레몬에게 보낸 편지에 스스로 나이가 많지만(몬 1:9), 여전히 하나님 나라를 바라며 새롭게 세워진 그리스도인 공동체에 힘을 불어넣고 있다고 썼다. 그는 다음과 같은 일종의 묘비명을 남겼다. "나는 선한 싸움을 싸우고 나의 달려갈 길을 마치고 믿음을 지켰으니 이제 후로는 나를 위하여 의의 면류관이 예비되었으므로 주 곧 의로우신 재판장이 그 날에 내게 주실 것이며 내게만 아니라 주의 나타나심을 사모하는 모든 자에게도니라"(딤후 4:7~8). 이처럼 신약 성경에서는 나이가 많다고 영성이 줄거나 성령에 덜 민감해지는 것을 의미하지 않는다. 특히 하나님의 사람들을 이끄는 리더십과 관련된 용어를 살펴보면 더욱 확실해진다.

신약 성경에서 교회 리더를 가리키는 단어는 감독, 집사, 장로를 포함해 매우 다양하지만, 그들이 젊은 사람들의 멘토나 리더로서 지혜와 역량을 갖추고 있는지 그 역할과 임무에 대한 설명은 충분히 언급되어 있지 않다. 리처드 헤이스(Richard Hays)와 주디스 헤이스(Judith Hays)는 "이 단어의 용법은 공동체에서 리더십은 연장자와 연관이 있음을 전제한다"라고 말한다.[6] 보통 교회에서 나이 많은 사람을 표현하는 단어들은 'palaios(오래된 것)'라는 단어처럼 단지 생물학적 나이만 가리키지 않고, 지혜와 역량을 기초로 한 리더십을 나타낸다. "안타깝게도, 영어 단어 'old'는 'presbyte(장로)'와 'geron(연장자)'뿐 아니라 '오래된 것'이라는 의미로 번역되므로, 'palaios'가 지니는 부정적인 어감 때문에 영어권 독자들은 이 단어에 적절치 못한 의미를 부여할 수도 있다."[7]

신약 성경에서는 대개 나이 많은 사람을 영적으로 쇠퇴한 사람으로 묘사하지 않는다. 오히려 그 반대이다. 리처드 헤이스와 주디스 헤이스의 말대로, "노인을 측은하고, 부적절하고, 현실에 뒤처지고, 쓸모없고, 비생산적인 존재로 묘사한 곳은 어디에도 없다."[8] 신체적인 한계와는 상관없이, 그들은 언제나 장로, 멘토, 상담자, 교사의 역할을 수행한다. 그들은 존경과 보호를 받는다. 이 점은 특별히 부모에 대한 책임을 저버리는 것에 관한 예수의 가르침(막 7:9~13), 바울의 경고(딤전 5:8), 야고보의 권고(약 1:27)에 잘 나타나 있다. 요엘은 오순절에 성령의 강림을 예언한다. "늙은이들은 꿈을 꾸리라"(행 2:17; 욜 2:28). 이는 시편에서, 특히 시편 92편 12~15절에서도 예언된다.

시편과 잠언의 나이든 이들 – 노후화에서 결실까지

다윗을 비롯한 시편의 기자들은 현실주의자였다. 그들은 노년은 신체적으로 쇠하는 시기라고 단도직입적으로 말했다. "우리의 모든 날이 주의 분노 중에 지나가며 우리의 평생이 순식간에 다하였나이다 우리의 연수가 칠십이요 강건하면 팔십이라도 그 연수의 자랑은 수고와 슬픔뿐이요 신속히 가니 우리가 날아가나이다"(시 90:9~10). 전도서 12장 1~8절에서는 움직이고, 보고, 씹고, 듣고, 맛보는 능력이 쇠한다는 것을 시적 비유를 이용해 노년의 어려움을 좀 더 자세하게 설명한다. "힘 있는 자들이 구부러질 것이며 맷돌질 하는 자들이 적으므로 그칠 것이며 창들로 내다보는 자가 어두워질 것이며"(3절). 그러나 시편 기자가 단언하듯이, 우리의 미래는 하나님이 정하셨다. "나를 위하여 정한 날이 하루도 되기 전에 주의 책에 다 기록이 되었나이다"(시 139:16). 그렇다면 이 세상의 생명이 제한적이라는 생각에는 어떻게 반응할까? 그 반응도 시편에 나온다. "여호와여 나의 종말과 연한이 언제까지인지 알게 하사"(시 39:4). "우리에게 우리 날 계수함을 가르치사 지혜로운 마음을 얻게 하소서"(시 90:12).

지혜는 일상을 살아가는 데 필요한 실제적인 노하우다. 우리의 날을 세는 것으로부터 얻을 수 있는 지혜는 인생의 덧없음을 깨닫는 것, 하루하루가 중요하다는 사실을 이해함으로써 모든 날을 충실하게 살아간다. 비안키는 앞날을 세는 것은 단순한 산수 이상이라고 말한다. "우리의 날을 세는 것은 …… 앞으로 다가올 개인적, 사회적 혼란과 그 약속에 대해 깊이 숙고한다는 것을 의미한다."[9] 내가 좋아하는 유대교 신학자는 이처럼 '세는 것'을 시간을 성화(聖化)하는 것으로 본다. "이런 마음을 가지고 사는 사람은 나이 먹음이 시간을 잃는 것이 아니라 도리어 시간을 얻는 것이라는 사실을 잘 안다. …… 시간을 성화하기 위해 필요한 건 하나님, 영혼, 순간이다. 이 세 가지는 항상 그 자리에 있다."[10] 시편에서는 나이 먹음에 대해 이보다 더 많은 이야기를 한다.

시편 기자들은 하나님께 지속적인 도움과 축복을 구한다. "늙을 때에 나를 버리지 마시며 내 힘이 쇠약할 때에 나를 떠나지 마소서"(시 71:9). 하나님의 임재와 축복을 구하는 이유는 "주의 능력을 장래의 모든 사람에게 전하기"(시 71:18) 위해서다. 하지만 시편 92편이 세월이야말로 특별한 선물임을 가장 잘 표현한다.

> 의인은 종려나무 같이 번성하며
> 레바논의 백향목 같이 성장하리로다
> 이는 여호와의 집에 심겼음이여
> 우리 하나님의 뜰 안에서 번성하리로다
> 그는 늙어도 여전히 결실하며
> 진액이 풍족하고 빛이 청청하니
> 여호와의 정직하심과 나의 바위 되심과
> 그에게는 불의가 없음이 선포되리로다 (시 92:12~15)

생산성(generativity)은 지혜로운 연장자의 특별한 표식 가운데 하나이다. "그는 늙어도 여전히 결실하며 진액이 풍족하고 빛이 청청하니" 생산성이라는 것은 다음 세대에 투자하고, 젊은이의 멘토가 되고, 자원봉사 일이든 보수를 받는 일이든 창의적으로 일하고, 사회와 교회에 복된 존재가 되고, 모험과 도전을 두려워하지 않는 것과 관련 있다. 헤이스 부부는 노년에 관한 성경 연구를 마치면서 다음과 같이 말한다. "하나님께서 노년의 삶을 결정적으로 뒤바꿔놓을 가능성이 얼마든지 있다. 새로운 사명을 부여하거나 새로운 계시를 내리거나 오래도록 기다린 소망을 이루어 주실 수 있다."[11] 이러한 새로운 발견과 모험 이야기는 모세, 여호수아, 사무엘 같은 구약 성경의 나이 많은 인물과 주로 관련 있는데, 특히 우리가 잘 아는 인물은 대부분 족장이다.

구약 성경에 등장하는 나이든 이들

아브라함과 사라, 믿음으로 나이가 들었으나 그 결실은 보지 못하다

　존경받는 족장인 아브라함과 그의 아내 사라가 하나님으로부터 인생을 바꿀 만한 계시를 받았을 때는 정말 나이가 많았다. 하지만 하나님은 그들에게 새롭게 다가오셨다. 하나님은 약속하셨다. 하나님은 아브라함과 사라에게 함께하시겠다고 약속하셨다. 하나님은 이 부부를 통해 그의 백성을 이루고 모든 민족이 복을 받게 하겠다고 약속하셨다. 부부 인생의 삼삼분기에 벌어진 일이었다. 이 부부 족장의 나이와 관련해 데렉 키드너(Derek Kidner)는 통찰력 있는 견해를 밝힌다. 아브라함보다 열 살 어린 사라는 나이가 65세이고 여전히 매력적이고 아름다웠다. 아브라함이 이집트에 있을 때(그때 사라는 과부이고 결혼 적령기였기 때문에) 이집트인들이 아름다운 아내를 취하기 위해 자신을 죽일까 두려워 아브라함은 목숨을 구하기 위해 사라를 자기 여동생이라고 거짓말했다. 키드너는 사라가 과도하게 젊은 65세 여성이었을 것으로 추정한다.[12] 이삭이 '기적적으로' 태어났을 때 사라의 나이는 90세였다. 아브라함은 그보다 더 나이가 많았을 때도 여전히 신앙의 기복이 심했다. 소돔을 위해 기도할 때나 멜기세덱에게 십일조를 바칠 때처럼 하나님을 향한 믿음이 놀라울 정도로 높았다가도, 제 한 몸 살겠다고 두 번씩이나 아내를 여동생이라 속였다. 그러나 창세기 15장 6절 말씀처럼 175세로 세상을 떠날 때까지 약속의 말씀을 믿으며 살아간다. 사라는 127세에 죽는다.

키드너는 이들의 수명이 우리 시대보다 두 배는 길었을 것으로 추정한다. 이는 신명기 34장 7절에서 나타나듯이 하나님의 특별한 섭리였을 것이다.

> 그들이 오랫동안 활력을 가진 것은 죽음의 시기가 늦춰져서가 아니라 그만큼 수명이 길었다는 사실을 보여 준다. 예를 들어, 창세기 22장에서 110세 아브라함의 정력은 지금으로 치면 거의 70세의 정력에 가깝다. 그러므로 60대인 사라는 지금의 30~40대로 볼 수 있고, 이삭을 낳았던 90세는 지금의 50대 후반에 해당한다고 볼 수 있다.[13]

두 사람은 각자 나이가 들면서 신앙의 문제에 직면했다. 아브라함의 관심사는 하나님께서 그를 통해 이루실 약속, 즉 아브라함에게 자손을 주고, 땅을 주고, 모든 민족에게 복의 근원이 될 것이라고 한 약속을 믿을 것인가의 문제였다. 심지어 아내가 임신이 가능한 시기에도 이러한 일이 벌어지지 않았다. 실제로 불임인 사라가 기적적으로 핏줄을 얻었을 때, 아브라함은 하나님의 말씀을 믿어야 했다. 아브라함과 그의 아들 이삭은 자손이 이어질 것을 믿으며 희생 제사를 드리기 위해 산을 올랐다. 이 믿음은 아브라함이 그의 하인들에게 전한 함축적이면서도 예언적인 말에 반영되어 있다. "내가 아이와 함께 저기 가서 예배하고 우리가 너희에게로 돌아오리라"(창 22:5). 비록 그 모든 것을 다 볼 수 없었지만, 약속을 이루시는 하나님의 능력을 믿는 것이 아브라함에게는 중요한 문제였다. 이런 이유로 믿음의 영웅들을 다루는 히브리서의 유명한 장에서 아브라함에 관해 다음과 같이 언급하고 있다. "이는 그가 하나님이 계획하시고 지으실 터가 있는 성을 바랐음이라 …… 이 사람들은 다 믿음을 따라 죽었으며 약속을 받지 못하였으되 그것들을 멀리서 보고 환영하며"(히 11:10, 13).

히브리서 말씀은 다음과 같은 아름다운 말로 끝을 맺는다. "이러므로 하나님이 그들의 하나님이라 일컬음 받으심을 부끄러워하지 아니하시고 그들을 위하여 한 성을 예비하셨느니라"(히 11:16). 우리 역시 이번 생에 나 자신에게 주어진 것이 어떻게 끝나는지 결과 전체를 보지 못하고 죽을 것이다. 이는 나이를 먹는 과정의 일부다. 사라는 이와 비슷하면서도 다른 도전에 직면했다.

사라는 자식이 없었다. 신비에 싸인 세 명의 방문객이 장막 집을 찾아왔는데, 이때 사라는 방문객이 그녀가 아이를 가질 것이라고 한 말을 듣고 피식 웃었다. 그럼에도 사라는 하나님이 불가능한 일도 하실 수 있다고 믿어야 했다. 그녀는 아들 이삭을 보았고, 대부분 그러듯 자식이 어떻게 가정을 이루어 나가는지도 보았다. 이삭은 리브가와 결혼하는데, 그녀도 오래도록 자식이 없었다. 리브가가 쌍둥이 에서와 야곱을 가졌을 때, 약속의 가정 안에서 경쟁, 시기, 편애, 심지어 실제 위협까지 발생했다. 사라는 이집트에서 야곱의 자식들이 요셉과 화해하는 모습을 보지 못한 채 세상을 떠났다. 하지만 야곱이 이집트에서 손자들에게 축복하는 마지막 장면은 하나님의 약속을 다시금 환기시킨다.

야곱, 죽음을 준비하는 일을 하다

야곱이 남긴 유언을 통해 우리는 '죽음을 준비하는 일'에 관한 힌트를 얻을 수 있다.[14] 야곱은 지금까지 17년 동안 이집트에서 살았다. 죽음이 다가왔을 때, 야곱은 아들 요셉에게 손을 자신의 허벅지 아래에 넣고 맹세하도록 했다.[15] 야곱은 요셉이 자신을 이집트에서 장사지내지 말고, 하나님께서 그의 아버지와 할아버지와 자신에게 약속하신 땅으로 옮겨주길 바랐다(창 47:28~31). 야곱은 지팡이를 짚은 채 하나님의 은혜와 돌보심에 감사하며 찬양을 올렸다. 오랜 영성 훈련 끝에 그의 진심어린 믿음은 하나님께 가닿았다. 늙은 다윗도 죽음을 앞두고 이와 비슷하게 하나님께 찬양을 올렸다(왕상 1:47~48).

이제 야곱에게는 후계 문제가 남았다. 누가 약속의 가문을 이을 것인가? 누가 이 땅에 하나님 나라의 사역을 이룰 것인가? 야곱의 병환이 깊어지자 요셉은 두 아들, 즉 반(半)이집트인이자 반(半)히브리인을 할아버지에게 축복받게 하려고 데려왔다. 야곱은 앞이 거의 보이지 않았지만, 아들 요셉이 왔다는 말을 듣고 힘을 내 침상에서 몸을 일으켰다. 야곱은 요셉이 다가오자 하나님의 약속을 되풀이했다. 이 마지막 장면에서 두 가지 모습이 연출

된다.

첫째, 뜻밖의 입양이 이루어졌다. 야곱은 에브라임과 므낫세가 앞에 있다는 사실을 모른 채, 요셉의 두 아들을 자기 아들로 삼고 싶다고 말했다. 에브라임과 므낫세는 이집트인 어머니에게서 태어났기 때문에 더욱더 놀랄 수밖에 없다. "애굽에서 네가 낳은 두 아들 에브라임과 므낫세는 내 것이라 르우벤과 시므온처럼 내 것이 될 것이요"(창 48:5). 즉 에브라임과 므낫세는 단순히 손자가 되는 것이 아니라, 요셉을 포함해 하나님의 약속을 받은 다른 11명의 아들과 동등한 위치에 서게 되는 것이다. 요셉은 아버지의 이런 조처를 전혀 예상하지 못했다. 요셉은 야곱의 무릎 사이에 에브라임과 므낫세를 두었는데, 고대 사회에서 자식을 공식적으로 입양할 때 취하는 자세였다. 그런 다음 요셉은 두 아이를 요셉의 무릎 사이에서 물러나게 하고, 땅에 얼굴을 대고 엎드려 절했다. 그 뒤로 매우 상징적이고 은혜로운 일이 벌어진다.

요셉은 에브라임과 므낫세를 할아버지(입양에 의해 이제는 아버지가 됨)에게 데려온다. 누구나 예상할 수 있는 대로, 맏아들(므낫세)을 야곱의 오른쪽에 서게 했다. 이는 장남에게 마땅한 자리였다. 작은아들(에브라임)은 야곱의 왼쪽에 섰다. 하지만 야곱은 평생에 걸쳐 받은 신학 교육을 뒤집을 만한 일을 저질렀다. 두 손을 엇갈려서 오른손으로는 작은아들의 머리에 얹고 왼손으로는 맏아들의 머리에 올렸다. 두 손을 엇갈린 채 야곱은 온갖 어려움에서 자신을 건져 주신 천사께서 이 아이들에게 복을 내려 주시기를 빌었다. 자신의 이름뿐 아니라 이삭과 아브라함의 이름을 언급하면서 이 아이들의 자손이 번성하기를 기도했다.

　요셉은 야곱이 오른손을 작은아들 에브라임의 머리에 얹은 것을 알아차리고는, 화가 나서 다 죽어가는 야곱의 손을 맏아들 므낫세의 머리로 옮기려 씨름했다. 야곱은 "나도 안다"라고 말했다. 야곱은 무엇을 안다고 했을까? 장님이나 마찬가지인 야곱은 관습에 얽매이지 않는 하나님의 계획을 알았고 일부러 따랐다. 야곱은 은혜라는 것은 타고난 특권, 재능, 가족 내 위치, 명성 등에 끌려다니지 않는다는 사실을 알았다.[16] 야곱은 복음을 알았고, 그의 엇갈린 손은 "기약대로 그리스도께서 경건하지 않은 자를 위하여 죽으셨도다"(롬 5:6)라고 표현되는 예수의 새로운 약속 아래 상징될 것이라는 사실을 알았다.

　이제 두 번째 장면이 이어진다. 손을 엇갈려 내민 야곱은 머릿속에 라헬이 떠올랐다. 라헬에게서 처음으로 낳은 아들 요셉과 라헬의 손자들이 앞에 있어서 그런지 기억이 주마등처럼 스쳐 지나갔다. 레아보다 라헬을 더 좋아했던 야곱은 그가 가장 사랑한 마지막 아내에 대한 고통스러운 기억도 가지고 있었다. 야곱은 말한다. "내가 이전에 밧단에서 올 때에 라헬이 나를 따르는 도중 가나안 땅에서 죽었는데 그곳은 에브랏까지 길이 아직도 먼 곳이라 내가 거기서 그를 에브랏 길에 장사하였느니라(에브랏은 곧 베들레헴이라)"(창 48:7).

　이는 단순한 사망 통보가 아니다. 영적으로 죽음을 준비하는 일이다. 여기에는 배경 이야기가 있다. 야곱의 장인 라반은 가정의 수호신 신상과 도망치는 딸들을 찾으러 야곱을 뒤따라왔다. 야곱은 라반에게 수호신상 '드라빔'을 가지고 있는 사람은 죽여도 좋다고 맹세했다. 우리 독자들은 야곱이 모르는 사실, 즉 드라빔이 라헬이 앉아 있는 안장주머니 아래에 숨겨져 있다는 사실을 알고 있다. 라헬이 드라빔을 훔친 것이다. 라반이 수호신상을 찾으러 라헬의 장막에 들어갔을 때, 라헬은 월경 중이라 자리에서 일어날 수 없다고 호소했다. 그런데 몇 년 뒤 야곱의 가족들이 베델로 순례를 떠날 때 야곱은 가지고 있던 신상을 모두 없애고자 했다. 고든 터커(Gordon Tucker)는 우리가 바로 이 순간을 포착하도록 돕는다. "가슴이 멎는 듯한, 인생이 뒤바뀌는 충격을 받을 수밖에 없는 야곱을 상상해 보라. …… 야곱은 우리 독자들이 계속 알고 있던 사실, 즉 자신이 사랑하는 아내 라헬을 자신도 모르게 위험에 빠뜨렸다는 사실을 깨닫게 된다."[17] 결국 라헬은 아이를 낳다가 숨을 거두었다(창 35:19). 야곱의 맹세가 라헬에게 내린 사형 선고였을까? 야곱은 누구보다도 망연자실했을 것이다.

무엇보다, 자신이 뿌린 씨앗 때문에 사랑하는 여자가 출산 중에 고통을 겪거나 심지어 죽음에 이른다면, 남자의 마음속에는 무언가 깊은 상처가 남는다. 이에 더해, 자신이 다짐한 맹세 때문에 라헬이 죽음에 이를 수밖에 없었다. 야곱은 이 무거운 짐을 짊어지고 여생을 보냈을까? 이 때문에 라헬의 아들 요셉과 베냐민을 강박적으로 애착하고, 레아에게서 난 나머지 자식들에게는 애정을 보이지 않은 것일까? 그러나 이 노골적인 편애는 아이들 어머니의 때 이른 죽음으로는 완전하게 설명될 수 없는 것 같다. 그렇다면 그는 무엇을 할 수 있을까? 에브라임과 므낫세를 입양함으로써 야곱은 라헬에게 때 이른 죽음으로 더 낳을 수 없었던 자식들을 더 얻게 했다. 그러나 야곱은 더 많은 일을 하고 있었다.

만약 야곱이 라헬의 죽음에 죄책감이 남아 있는 자기 자신을 위해 무언가를 하려는 것이 아니라면, "라헬이 나를 따르는 도중 가나안 땅에서 죽었는데"(창 48:7)라는 야곱의 언급은 지금 두 아이를 입양하는 상황에서 적절해 보이지 않는다.[18] 우리는 지금 죽음을 준비하는 현장을 목격하고 있다. 야곱은 라헬의 갑작스러운 죽음, 자신도 모르게 자초한 죽음에 대한 자신의 감정을 수수께끼처럼은 아니더라도 마침내 온전히 다루게 되었다. 그렇게 함으로써 이 죽음의 훈련은 야곱의 영혼에 평안을 가져다 주었다. 이런 맥락에서 "야곱은 내가 아니이다"라고 말한 것이다.

야곱은 평생에 걸쳐, 즉 어머니의 눈물을 통해, 가족의 불화를 통해, 화해를 통해, 공급을 통해, 노동을 통해, 자식을 낳지 않아도 사랑하는 것과 사랑하지 않아도 자식을 낳는 것을 통해, 때이른 죽음을 통해, 길 위의 순례를 통해, 심지어 손주들을 보고 놀라는 것을 통해 드러난 하나님의 사랑을 알았다. 그는 값없이 주시는 하나님의 사랑을 알았다.

죽음은 삶을 하나님께 집중하게 한다. 이 말은 한편으로는 한 사람이 인생에서 이루는 모든 성취와 행동의 목적을 의미한다.

다른 한편으로는, 더 나아가 무엇이 오랫동안 지속할 것인지, 무엇이 궁극적으로 중요한지를 가리킨다. 다윗에게 그것은 후임자를 준비하는 일이었고,[19] 야곱에게 그 죽음은 하나님의 은혜에 대한 기념비이자 약속이 계속되는 것을 확인하는 수단이었다.

신구약 성경에 등장하는 이 나이든 성직자에게서 무엇을 배울 수 있는가?

첫째, 그들 중 누구도 노년에 자신의 소명을 버리지 않았다. 그들처럼, 우리도 보수를 받는 일에서는 은퇴할 수 있지만, 소명으로부터 은퇴하지 않을 수 있다.

둘째, 노년에는 개인적인 결점이 해결되는 것이 아니라 오히려 부풀려졌다.

셋째, 우리가 살펴본 인물들은 노년에도 맡은 사역에 적극적이었다. 물론 건강과 체력이 뒷받침되었지만 말이다.

넷째, 그들은 노년에 하나님으로부터 새로운 계시를 부여받았다. 그들은 하나님과의 관계에서 새로운 것에 늘 열려 있었다. 그들은 "빛이 청청한" 상태를 유지했다.

다섯째, 우리는 그들 중 일부가 죽음을 어떻게 준비하는지 보았다. 그들은 '죽음을 준비하는 일(death work)'을 했고, 하나님의 용서와 은혜로 떳떳한 양심을 가지고 죽음을 맞이했다. 심지어 자기 자신을 용서할 때도 있었다. 알렉스 밀러(Alex Miller)는 《작별의 풍경》(Landscape of Farewell)이라는 책에서 다음과 같이 제안한다. "나는 우리 모두가 자신만의 비밀과 '흑역사'를 품고 있다고 믿는다. 우리 대부분은 그것을 공개하지 않고 무덤까지 가져간다. 그런데 비밀이 드러난다면 과연 어떤 결과가 벌어질까?"[20] 이렇게 죽음을 준비하는 과정에서 치유가 일어난다. 성경에 등장하는 인물들은 다음 세대를 위해 투자했고 소망을 품은 채 죽음 이후의 세계를 바라보았다. 이러한 발견은 나이드는 것 자체가 영적 여정이라는 현실을 시사한다. 이는 다음 장에서 다룰 주제이다.

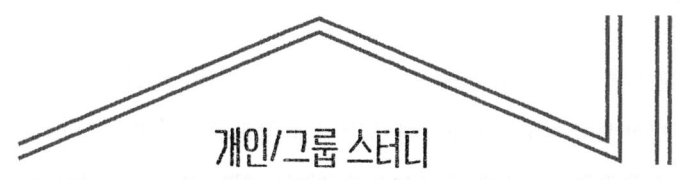

개인/그룹 스터디

누가복음 2:21~40, 디모데전서 3:1~7

이 개인/그룹 스터디는 교회에서 노년층 성도의 사역에 초점을 맞출 것이다. 물론 유대교 회당이나 다른 신앙 공동체에도 해당된다. '회색 쓰나미'가 교회에도 밀려오면서, 노년층 성도들도 시니어 사역에 많은 관심을 바라고 있다. 일반적으로 노년층은 적어도 다섯 가지가 필요하다. 그것은 안정, 애착, 소속, 일, 정체성이다.[21] 시니어 사역에 더해 우리는 시니어에 '의한' 사역을 탐구할 필요가 있다. 성경적인 용어로 말하자면, 이것은 노년층을 시니어가 아니라 장로(elder)로 여기는 것을 뜻한다. 바로 《노인에서 현자로》라는 책의 제목이 바로 이러한 점을 잘 포착했다.[22] 이것이 우리가 지금 살펴볼 주제이다.

개인 묵상

당신의 인생에 영향을 준 노인들을 생각해 보라. 어떤 상황에서 영향을 주었는가? 그것은 공식적인가, 비공식적인가? 그들이 지속적으로 영향을 주는 가치는 무엇인가?

그룹 토론

당신의 교회에 있는 노년층 성도들을 떠올려 보라. 그들은 사역의 주체인가, 아니면 사역의 대상인가? 왜 그러한가?

누가복음 2:21~40 읽기

1 시므온은 사역을 위해 어떤 준비를 해 왔는가?

2 마리아와 요셉이 아기 예수를 바치러 온 상황에서, 무엇이 시므온을 하나님의 일에 민감하게 반응하도록 하는가?

3 시므온은 무엇을 하는가? 시므온은 하나님께 무슨 말을 하는가? 시므온은 교회가 전 세계에 미칠 영향력에 관해 어떤 비전을 가지고 있는가? 시므온은 예수의 부모에게 무슨 말을 하는가?

4 시므온은 이제 자신이 평안히 떠날 수 있다고 생각한다. 무엇이 이 땅에서 당신의 사역이 완성되었다고 생각하게 하는가? 그리고 어떻게 다음 세대에게 미래의 사역을 맡길 수 있는가?

5 각자의 사역은 고유하므로 단순히 시므온을 복제할 모델로 사용할 수 없겠지만, 시므온의 리더십에서 오늘날의 교회에 적용할 점은 무엇인가?

6 시므온이 예수의 부모를 대상으로 사역했다면, 안나의 사역 범위는 그보다 더 넓었다. 안나는 성전에 방문한 사람들에게 무슨 말을 하는가?

7 시므온과 마찬가지로 안나의 사역 준비도 고유하다(그녀는 실제로 성전에 살던 과부였다). 그럼에도 우리는 적절한 시기에 사역을 준비한 그녀에게서 무엇을 배울 수 있는가?

디모데전서 3:1~7 읽기

8 신약 성경에서는 장로가 이끄는 교회를 상상한다. 장로에게는 어떤 자질이 필요한가?

9 열거된 리더십의 자질 가운데 어떤 것도 세미나나 신학교에서 배울 수 있는 정보나 기술이 아니다. 그렇다면 평생 교회 안에서 어떤 경험과 봉사가 사역을 준비하는 일이 될 수 있을까?

10 당신은 교회가 시니어를 '위한' 사역에서 시니어에 '의한' 사역으로 바꾸기 위해 무엇을 할 수 있는가?

> "주님을 위한 일에 집중하는 시니어는 행복하고
> 만족스러우며 성공한 노인이다." —제임스 휴스턴[23]

교회 사역 프로젝트—세대 간 스토리텔링

내 지도를 받는 박사 과정 학생 가운데 한 명은 노인과 젊은이를 연결해 주는 훌륭한 방법을 고안해 냈다. 그는 교회 안에서 젊은이들에게 받은 몇 가지 질문을 던지고 교회 노년층 성도들로부터 신앙과 사역에 관한 이야기를 들었다. 그렇게 함으로써 노인 성도들은 실제로 젊은 성도들의 멘토가 되었다. 노인과 젊은이를 짝지어 주고, 두 사람에게 미리 질문을 보낸 다음 각자 대화 내용을 기록하게 했다. 그리고 대화에 60~90분을 할애할 것을 제안했다. 이 스토리텔링 접근법은 누구나 활용할 수 있다. 다음은 대화에 사용한 질문들이다.

- 당신의 가족은 어느 지역 출신이며 언제 이 지역으로 이사 왔나요?
- 언제 처음으로 우리 교회에 왔나요? 당시 나이는 어떻게 되었나요? 누가 당신을 초대했나요?
- 이 교회에 처음 출석할 때 기억에 남는 사건은 무엇입니까? 당신이 웃을 때는 언제인가요? 하나님의 임재를 경험할 때는 언제인가요? 이웃에게 영향을 미치고 있다고 느끼는 때는 언제인가요?
- 처음에 교회에 나왔을 때 교회 건물의 모습을 설명해 주세요. 지금은 어떻게 바뀌었나요?

- 이 교회에서 세례를 받았습니까?
- 당신 혹은 당신이 알고 있는 사람들이 이 교회의 사역을 통해 중요한 영적 결정을 한 적이 있나요?
- 이 교회에서 어떤 직분을 맡고 있나요? 교회의 어느 부서에 참여했나요?
- 왜 힘든 시기에도 이러한 관계를 유지해 왔나요?
- 왜 여전히 예수를 따르고 있나요?
- 이 교회의 역사에서 중요한 사건(좋은 사건 또는 나쁜 사건)은 무엇이라고 생각하세요?
- 당신이 이곳에 있는 동안 교회는 어떻게 바뀌거나 유지되었나요?

이 프로젝트를 수행한 목사는 다음과 같이 보고했다. "젊은 성도와 나이든 성도 모두 다른 세대의 누군가와 더 깊은 관계를 맺는 것에 만족해했다. 인터뷰를 진행한 젊은이 가운데 한 명은 노년 성도들이 경험하거나 극복한 도전 이야기들을 수집하는 프로젝트를 시작했다."[24]

Part 2

영성

주님을 위한 일에 집중하는
시니어는 행복하고 만족스러우며
성공한 노인이다.

— 제임스 휴스턴

4
영적 여정으로서의 나이듦

인생은 천국으로 향하는 유일한 길이다.
마타 엘 메스킨[1]

나이듦은 생물학적 과정보다 영적 과정으로서
더 중요하다.
유진 비안키[2]

나이가 들면 저절로 영성이 깊어질까? 누군가는 이것이 아직 확실치 않다고 말할 것이다. 조지 베일런트는 어느 광범위한 연구에 관해 언급하면서, 이론적으로는 나이가 들면 느긋해질 뿐만 아니라 자신이 변할 수 없다는 사실을 받아들이는 법을 배우기 때문에 신앙과 영성이 깊어진다고 말한다. 물론 나이가 들면 우리는 죽음을 고려해야 한다.[3] 단두대로 가는 길에 서면 정신이 매우 맑아진다는 말이 있다. 나이가 들면 상황이 변하고 있다는 징후들이 상당히 많다.

《나이 80세에 바라보다》(*The View from Eighty*)에서 말콤 카울리(Malcolm Cowley)는 당신은 다음과 같을 때 늙었다는 것을 안다고 설명한다.

- ◆ 의약품 상자에 작은 병들이 점점 더 많아질 때.
- ◆ 해마다 발이 손으로부터 멀어지는 것처럼 보일 때.
- ◆ 오후에 잠에 빠질 때.
- ◆ 관절이 시릴 때.
- ◆ 더 이상 밤에 운전하면 안 되겠다고 생각할 때.
- ◆ 한쪽 발에는 갈색 신발을, 다른 한쪽 발에는 검은색 신발을 신고 있고, 신발장에도 갈색 신발과 검은색 신발이 한 짝씩 있을 때.4

77세인 내 아내는 통증과 고통뿐만 아니라 기동성이 떨어지는 것 때문에 힘들어한다. 내 몸에는 0.6V가 흐르는 심장 박동기가 있고 메니에르병이라는 질환을 달고 산다. 올해 나는 스키 타는 걸 포기했다. 균형 감각이 떨어져 웬만하면 사다리에 오르지 않는다(내 친구 중 두 명이 추락사했는데, 한 명은 사다리에서 떨어져 세상을 떠났다). 아내와 나는 둘 다 기억이 깜빡깜빡한다. 하지만 우리는 더 깊게 생각한다. 나이가 들면서, 영적 의미를 수반하는 답을 요구하는, 새로운 질문과 주제가 생긴다. 우선 우리는 영성 신학 교수들조차 정의하기 어렵다는 개념인 '영성'이 무엇을 뜻하는지 알아봐야 한다.

영적 여정에 대한 정의

모르면 용감하듯, 내가 영성에 관한 최고의 정의라고 생각하는 것을 나름대로 제안해 보고자 한다. 다음은 남미의 해방신학자 세군도 갈릴레아(Segundo Galilea)의 정의다.

> 모든 영성은 하나님께서 우리를 먼저 사랑하신다는 이 근본적인 사실에서 비롯된다. …… 만약 무엇보다도 기독교 영성이 우리를 사랑하고 바라시는 하나님의 계획이자 선물이라면, 영성은 우리를 인간답게 만들고 성화(聖化)시키는 하나님의 사랑에 대한 인식이자 반응이다. 이 영성의 길은 구체적이지만 절대 끝나지 않는 과정인데, 이 과정으로 말미암아 우리는 하나님의 창조 계획과 일치된다. 이 계획은 근본적으로 하나님 나라와 그 나라의 정의(거룩)이기 때문에, 영성은 그리스도인이나 다른 사람들에게 이 나라를 가져다주려는 하나님의 의지와 동일시된다.[5]

간단히 말해, 이것은 영성이 본질상 모순적인 '인간 초월성'을 이루는 것과 관련이 있다는 말이 아니다. 영성은 인생에서 우리를 바라시는 하나님에 대한 우리의 반응이다. 영성은 영적 훈련을 통해 하나님과 닮는 것이 아니라, 영적 노력을 통해 하나님 나라로 나아가는 것이다. 시몬 베유(Simon Weil)는 영성은 마치 하나님이 무한한 시공을 건너와 우리 집 문을 두드리는 것과 같다고 말한다. 그분은 거지 행색을 하고 오신다. 우리가 응답하지 않으면, 그분은 거지처럼 계속 구걸하신다. 하지만 베유는 그래도 우리가 응답하지 않으면, 거지는 돌아가 버린다고 말한다. 사실 나는 그렇게 생각하지 않는다. 우리의 귀와 마음은 너무 냉담해 문 두드리는 소리를 듣지 못한다. 만일 우리가 응답하면 그분은 오셔서 우리와 관계를 맺는데, 이때 베유는 우리가 그분에게 응답한 것을 후회해서는 안 된다고 말한다.[6] 그러므로 주도권은 애초에 하나님에게 있지만, 우리도 완전히 수동적인 것은 아니다.

많은 사람이 '영성 훈련'이라는 말에 겁을 낸다. 무언가 힘들고 참아내야 하는 것으로 생각한다. 실제로 사람들은 영적으로 성장하는 길이 있고 하나님과 그분의 목적을 더 잘 아는 방법이 있다고 여긴다. 하지만 영성 훈련이란 우리의 의지로 하나님께 나아가려는 시도가 아니며, 혼자 힘으로 끈덕지게 노력해서 될 문제도 아니다. 사실 우리는 노력으로 하나님께 한 발짝도 나아갈 수 없다. 영성의 본질은, 하나님께서 무한한 시공을 가로질러 우리의 문을 두드리는 것이다. 문을 두드리는 소리를 듣고 문을 여는 방법을 배우는 것이 바로 영성 훈련이다. 좀 더 정확하게 말하면, 우리를 찾으시는 하나님께 응답하는 훈련이다. 영성 훈련은 나사로가 무덤 안에 죽어 있을 때 그 친구들의 했던 행동과도 비슷하다. 친구들은 죽은 나사로에게 생명을 불어넣을 수 없었다. 오로지 예수만 그 일을 하셨다. 하지만 친구들은 예수가 죽은 자에게 살아 있는 말씀을 하실 수 있도록 무덤의 문을 열 수는 있었다.

아마도 달라스 윌라드(Dallas Willard)가 영성 훈련에 관해 가장 정의를 잘 내리지 않았나 생각한다.

> 영적 삶을 위한 훈련은, 우리를 그리스도와 그의 나라와 좀 더 효과적으로 협력하도록 돕는 활동 말고는 아무것도 아니다. …… 영성 훈련은 우리 자신이나 다른 사람에게 해를 끼치지 않고 내가 그분의 생명과 능력을 좀 더 잘 받아들이기 위한 활동일 뿐이다.[7]

인간 경험으로서 나이가 든다는 것은 영적으로 더 깊어지는 무대가 되어야 하지만, 모든 사람에게 그렇지는 않다. 어떤 사람들에게 나이드는 과정은 영적 황무지이자 퇴보일 뿐이며, 화려했던 젊은 시절을 회상하며 무덤에 들어갈 때까지 놀거나 자신을 소모한다. 이런 이유 중 하나는 우리 주위에 안개처럼 퍼져 있는 '치료 문화(therapeutic culture)'이다.

치료 문화의 문제점

케이스 메더(Keith Meador)와 숀 헨슨(Shaun Henson)은 '치료 문화'를 다음과 같이 설명한다.

- 충분히 열심히 일하고 합리적인 과학의 능력을 신뢰한다면 죽

음을 피할 수 있다.

- ◆ 평균 기대 수명 100년이라는 의학적 꿈이 실현되고 있다.
- ◆ 고통을 겪거나 우연히 잘 살고 잘 죽는 일은 일어나지 않는다.
- ◆ 건강과 젊음이 높이 평가된다.[8]

장수 프로젝트에 관한 연구를 언급하면서, 메더와 헨슨은 이 '치료 문화'를 다섯 가지로 요약한다. 영원한 청춘 유지, 젊음의 회복, 생물학적 노화의 지연, 생명 연장, 육체의 불멸.[9] 두 저자는 이것을 그리스의 영웅 티토누스(Tithonus)와 비교한다. "영원한 삶을 갈망한 티토누스는 신들에게 불멸을 요구했다. 신들은 그의 소원을 들어주었다. 하지만 아뿔싸, 티토누스는 영원한 젊음도 같이 요구해야 했다는 걸 뒤늦게 깨달았다. 그는 영원히 사라지지 않는 악몽 같은 소용돌이 속에서 나이만 들고 노쇠해져 갔다."

이를 언급하면서 저자들은 다음과 같이 지적한다. "죽음을 피함으로써 스스로 만족감을 느끼려고 애쓰지만, 결국 우리는 언젠가 노년이라는 두려운 시기에 도달하는 때가 있다."[10] 그러면서 저자들은 기독교 세계관과 비교하며 이렇게 결론을 내린다. "예수가 우리에게 주신 이야기에서는 나이가 드는 것은 원수가 아니다." 예수는 우리에게 자기 십자가를 지고 따라오라고 부르신다. 탐욕스럽게 "이 세상에서 오래 사는 것에" 집착하다 보면 우리는 예수의 말씀과 생명을 잃어버릴 수 있다. "예수, 복음, 교회, 그리고 이웃에게 (우리의 생명을) 내어놓을 때, 도리어 우리의 생명은 영원히 유지된다."[11] 그렇다면, 어떻게 나이드는 것이 원수가 아니라 영성이 깊어지는 원천이 될까? 많은 사람은 그것을 노년기가 아니라 중년기에 시작한다.

영적 여정으로서 중년기의 변화

우리는 인생의 시기에 따라 다른 질문을 하고 있다. 40대에 우리는 내가 무엇이 되고 싶은지를 묻는다. 50대에는 나의 세계 안에서 내가 어떤 차이를 만들어내고 있는지를 묻는다. 바로 이 시점에서 많은 사람이, 특히 직업적인 성공을 이룬 남성들이, 남은 인생과 관련해 무언가 중요한 것을 찾으려고 애쓴다. 이들은 '인생 전반기'를 돌아보면서 성취한 것에 공허함을 느끼거나 자신이 이토록 헌신하며 사는 것이 정말로 중요한지 의문이 들 수도 있다. 그들은 자기 발전과 관련해 가치 없는 선택을 했는가? 그들은 이면의 숨은 동기로 자신의 직업을 선택했는가? 어떻게 그들은 가까운 가족과 친구들에게 상처를 주었는가?[12] 어느 부지런한 부동산업자는 이렇게 말했다. "나는 이렇게 돈을 많이 벌어본 적도 없고 이렇게 불행했던 적도 없다." 사람들은 이에 어떤 반응을 보일까?

어떤 사람들은 부정한다. 그들은 자신이 변하고 있다는 사실과 자신의 질문, 목표, 만족감 등이 변화를 겪고 있다는 사실을 받아들이지 않는다. 또 다른 사람들은 잃어버린 젊은 시절로 훌쩍 날아가 버린다. 스포츠카를 사고 아내나 남편을 버리고 젊은 모델을 얻거나 익스트림 스포츠를 즐기는 사람들이 그런 부류다. 비안키는 이렇게 말한다. "중년 남성은 자신의 기량과 매력을 드러냄으로써 세월을 무시하려고 한다. 인생의 모래시계에서 모래가 빠르게 쏟아져 내린다는 사실을 알면서도 새로운 연애가 활력을 되살릴 것이라 믿는다."[13]

만약 과잉 행동(hyperactivity)이 하나의 반응이라면, 과소 행동(hypoactivity)도 또 하나의 반응이다. 많은 사람이 자신의 인생 또는 젊음을 잃어버리면 우울해한다. 어떤 사람은 재평가를 거친 뒤에 자신의 인생을 재구성하고 무언가 다른 일을 해나간다. 신앙이 있는 사람 중에는 영원히 가치 있는 일을 하고 싶어 '사역'을 하고자 한다. 어떤 사람은 애석하게도 '인생 후반기'를 인생의 쇠퇴기로 받아들이는 데 만족하려 한다. 하지만 이 모든 것이 하나님과 자기 자신, 이웃과 더 깊은 관계로 나아가게 하는 질문을 피하는 것일지도 모른다.

전환기에 우리가 던지는 질문은 영적인 다이너마이트이다. 나에게 가장 중요한 것은 무언인가?(서둘러 "하나님"이라고 대답하지 말라.) 내 인생에서 어떤 가치와 덕목을 만들기 바라는가? 내가 살아 있는 동안 세상에 어떤 기여를 하고 싶은가? 나는 누구를 사랑하는가? 내가 좋아하는 것은 무엇인가? 지금까지 활동적으로 살아온 내가 과연 기도와 묵상으로 하나님과 깊은 관계로 나아갈 수 있을까? 칼 융은 "인생의 단계"라는 글에서 다음과 같이 말한다. "젊은이가 자기 자신에게 지나치게 몰두하는 것은 죄가 되기 쉽고 위험할 때가 많지만, 나이든 사람에게는 자신에 대해 진지하게 관심을 가지기 위해 꼭 필요한 행위이다."[14]

영적 기회로서 중년

융은 중년의 전환기는 영적 위기라고 생각했다. "우리 옛 자아(에고)와 인생 전반기의 결실은 죽고, 우리 안의 새로운 남자 또는 여자가 해방된다."[15] 칼 융은 "인생의 단계"에서 "전혀 준비되어 있지 않은 이들이 인생 후반기에 발을 들여놓는다."라고 썼다.[16] 융은 인생 전반기를 준비시키는 학교나 대학처럼, 인생 후반기를 위한 학교가 있는지 생각해 보았다. 안타깝게도 그런 것은 없다고 결론지었다. 인생의 오후는 인생의 아침 프로그램을 따라 살 수 없다.

> 앞을 내다보는 대신 뒤를 돌아본다. …… 이 시점까지 자신의 삶이 어떻게 발전해 왔는지 되돌아본다. 진정한 동기를 찾고 진짜를 발견하게 된다. …… 하지만 이러한 통찰은 쉽게 오지 않는다. 강한 충격을 통해서만 얻을 수 있다.[17]

수 몽크 키드(Sue Monk Kidd)는 이것이 깊은 단계로 나아가는 자비로운 기회라고 말한다.

때가 되어, 우리 가슴 속에 성스러운 음성이 울려 퍼지면 옛 기반이 흔들린다. 그 음성은 우리에게 가장 깊은 문제를 직면하도록 이끈다. 마치 내면의 거룩한 은총이 우리의 성장을 일으키는 것과 같다. 필요하다면 우리가 들을 수 없는 문제와 목소리로 가득한 솥에 빠뜨릴 수도 있다. 어떻게 해서든 그릇된 역할과 정체성, 환상은 인생 밖으로 흘려버리고 우리는 혼돈 속에 서 있어야만 한다.[18]

하지만 인생이 깊어지는 것에 관한 몇 가지 오해가 있다.

중년의 전환기에 주의해야 할 점들

첫째, '주님의 일'을 위해, 또는 '사역'을 위해 사역자의 길을 걷거나 기독교 선교 단체에서 섬길 필요는 없다. 이 책 전체에서 다루고 있듯이, 모든 선한 일은 하나님 나라를 발전시킨다. 이른바 세속적인 일이 종교적인 일보다 하나님을 덜 기쁘게 하는 것은 아니다. 일을 거룩하게 만드는 것은 일의 종교적 특성이 아니라, 그 일이 믿음과 소망과 사랑으로 이루어진다는 사실에서 비롯된다. 전 세계적으로 교회를 괴롭히는 치명적 이단인 '이원론'은 예수에 의해 파괴되었다. 이원론은 목회, 선교, 자선 사업과 같은 종교적인 일은 영원하고 깊은 의미가 있지만, 교육, 공예, 무역, 가사, 사업 등은 본성상 세속적이고 영원한 의미가 있지 않다고 주장한다.

둘째, 하나님은 당신의 인생 후반기에 대한 '놀라운 계획'을 가지고 계시지 않다. 다만 인생 전체에 대한 놀라운 목적을 가지고 계실 뿐이다. 심지어 '인생 후반기(Second Half)'이라는 제목이 붙은 책도 불행한 인상만 줄 뿐이다.

셋째, 당신을 향한 하나님의 소명은 형태는 변할 수 있지만, 평생 지속된다. 그러므로 갑작스러운 변화에 주의하라.

넷째, 여성과 남성은 문화적 배경이나 폐경과 같은 신체적 변화에 따라 중년의 전환기를 경험하는 방식에 차이가 있다. 여성과 비교하면 남성은 인생이 새로운 계절로 옮겨간다는 급격한 신체적 신호를 경험하지 않는다.[19]

만약 중년의 삶이 영적 기회가 된다면, 건강과 에너지가 줄어드는 인생 후반기는 좀 더 영적으로 열리게 된다.

더 깊어지는 인생 후반기로 초대하다

인생 후반기의 도전은 중년기와 비슷하지만 한 단계 더 높다. 나이든 이는 사회에서 젊은이의 문화에 도전을 받는다. 급격한 변화, 특히 기술과 인터넷의 빠른 변화는 노인을 소외시킨다. 기동성과 에너지가 줄어든다. 공식적이고 제도화된 은퇴는 사람들을 계속 여가와 게으름에 빠지게 만든다. 이는 사람들이 더는 커리어로 자신을 증명할 수 없기에 자존감에 대한 근본적인 도전으로 이어진다. 산업화 시대와 정보화 시대에는, 노인이 존경받고 바쁘게 일하던 이전 시대와는 다르게 노년기를 자유와 휴식의 시기로 가정한다. 유진 비안키는 이러한 도전을 개인적인 차원에서 다룰 뿐만 아니라 그 원인을 찾아야 한다고 말한다. "노년의 영성은 우리 자신의 개인적인 위축만이 아니라, 우리 스스로 공범이자 적대자가 되는 억압적인 사회망을 직면하는 용기를 요구한다."[20]

노인들은 부모, 친구, 동료, 커리어, 운전 면허증, 건강을 점점 잃어 간다. 그리고 생명을 위협하는 건강상의 문제, 대개 심장병이나 암 등에 직면한다. 마지막으로 확실하게 죽음이 기다리고 있다. 프랑스에는 이런 말이 있다. 사람이 중년에 이르면 두 개의 철로가 지평선에서 만날 때 자신이 죽는다는 사실을 안다.

이러한 현실에서 영적으로 성장해야 할 부분이 있다.

첫째, 성찰하는 삶을 살아야 한다. 이는 본질적으로 행동에서 존재로 변화하는 것이다. 비안키는 인생에서 이 시기에 "깊은 내면의 성장을 풍성하게 이룰 수 있다."고 말한다.[21]

리처드 로어(Richard Rohr)는 이 변화에 대해 다음과 같이 말한다. "기본적으로, 인생의 전반부는 글을 쓰는 것이고, 인생의 후반부는 글에 주석을 다는 것이다. 우리는 모두 나이가 들면서 행복을 향해 나아가고 내면을 향해 깊어지는 경향이 있다. 이러한 내향성은 삶이 우리에게 준 것과 우리로부터 가져간 것을 모두 꺼내는 데 꼭 필요하다."[22]

나의 아버지는 철도 회사 사장으로 매우 활동적이고 생산적인 사람이었는데, 인생 마지막에 이르러 80세에 두 번의 뇌졸중을

앓았고, 말하거나 먹지도 못한 채 마지막 해를 보냈다. 아버지는 단지 목숨만 유지하고 있었다. 나는 아버지가 장시간 입원해 있던 토론토로 날아가곤 했다. 거기서 병상 옆에 앉아 아버지에게 책을 읽어 주고, 함께 기도했다. 무엇보다도 중요한 것은 그때 아버지가 소중한 선물이라는 사실을 인정했다는 점이다. 아버지가 무슨 선물을 가지고 있다는 게 아니라, 아버지 자체가 선물이었다. 아버지가 편찮으실 때 어머니는 고생을 많이 했다. 어머니는 매일같이 지하철과 버스로 병원을 방문했다. 나는 아버지가 무엇을 생각하고 느끼고 경험하는지 알고 싶었지만, 슬프게도 아버지는 말을 할 수 없었다. 어머니가 돌아가시는 일, 아버지가 편찮으신 일 등은 내 정신이 번쩍 들게 하는 일이었다. 우리가 노년까지 산다면 우리가 모두 지나야 하는 길이다. 그곳에서 우리는 행동에서 존재로 옮겨진다.

내가 리젠트 칼리지의 학장이었을 때, 사람들은 "폴은 일을 잘해."라고 말했다. 고백건대, 나는 이런 말을 들으면 약간 우쭐해졌다. 나는 정력적인 사람이다. 누군가 이 말을 하면 나는 그 사람에게 나도 잠이 많지만 깨어 있을 때는 최선을 다해 일한다고 말해 준다. 하지만 지금은 기운이 점점 사라지고 있다. 예전만큼 일을 해내지 못한다. 나는 이 과정 자체도 즐긴다. 하나님의 자녀로서 내가 누구인지 나 자신을 성찰하는 시간을 더 많이 갖는다. 내 아내와 자녀들, 손주들에게서도 많은 사랑을 받지만, 하나님에게서 가장 큰 사랑을 받는다. 이러한 깨달음은 사회로부터 오는 것이 아니라 나이가 들면서 알게 되는 것이다.

   사회는 우리를 성공이라는 틀에 밀어 넣는다. 이력, 만들고 행한 것에 대한 보상, 여행한 장소, 갖고 있던 직업, 심지어 교회나 비영리 단체에서 맡았던 역할까지. 하지만 점차 질문을 적게 받게 된다. 어느 국제적인 연설가가 최근 나에게 "저를 초청하는 횟수가 줄어들고 있습니다."라고 편지를 보낸 것처럼 말이다. 일에 열중하고 일을 위해 살아가는 사람에게 은퇴는 일종의 죽음이나 마찬가지다. 실제로 어떤 사람들(대부분 남성)은 은퇴한 뒤 얼마 있지 않아 세상을 떠난다는 사실이 그리 놀라운 일은 아니다. 살아갈 이유가 없는 것이다. 하지만 한 인간으로서, 특히 그리스도 안에서 한 인간으로서 보살피고, 발견하고, 긍정한다면, 이러한 변화는 죽음이 아니라 생명을 줄 수도 있다.

   신약 성경의 저자들은 우리의 존재를 묘사하기 위해 다음과 같이 다양한 어휘를 사용한다. 제사장, 왕, 선지자, 새로운 피조물, 하나님의 자녀, 하나님 나라에 동참하는 자(계 1:9). 이러한 성경적 묘사는 개인적 정체성이 아닌 사회적 정체성을 드러낸다. 공동체적이고 하나님의 사람들이라는 현실을 반영한다. 이러한 '존재'는 우리가 성취해야 하는 것이 아니다. 성취는 이미 끝났다. 그래서 바울은 이렇게 말한다. "그러므로 우리가 이제부터는 어떤 사람도 육신을 따라 알지 아니하노라"(고후 5:16). 이 말은 우리 자신을 세속적인 관점으로 바라보지 않는다는 의미를 내포한다.

비안키는 깊은 영성으로 나아가는 도전과 선물 두 가지를 모두 설명한다. "외부 세계에서 내부 세계로 관심을 옮기는 움직임으로서 '내면성'은 노년의 가능성과 관련된 엄청난 개념이다."[23] 주변 문화는 우리가 잠재력을 모두 현실화하고 재능을 모두 표현하고 자아를 모두 실현하도록 압박한다. 모든 산업이 우리가 젊음을 되찾고 인간이 할 수 있는 모든 것을 경험하도록 도와주려고 하지만, 해가 갈수록 이것은 점점 더 어려워진다. 나는 지금 나이가 들면 자기중심주의가 자동으로 치유된다고 말하는 것이 아니다. 그것은 전혀 다른 이야기다. 사실, 가슴 경련이나 옆구리의 새로운 통증은 우리 자신에게, 즉 우리의 건강, 부, 복지, 그리고 죽음에 쉽게 집착하게 할 수 있다. 하지만 적어도 이 과정에서 우리는 영성이 깊어지고, 우리를 초월하는 자와 관계를 맺고, 하나님을 더 잘 알아가고, 하나님의 자녀로서 기쁨과 즐거움을 누릴 수 있는 자리로 초대된다(롬 8:15~17). 그렇다. 마지막으로 회심할 기회가 있고 그 회심은 거절당하지 않는다. 하지만 더 중요한 점은, 로마 가톨릭에서 말하는 것처럼 묵상이 깊어질수록 우리의 회심은 죽음에 이를 때까지 지속적으로 이루어진다는 것이다. 나이가 들면 이러한 과정이 더욱 장려된다. 물론 장려되는 점이 이것만은 아니다.

둘째, 단순한 삶을 살아야 한다. 강한 금욕주의로 나아가야 한다. 나이가 든다는 것은 우리의 인생에서 물질적인 것을 정리한다는 의미를 포함한다. 고대 철학자 키케로는 이 책 2장에서도 인용했듯이, "여행자가 여행이 끝날 무렵에 짐을 늘리는 것만큼 터무니없는 일이 또 있는가?"라는 유명한 말을 남겼다. 하지만 실제로 이런 사람들이 있다. 자녀들이 모두 출가했는데도 더 큰 집을 짓고 재산을 더욱더 모은다. 그러나 대부분은 재산을 모으기보다는 줄임으로써 거추장스럽고 혼란스러운 짐을 없애려고 한다.

오늘날에도, 기독교 수도사나 수녀들은 관상 공동체로 들어가고, 이른바 영성 전문가들은 방해 요소를 피해 하나님께 집중하기 위해 동굴이나 그와 비슷한 장소를 찾는다. 오늘날 묵상을 방해하는 요소는 지속적으로 흘러나오는 음악, 미디어, 여기저기 산재한 광고 등이다. 수도사와 수녀가 문화를 거부하는 금욕주의를 선택하는 것처럼, 신체적, 감정적, 관계적 도전을 동반한 노화를 경험하는 우리도 삶을 단순화시키고 인생을 성찰하는 길로 초대된다. 이것은 친절한 초대가 아니다. 삶은 우리를 설득하고, 자극하고, 밀고, 당긴다. 마타 엘 메스킨은 정통파 수도사이다. 그는 "인생은 천국으로 향하는 유일한 길"이라고 썼다.[24]

얼마 전에 나는 거의 반백 년 영적 친구인 모리스 레니에 (Maurice Regnier)로부터 이메일 한 통을 받았다. 그는 우리 부부가 몬트리올에서 신혼 생활을 시작했을 때 프랑스어를 구사하는 옆집 이웃이었다. 그는 이렇게 적었다.

지난 몇 년 동안 나에게 나타난 가장 큰 특징은 삶이 무척 단순화

되었다는 거야. 나에게 활력을 불어넣었던 활동도 이제는 별 감흥을 주지 못하지. 나는 미술책뿐 아니라 문학이나 철학책에도 관심이 없다네. 이제는 음반도 사고 싶지 않아. 내가 지금 지루한 생활을 하고 있다는 말을 하려는 게 결코 아니라네. 내가 예전에 좋아했던 것들과 활동들이 이제는 깊이가 없는 불필요한 것으로 보인다는 거야.[25]

구약 성경과 신약 성경에는 단순한 삶의 방식에 관한 이야기가 많이 나와 있다. 이스라엘 사람들은 좋은 집에서 지내는 안락한 삶, 가축을 늘리는 것, 수입을 늘리는 것, 음식이 풍족한 것의 위험성에 대해 경고를 받는다(신 8:11~19). 줄리 뱅크스(Julie Banks)와 로버트 뱅크스(Robert Banks)는 다음과 같이 말한다.

> 예수의 삶의 방식은 고난받는 종으로서 예언된 것처럼, 금욕적인 것은 아니지만 완벽하게 심플하다(마 8:20). 그분의 가르침은 재산에 대한 집착과 불안으로부터 자유롭고(눅 12:22~23), 가난한 사람들에게 자기 소유물을 기꺼이 나눠주는 태도를 장려했다(눅 12:33~34). 예루살렘의 초기 그리스도인들은 비록 전부는 아니더라도 재산의 일부를 도움이 필요한 사람들과 공유하기로 약속했다(행 2:44~6, 4:32~5).[26]

또한 줄리 뱅크스와 로버트 뱅크스는 메노나이트 교회 중앙위

원회에서 만든 물질과 소유를 다루는 방식에 관한 권고안을 주목한다.

> 권고안 가운데 다음과 같은 사항이 있다. 가족 프로젝트로서 채소밭 가꾸기, 가능하면 차를 이용하지 않고 걷거나 자전거 타기, 여가 활동을 다른 사람들과 함께 즐기기, 일회용품 최소한으로 사용하기, 집에서 떨어져 있을 때 친구들과 소통 가능한 곳에서 숙박하기, 유행하는 옷 피하기, 오래된 옷은 버리지 않고 고쳐 입거나 재활용하기, 중고 가구 구입하기, 소형차 구입하기, 작은 집으로 이사하거나 다른 사람들과 집 공유하기, 기분 전환을 위한 쇼핑 자제하기.[27]

이 내용은 인생 후반기의 영적 여정이 어떤 모습이어야 하는지를 시사한다.

셋째, 하나님 나라의 영성을 키워야 한다. 그리하여 새 하늘과 새 땅의 관점에서 살아갈 수 있도록 해야 한다. 요즘 나이든 사람들 사이에서 많이 회자되는 이야기 가운데 하나는 버킷리스트를 만드는 것이다. 즉 죽기 전에 하고 싶은 것, 경험하고 싶은 것, 보고 싶은 것을 만드는 것이다. 버킷리스트는 보통 불치병에 걸린 사람들이 만든다. "당신의 버킷리스트에는 무엇이 있는가?" 지금은 많은 사람이 이 리스트를 가지고 있다. 남극대륙 여행, 그랜드 캐니언 구경, 번지점프, 하와이에서 겨울 보내기. 이러한 리스트는 우리가 이번 생에 할 수 있는 모든 것을 하고 싶다는 욕구를 반영한다는 것 외에는 아무런 문제가 없다. 하지만 인생은 이것으로 만족할 수 없다. 인생에는 더 많은 것이 있다. 놀랍도록 더 많은 것이 있다. 바로 이 '더 많은' 것을 우리는 나이드는 과정에서 생각해 보아야 한다. 그리스도인에게, '더 많은' 것은 훨씬 좋고, 더 만족스럽고, 더 지속적인 것이다. 사실상 영원한 것이다. 그것은 하나님 나라의 온전한 경험이며 모든 것에 하나님이 임재하시는 새로운 세계에서 사는 삶이다. 불행히도, 믿음이 좋다는 것은 이 땅의 것을 좋지 않게 여기는 것, 현실과 동떨어져 있는 것과 자주 동일시된다.

C. S. 루이스(C. S. Lewis)는 이렇게 적었다. "현재의 세계를 위해 가장 많은 일을 한 사람들이 바로 내세에 관해 가장 많은 생각을 한 사람들이다. …… 천국을 목표로 하면 땅을 덤으로 얻을 것이다. 땅을 목표로 하면 아무것도 얻지 못할 것이다."[28] 성경의 마지막 책인 요한계시록이 우리에게 주는 것이 바로 이러한 관점, 즉 현실적인 경건한 믿음이다.

요한계시록은 원래 예언서가 아니다. 그것은 일종의 보고문이다. 세상이 성령 안에 있는 한 사람을 어떻게 바라보고 있는지 알려준다. 요한계시록은 현 세계와 보이지 않는 영적 세계라는 이중 초점 렌즈로 인생을 바라보고 있다. 이미지와 극적 행위로 가득하고 일종의 슬라이드쇼와 같은 이 놀라운 책은, 유감스럽게도 미래의 정치적 사건들을 미리 보기 원하는 사람들의 행복한 사냥터였다. 실제로 이 책은 현실을 다룬다. 물론, 하나님의 궁극적인 미래에 비추어 볼 때 지구라는 행성과 하나님의 사람들을 위한 현실이다. 이 책의 메시지는 ❶ 하나님은 그의 백성에게 말씀하시고 그들과 함께하신다. ❷ 하나님은 다스리신다. 아름다운 그리스도의 형상인 어린 양이 왕좌에 계신다. ❸ 하지만 이 세계의 정의는 다차원적인 반대에 직면해 있다. ❹ 우리의 투쟁 가운데 하나님은 백성의 기도를 들으신다. 기원후 1세기에 이 책은 오늘날 터키 지방에 해당하는 지역에 있던 그리스도인들을 위해 기록되었다. 그들은 적대적인 문화에 의해 박해를 당하거나 우호적인 문화에 현혹되었다. ❺ 그리스도인의 삶의 메타포는 자신의 생명을 내려놓는 순교이다. ❻ 영광스러운 미래가 기다리고 있다. 그날에는 하나님이 어디나 계시고, 새 하늘과 새 땅이 펼쳐지고, 만방에서 하나님의 백성들이 모여든다. 누가 천국에 가고 싶어 하는가?

W. H. 오든(W. H. Auden)은 이렇게 말했다. "지옥으로 보내지는 사람은 아무도 없다. 다만 자신이 지옥으로 가겠다고 고집할 뿐이다."[29] 천국에 관해서도 같은 말을 할 수 있을까? '요원한 천국'이나 기쁨을 좇는 쾌락주의와는 전혀 다른, 자기 백성과 함께하는 하나님을 본 요한의 환상은 그 자체로 믿음의 완성이다. 창조는 재개되었다. 악은 마침내 배제되었다. 예수는 미래에 대해 "내가 만물을 새롭게 하노라"(계 21:5)라고 말씀하신다. 하나님은 얼굴을 드러내신다. 하나님의 임재를 바라지 않는 사람은 천국

에 들어가길 바라지 않는 사람이다. 하지만 이 모든 것이 어떻게 우리에게 현실적인 경건한 믿음을 가지고 살 수 있도록 하는가?

첫째, 우리는 하나님 나라 의식을 가지고 살아갈 것이다. 우리는 하나님의 통치라는 최후의 승리를 소망하며 살아가고 일을 한다. 하나님 나라는 바로 여기서는 부분적으로 이루어지고 궁극적으로는 완전히 임하는데, 그곳은 단지 '영적인' 곳이 아니기에 '성스러운 것'과 '세속적인 것'의 경계가 무의미해진다. 모든 것은 하나님의 주권 아래 있으므로 그분의 관심 안에 있다. 사역은 교회 일보다 훨씬 범위가 넓다. 사회 정의와 복음 전도는 반드시 함께 이루어져야 한다.

둘째, 우리는 전보다 더 시간을 귀하게 여길 것이다. 시간을 단순히 관리해야 할 자원보다는 선물로 받아들이게 될 것이다. 내 친구 알렉(Alec)은 종종 영원을 붙잡으면서 동시에 순간을 기념하는 것에 관해 메일을 써 보낸다.

> 이번 주 목요일 아침에 나이슬리(Nicely) 박사가 개인적으로 전화를 걸어 최근 연구 결과를 알려 주었습니다. "우드헐 씨, 우리가 모두 분명히 틀렸다는 사실을 전하게 되어 놀랍고 기쁠 따름입니다. 제 생각엔 어쨌든 당신은 최악의 상황을 면했습니다. 당신의 몸에 여전히 암세포가 많이 남아 있지만, 우리가 생각했던 것처럼 치명적으로 공격적인 유형은 아닙니다." 가끔 당신의 암이 재발했다는 소식이 이상하게도 '좋은 소식'으로 받아들여질 때가 있습

니다! 그때 내 반응은 이렇습니다. "이러한 유형의 암은 전에도 치료한 적이 있으니, 우리는 다시 할 수 있을 것이다!" 삶은 투쟁이지만 그분과 함께라면 우리는 언제나 모든 도전과 문제를 다룰 수 있습니다. 물론, 나는 완전히 긴장을 늦출 수는 없지만, 영원을 굳게 붙잡으면서 순간을 기념하는 것을 기뻐할 수 있습니다! 하나님은 분명 이 보잘것없는 종에게 자비를 베풀고 계십니다![30]

알렉은 또 다른 도전이 찾아온 날 다음과 같이 말했다. "오늘의 모든 것은 선한 목적을 위한 것입니다."

셋째, 우리는 영원히 지속될 프로젝트, 일, 그리고 관계에 투자할 것이다. 이는 뒤에서 좀 더 충분하게 다룰 주제이다. 성경은 보통 '영적인' 일이라 불리는 종교적인 일뿐 아니라 믿음, 소망, 사랑으로 행하는 모든 선한 일을 지속하는 것이 중요하다고 말한다. 다른 곳에서도 나는 이 세상에서 행하는 모든 선한 일이 어떻게 하나님 나라에 협력할 수 있는지, '주님의 일'을 하면서 어떻게 하나님과 협력하며 영원히 지속될 하나님 나라에 기여할 수 있는지에 관해 폭넓게 써 왔다.[31]

이 생각은 쉽게 오해를 불러일으킨다. '인생 후반기'를 다루는 많은 책은 은퇴를 사람들이 성공적인 삶을 사는 것에서 무언가 중요한 일을 하는 것으로 바뀌길 바라는 시기로 묘사한다. 그래서 우리는 교회 일을 하고, 단기 선교를 다녀오고, 주일학교에서 학생들을 가르치고, 교회 장로가 되길 열망함으로써 영원한 하나님 나라에 기여하려 한다. 물론 이 일들이 나쁜 건 아니지만, 이것만이 하나님 나라로 나아가는 유일한 방법인 것은 아니다. 중요한 사실은 우리가 하는 일이 종교적이냐가 아니라, 믿음, 소망, 사랑으로 그 일을 하느냐이다.

바울은 고린도전서의 '부활' 장 끝부분에서 간결하면서도 함축적인 메시지를 남긴다. "그러므로 내 사랑하는 형제들아 견실하며 흔들리지 말고 항상 주의 일에 더욱 힘쓰는 자들이 되라 이는 너희 수고가 주 안에서 헛되지 않은 줄 앎이라"(고전 15:58). 벤 위더링턴 3세(Ben Witherington III)는 적절한 질문을 던진다. "우리는 새로운 예루살렘을 세울 수 있는 일을 창조하고 가꾸고 있는가?"[32]

깊은 영성, 단순한 삶, 현실적인 경건한 믿음. 나이가 드는 것은 우리를 사랑하고 우리를 찾길 바라시는 하나님께 응답하는 영적 여정이다. 나이듦은 점진적인 퇴보가 아니다. 오히려 그 반대이다. 나이가 들면 우리는 좀 더 온전한 인간으로 변화하고 점점 더 깊어진다. 모든 영적 성장이 그러하듯, 우리를 사랑하고 우리를 인간답게 만들고자 하시는 하나님과 협력해야 한다. 그리고 이것은 나이듦의 악덕을 다루고 나이듦의 미덕을 키우는 일을 포함한다.

존 옥센함의 기도

주여, 나에게 날마다 살아갈 수 있는 믿음을 주소서.

고요한 마음으로 내가 맡은 일을 하게 하소서.

주님의 인도하심 따라 주의 길을 가게 하소서.

주여, 믿음을 주소서! 알지 못해도 신뢰하게 하소서.

조용한 마음으로 모든 것에서 당신을 찾게 하소서.

어린아이같이 당신이 이끄는 대로 가게 하소서.

주여, 믿음을 주소서! 모든 것을 맡기게 하소서.

미래는 당신의 선물이니 미래와 나 사이에 걸어놓은

당신의 사랑의 베일을 내가 옮길 수 없나이다.[33]

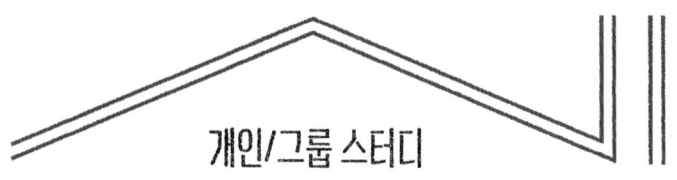

개인/그룹 스터디

전도서 12:1~7, 고린도후서 4:7~18

여기 아무도 이야기하고 싶어 하지 않는 사실이 있다. 나이가 들면 젊었을 때의 건강만 잃는 것이 아니라 신체적 기능이 점점 약해진다. 노년에는 젊을 때와 다른 차원의 투쟁과 상실을 경험한다. 친구나 가족이 먼저 세상을 떠난다. 사회적 지위나 정체성도 상실한다. 수입도 감소한다. 격렬한 활동과 운동은 할 수 없다. 정력과 성욕이 감퇴한다. 집 크기가 작아진다. 나중에는 양로원으로 간다. 운전면허증을 상실하고 완전히 남에게 의존한다.

현실적으로, 나이가 든다는 것은 우리에게 하나의 보물만 남을 때까지 점차적으로 포기하는 것을 의미한다. 그 보물이란 그리스도이고, 우리가 그분을 통해 맺는 관계다. 그 과정을 통해 우리는 나이를 먹는 것이 영적 훈련이라는 사실을 발견한다. 이번 성경 공부에서 우리는 노년에 관한 구약 성경의 관점을 반추해 보고 좀 더 희망적인 신약 성경의 관점을 살펴볼 것이다.

개인 묵상

수년간 포기해 왔던 것들을 하나씩 말해 보라. 어떤 것이 가장 어려웠는가? 당신의 의지에 반해 강제로 상실된다고 느꼈는가, 아니면 자발적으로 그것들을 포기했는가?

그룹 토론

에너지, 노동, 장거리 여행, 기동성 등에서 처음으로 한계를 느낀 경험을 그룹과 공유하라. 이에 대처하는 데 가장 도움이 되는 것은 무엇인가?

전도서 12:1~7 읽기

1 전도서의 저자는 '태양 아래서', 즉 초월하시는 하나님과는 상관없이, 인생을 골똘히 관찰한다.

2 나이를 먹는 것에 관한 이 정교한 비유를 알기 쉽게 풀어서 해당 내용 옆에 적어 보라. 어떤 비유가 신체적 상실을 다루고 있는가? 또 어떤 비유가 심미적, 사회적, 영적 상실을 나타내는가?

3 저자는 어떤 결론을 내리는가? 저자의 결론은 "기억하라. 너는 죽을 것이다."라고 말하는 것과 어떤 식으로 다른가?

4 당신은 노년기에 하나님을 찾고 구하기가 더 쉽다고 생각하는가, 아니면 더 어렵다고 생각하는가?

고린도후서 4:7~18 읽기

5 바울이 고린도 교인들에게 보내는 두 번째 편지에서, 그는 우리에게 기원후 1세기 그리스도인의 세계와 경험을 엿볼 수 있게 해 준다. 여기서 바울은 자기 자신과의 한계와 싸우는 모습을 보여 준다. 바울이 느낀 도전과 고통의 종류를 말해 보라.

6 당신은 어떤 것에 공감하는가?

7 이 어려움 속에서 예수를 믿는 신앙은 어떤 소망을 가져오는가? 이 소망의 기초는 무엇인가?

8 기독교가 가지는 독특한 특징은 고통을 초자연적으로 도피하는 것이 아니라 고통을 초자연적으로 이용할 방법을 찾는다는 것이다. 이는 당신이 마주한 한계에 어떻게 적용될 수 있는가?

9 이 공부에서 한계를 가지고 살아가는 것에 관해 무엇을 배웠는가? 당신은 어떤 점에서 나이가 드는 것이 영적 훈련이라고 말할 수 있는가?

5 나이 듦의 악덕

> 한 사람의 결점은 세월이 갈수록 더 두드러지는 경향이 있다.
>
> 폴 투르니에, 정신과 의사[1]

> 나는 우리의 정신이 청년기보다 노년기에 더 문제가 많고 불완전하다고 생각한다.
>
> 미셸 드 몽테뉴[2]

노년은 그 자체로 위험 요소를 지니고 있다. 초기 교회 교부이자 목회자인 헤르마스(Hermas)는 그가 돌보는 누군가에게 이렇게 써 보냈다.

> 당신의 정신은 이제 늙고 시들었으며, 질병과 의심으로 그 힘이 점점 쇠해졌다. 다시 힘을 회복할 희망 없이 마지막 잠만 기다리는 늙은이들처럼, 태만에 몸을 맡기고 주님께 도움을 구하지 않는

—영성

다. 그래서 당신의 정신은 쇠멸하고 서러움 속에 늙어만 간다.[3]

16세기 후반 미셸 드 몽테뉴(Michel de Montaigne)도 비슷한 글을 썼다.

> 우리는 악덕을 포기하기보다는 바꾸려고 하는데, 내가 볼 때는 이것이 더 나쁘다. 어리석고 나약한 교만, 무례한 농담, 너무 스스럼없이 들이대는 유머, 미신, 터무니없는 부의 욕망을 사용할 수 없게 되면, 나는 거기서 더 많은 시기와 불의와 악감정을 발견한다. 나이가 들면 얼굴보다 마음에 더 많은 주름이 새겨진다. 그리고 나이가 들면서 곰팡내가 나지 않는 영혼은 거의 본 적이 없다.[4]

오늘날의 사람들도 다르지 않다.

이 장에서 우리는 그다지 좋지 않은 성격 특성들을 살펴보고 있는데, 이 특성들은 기독교 교회에서 오랜 전통을 가진 예배 규정을 이용할 때 분명해질 수도 있다. 몇 세기 동안 이 싸움은 '일곱 가지 치명적인 죄악'이라 불리는 것을 통해 이해되어 왔다. 일곱 가지 치명적인 죄악은 다음과 같다(괄호 안은 라틴어). 교만(superbia), 시기(invidia), 분노(ira), 태만(acedia), 탐욕(avaritia), 탐식(gula), 음욕(luxuria). 이 죄악들은 기독교 교회 안에서 오랜 전통을 가지고 있다. 초기에는 사막 교부이자 신학자인 에바그리우스(Evagrius of Pontus, 345-399)에 의해 이 죄악들을 정리하기 시작했다. 에바그리우스와 그의 제자들은 사막으로 가서 세상의 유혹에서 벗어나고 하나님을 온 마음을 다해 찾았다. 그들이 사막에서 발견한 것은 자신이 자신을 상대해야 한다는 사실이었다. 이는 노년에도 필요한 일이고 자주 그렇게 해야만 하는 일이다.

6세기 '교회 박사(Doctor of the Church)'인 그레고리우스 교황(Gregory the Great)은 오늘날 우리가 알고 있는 '일곱 가지 치명적인 죄악'을 완성했는데, 그는 이 죄악들이 새끼를 친다는 사실을 발견했다. 그레고리우스는 다음과 같이 기록했다. "시기로부터 증오, 비방, 비난이 생기고 이웃의 불운과 고통에 기뻐하는 마음이 나온다. 분노로부터는 불화, 자만, 모욕, 소란, 분개, 신성 모독이 만들어진다."[5] 어떤 의미에서 일곱 가지 죄악은 실제로 죄가 아니라 죄를 짓고자 하는 '경향'이다. 그래서 만약 내버려 두면 그것은 죄로 이어지고 심지어 범죄로 발전한다. 예를 들면 분노는 살인으로 이어질 수 있다. 특히 이러한 경향들은 노년에 독특한 형태를 보일 수 있다는 점이 중요하다. 나이를 먹는다고 저절로 성화(聖化)가 이루어지는 것은 아니다! 꼭 지혜로워지는 것도 아니다. 실제로 나이가 든다는 것은 젊은 시절부터 내버려 두었던 것을 돋보기로 들여다보는 것과 같다. 그런데 나이듦의 악덕을 살펴보는 것에는 또 다른 차원이 있다.

각 영역의 싸움은 우리를 성장하게 하고 미덕(다음 장의 주제)을 계발하게 하는 시험이다. 이미 살펴보았듯이, 우리의 소명에는 하나님의 백성으로 살아가는 것이 포함된다.[6] 하지만 악덕은 시험이다. 에덴동산에서 선악을 알게 하는 나무로 시험을 받은 아담과 하와를 시작으로 성경 전체에 걸쳐 시험받는 내용이 나온다. 심지어 신약 성경에는 예수가 성령에 이끌려 마귀에게 시험('유혹'으로도 자주 번역된다)을 받기 위해 광야로 가신다. 각각의 경우에 시험 없이는 인격과 신앙이 자랄 수 없다. 모든 가능한 시험으로부터 자녀를 보호하고 성장이 전혀 없는 청소년을 키워내는 부모와는 정반대가 되어야 한다. 시험이 없으면 성장도 없다. 그러므로 나이듦의 악덕 몇 가지를 살펴본다면, 우리도 이것을 인격 성장의 기회나 방법으로 삼을 수 있다. 그럼 교만부터 살펴보자.

교만: 자신을 최고로 여기는 것

《일삶구원》(*Taking Your Soul to Work*, IVP 역간)에서 동료 앨빈 웅과 나는 일곱 가지 치명적인 죄악을 일과 일하는 사람, 일터에 적용해 보았다.[7] 여기서는 그 죄악들을 나이드는 과정에 적용해 보겠다. 우선, 교만은 자기 자신이 뛰어나다고 으스대거나 자만심이 부풀어 올라 다른 사람들보다 자신이 우위에 있음을 내보이려고 하는 것이다. 교만은 약자를 가지고 놀려고 한다(시 10:2). 교만은 우리 자신을 속인다(옵 1:3). 시간이 지나면 교만도 줄어들까? 존 카시안(John Cassian)은 이렇게 말한다. "위에서 말한 바와 같이, 다른 모든 악덕은 어떤 경우는 사실 자만심을 불러일으

키지 않으면 시간이 지나면서 줄어들거나 사라진다."⁽⁸⁾

나이든 사람에게 나타나는 교만한 모습의 하나는 배우거나 가르치려 하지 않는 것이다. 앞서 언급했듯이, 성 베네딕트 수도원에서는 나이 많은 수도원장이 가장 어린 구성원의 이야기에 항상 귀를 기울여야 한다. 그에게 하나님에게서 온 지혜가 있을지도 모르기 때문이다. 나이가 들면 한편으로는 병이 들거나 쇠약해지고 다른 한편으로는 살아오면서 성취한 것에 자부심을 느끼면서 쉽게 자기중심적인 태도를 보이게 된다. 고대 교회의 문헌을 보면, 나이 많은 사람들이 말 많은 수다쟁이로 묘사되어 있다. 마크로비우스(Macrobius)는 저서 《사투르날리아》(*Saturnalia*)에서 "노인들은 습관적으로 말을 많이 한다."라고 기록했다.⁽⁹⁾ 사막 교부들은 이렇게 고백한다. "우리가 처음 만났을 때는 우리의 영혼에 도움이 될 만한 이야기를 나누면서 감각적인 것에서 멀어지고 천상의 세계로 올라가곤 했다. 하지만 지금은 우리가 만나면 잡담으로 시간을 보내며 서로를 끌어내리고 있다."⁽¹⁰⁾

교만은 함께하는 벗이 있다.

시기: 남이 잘되는 것을 바라보는 고통

시기(라틴어로 individa)는 일곱 가지 죄악 가운데 가장 근본적인 죄다.⁽¹¹⁾ 교만과 함께 시기는 고대의 영성가들에게 일곱 가지 죄악 가운데 가장 다루기 어렵고 치명적이라 여겨졌다. 시기는 질투와 이기적인 야망과 결합한다. 성경에서 시기는 악한 것으로 간주한다(약 3:16). 시기는 다른 악덕을 끌어들인다. 다른 죄악을 더욱 악하게 만든다. 히포의 아우구스티누스는 시기는 사악하다고 말했다. 이웃의 불행을 보고 기뻐하고 누군가의 성공을 보고 불쾌함을 느끼기 때문이다.[12]

역설적이게도, 우리에게 미덕이 자라면 자랄수록 시기심은 더 예민해진다. 심지어 베드로가 용서받고 세 번에 걸쳐 내 양을 먹이라는 예수의 말씀을 들었을 때, 다른 동료 제자들에게 더 호의적으로 대하시는 건 아닌지 궁금했다. 베드로는 예수에게 "요한은 어떻게 되겠습니까?"라고 물었다. 하지만 예수는 베드로에게 네가 상관할 일이 아니라고 딱 잘라 말씀하셨다.

나이든 사람은 다른 이의 완벽한 건강, 다른 이의 완벽한 가족을 부러워하는 모습을 쉽게 볼 수 있다. 또 나는 죽을 때까지 돈을 아껴 써야 하는데, 어떤 사람은 돈이 많아 은퇴 생활을 즐기는 것을 보면서 부러워하기도 한다. 앞 장에서 우리는 윌리엄 퍼킨스가 어떻게 이것을 '영혼의 욕망', 즉 자신의 소명에 만족하지 못하고 다른 이의 소명을 탐하는 것으로 간주했는지 살펴보았다. 바울은 빌립보서 4장에서 배부르거나 굶주리거나 풍족하거나 궁핍하거나 언제나 만족하는 비결을 배웠다고 말하면서 이것에 관해 말한다. 같은 장에서 바울은 그 비결이 감사하는 마음으로 기도하는 것이라고 밝힌다. 그러나 많은 노인은 끓어오르는 분노를 가슴속에 묻어 둔다.

분노 : 통제하려는 불타는 욕망

폴 투르니에는 노인을 크게 두 부류로 나눈다.

> 아주 멋진 노인들이 있는데, 이들은 친절하고 사람들과 어울리기 좋아하며 평화로움으로 빛이 난다. 고통과 어려움은 평온 속에서 그들을 더 성장하게 할 뿐이다. 그들은 구태여 주장하지 않는다. 이 노인들을 만나고 돕는 것 자체가 기쁨이 된다. 일이 잘 풀리거나 여전히 사랑받고 있다는 데 감사하고 심지어 깜짝 놀라기도 한다. 책을 읽고, 마음을 가다듬고, 조용히 산책하고, 모든 것에 관심을 두고, 누군가의 말을 들을 준비가 되어 있다. 반면, 끔찍한 노인들도 있다. 이들은 이기적이고, 쉽게 만족하지 않고, 지배하려 들고, 불쾌하다. 항상 투덜거리며 모든 사람을 비난한다. 그들을 만나러 가면 더 일찍 오지 않았다고 혼낼 것이다. 아무리 좋은 의도라도 오해하고, 대화는 이내 고통스러운 갈등으로 변한다.[13]

두 번째 부류 노인의 행동 이면에는 분노가 있다. 성경에서는 분노가 인간 안에서, 또 하나님 안에서 끓어오르는 힘으로 묘사된다. 신약 성경에는 영어 단어 'anger(분노)'가 두 개의 그리스어로 표현되어 있다. 하나는 '오르게(orge)'라는 단어로 '열정, 에너지'를 의미한다. 또 하나는 '투모스(thumos)'라는 단어로 '격정적인, 끓어오르는'을 뜻한다. 성경적으로 볼 때, 분노는 문제를 해결하는 데 도움을 주려고 하나님이 주신 에너지다. 모든 분노가 나쁘고 파괴적인 것은 아니라는 말이다. 성경적으로 분노를 사용한 예로는, 베드로의 잘못을 정면으로 반박하는 바울의 사례가 있다(갈 2:11~14). 선지자 나단의 불의한 말을 듣고 화를 낸 다윗의 사례도 있다(삼하 12장). 그리고 일부 유대인들이 하나님의 성전을 더럽힌 것에 화가 난 예수의 사례도 유명하다(요 2:13~18).[14]

"분을 내어도 죄를 짓지 말며"(엡 4:26)라는 바울의 말에는 모든 분노가 죄악은 아니라는 사실이 내포되어 있다. 교회의 영적 아버지들은 분노가 악한 영과 싸우거나 사악한 생각을 파괴하는 실로 엄청난 힘을 가지고 있다는 사실을 발견한다. 물론 분노는 하나님 안에서는 의로운 분노의 형태로 존재하고 예수 그리스도로 말미암아 하나님의 집에 대한 열정으로 이용할 수 있지만, 우리 안에 있는 대부분의 분노는 파괴적이다. 분노는 이기적인 동기가 부여되거나(약 1:20) 화가 계속 사라지지 않으면(엡 4:26~27) 죄로 바뀌어 버린다. 분노가 문제를 해결하는 것이 아니라 사람을 공격한다. 다음에 나오는 악덕은 분노와 정반대의 모습을 보인다. 열정과 에너지가 잘못된 방향으로 나아가는 것이 아니라, 열정과 에너지 자체가 사라져 버린 경우다.

태만 : 일 자체를 생각하기 싫을 때

잠언은 태만을 비난하고 근면을 칭찬한다. 그런데 이 문제에는 언뜻 보이는 것보다 더 미묘한 차이들이 있다. 여기서는, 심지어 태만한 사람조차 일을 한다고 가정한다. 문제의 핵심은 도덕적으로나 정신적으로 게으른 사람은, 당면한 가장 중요한 일에 주의를 기울이지 않으면서 덜 중요한 문제들도 줄이는 것을 좋아하는 사람이라는 사실에 있다. 태만한 사람의 식욕은 절대 채워지지 않는다(잠 13:4). 더 정확하게 말하자면, 그는 실제로 옳은 일을 하고자 하는 욕구는 크지만, 그가 해야 한다고 알고 있는 일을 실행에 옮기지는 않는다(잠 21:25~26).[15]

청교도 리처드 백스터(Richard Baxter)는 게으른 사람에 대해 신랄하게 묘사했다. 게으른 사람은 일하는 것을 아주 싫어하고, 어떤 과제든 쉬운 부분만 선택하고 어려운 부분은 내버려 두고, 사소한 일에 주의가 산만해진다고 말했다. 게으른 사람은 관심을 기울이지도 않고, 아무 생각도 하지 않고, 거의 죽어 있는 것이나 마찬가지다. 그런데 일을 그만두거나 힘든 직업에서 물러난 사람은 어떻게 게으름을 경험할까?

많은 사람에게 은퇴는 곧 태만과 연결된다. 일곱 가지 치명적인 죄악 가운데 태만이 노년에 가장 많이 나타난다. 나이가 들면 진취성이나 열정, 탐험에 대한 관심, 차이를 만들어 내려는 노력이 사라진다. 그래서 오랫동안 가만히 누워 텔레비전만 보거나, 돈이 있으면 죽을 때까지 쉬지 않고 놀기만 한다. 50번째 결혼기념일을 맞아 아내와 나는 예전에 10년 동안 의미 있게 보냈던 아프리카 대륙을 다시 찾아갔다. 우리 부부는 남아프리카 공화국의 케이프타운에서 아프리카 대륙의 서쪽 해안을 따라 영국의 사우샘프턴까지 P&O 크루즈를 타고 이동했다. 나는 그 여행의 대부분을 내가 좋아하는 책 중 하나인 로렌 반 더 포스트(Lauren van der Post)의 《다른 누군가가 되는 것에 관하여》(*On Being Someone Other*)를 읽었는데, 그 책 안에서는 이 여행과는 반대 방향으로 여행이 진행된다. 그런데 우리 부부는 배 위에서 매우 흥미로운 커플을 만났다. 각각 95세와 93세였는데, 실제로 결혼은 하지 않았다. 남자가 말했다. "왜 내가 이 사랑스러운 과부와 결혼해 그녀가 연금을 받지 못하게 해야 하나!" 그런데 알고 보니 이번이 스물일곱 번째 크루즈 여행이라고 한다. 말 그대로 배에서 내리면 다음 배를 타는, 비싼 게으름을 누리고 있었다. 하지만 대부분 나이든 사람들은 게으름이 지루함으로 이어진다. 많은 사람이 말 그대로 지루해 죽을 지경이다.

태만은 단순히 더 많은 일정 조정을 요구하는 시간 관리의 문제가 아니다. 그것은 영혼의 상태를 말한다. 존 카시안에 따르면, 흑인 성 모세(Abba Moses)는 노인들은 "미온함과 나태함으로 노년을 보내고 성숙한 인격이 아닌 단지 살아온 햇수가 많다는 이유로 권위를 얻는다."[16] 이에서 벗어나는 해결책은 바로 아름다운 하나님과 그의 왕국을 위해 매일 열정적으로 기도하는 일에 다시 사로잡히는 것이다. "나라가 임하시오며 뜻이 하늘에서 이루어진 것 같이 땅에서도 이루어지이다"(마 6:10).

탐욕: 더 많은 것을 바라는 욕구

사람들은 보통 가능한 한 짧은 시간 안에 무언가 더 많은 것을 성취하거나 얻고자 하는 것을 '탐욕'이라고 부른다. 아이러니하게도, 이 욕구는 우리가 가지고 있는 것에 만족하지 못하게 하고 우리가 가지고 있지 않은 것을 갖고 싶게 만든다. 4세기 기독교 수도사인 폰투스의 에바그리우스(Evagrius of Pontus)는 인생 마지막 10년 동안 자신의 걷잡을 수 없는 감정에 관해 기도하고 깊이 성찰하며 보냈는데, 그는 탐욕이 단지 더 많은 물질을 축적하고자 하는 경향이 아니라고 썼다. 에바그리우스는 탐욕스러운 사람들은 "아직 존재하지 않는 것에 대한 생각"에 사로잡혀 있다고 말했다.[17] 십계명은 이러한 중독적인 사고방식의 변종을 '탐욕스러움'이라고 부른다.[18]

성경적으로, 탐욕(라틴어로 avaritia)은 하나님을 향한 우리의 열망이 하나님이 만드신 피조물로 향할 때 생겨난다. 탐욕의 근원에는 빵(또는 공급)을 하나님과 명백하게 구별하는 것으로 여기는 경향이 있다. 에덴동산에서 아담과 하와가 선악과를 바라보는 모습에서 우리는 인간의 마음속에 이러한 역학이 작용하는 것을 알 수 있다. 열매는 먹기에 좋았고(공급), 보기에도 좋았으며(아름다움), 지혜롭게 만들어 줄 것(힘)으로 보였다. 풍요로운 동산에서 그들은 공급과 아름다움과 힘의 매력에 끌렸다. 그들은 오늘날 우리가 직면하고 있는 영원한 난제에 빠져 있었다. 하나님께 돌아와 자신의 필요를 그분이 채워 주실 것을 믿는가? 아니면, 그들 자신에게 어울릴 만한 무언가로 자신의 욕구를 만족시키는가?

20세기 걸출한 정통파 기독교 사제이자 작가인 알렉산더 슈메만(Alexander Schmemann)은 아담의 원죄는 금지된 과일을 먹었다는 것보다 훨씬 더 크다. "하나님만을 갈급하지 않았다는 것이 죄이고, 이 세계 전체에 자신의 삶 전체를 의존하는 것을 하나님과 교제하는 성례로 여기지 않았다는 것이 죄이다."[19]

앞에서 어느 아내가 "남편은 두 배로 늘어나고 돈은 반으로 줄어든다."라고 인용했듯이, 탐욕은 특히 노년에 유혹(그리고 시험)이 될 수 있다. 우리는 하나님께서 공급하신다는 것을 신뢰할 수 있는가? 에바그리우스가 말했듯이, 만약 탐욕이 존재하지 않는 것을 생각하는 것이라면, 나이든 사람들은 자신이 소유할지도 모르고 성취할지도 모르는 모든 것을 생각하면서, 그리고 '버킷 리스트'처럼 죽기 전에 경험해야 하는 모든 것을 생각하면서 탐욕스러워질 수 있다. 그런데 탐하는 대상에는 항상 음식이 있다.

탐식: 살기 위해 먹는 것이 아닌 먹기 위해 사는 것

우리는 보통 대식가(大食家)를 극도의 비만인과 로마의 바카날리아(Bacchanalia, 고대 로마의 술의 신 바쿠스를 기리던 축제를 말한다. - 옮긴이 주)와 연관시킨다. 하지만 우리는 신체적 외형만 보고 탐식을 판단할 수는 없다. 어떤 비만인은 선천적인 문제로 '저주'를 받지만, 다른 대식가들은 높은 대사율이라는 '축복'을 받았다. 이런 사람들은 아무리 포식해도 호리호리해 보인다. 탐식은 특대형 음료를 마시는 것 이상을 말한다. 거식증(anorexia)처럼 무질서하게 먹는 것도 분명히 탐식의 또 다른 형태이다.

탐식은 과도한 소비를 통해 만족감을 찾는 죄이다. 우리는 '탐식(gluttony)'이라는 단어를 다양하게 사용한다. "그 사람은 일에 미쳤어(He is a glutton for work)." "그 여자는 고생을 마다하지 않아(She is a glutton for punishment)." "걔는 관심종자야(He's a glutton for attention)." 탐식은 좋은 것을 너무 많이 가지려는 것을 말하는데, 예컨대 텔레비전, 섹스, 레저, 회사, 일에 지나치게 욕심을 갖는 것이다. 탐식은 살아 있는 활동을 중독적인 사치로 썩게 만든다. 중세 시대부터 기독교 사상가들과 철학자들은 음욕과 탐식을 연결해 왔다. 둘 다 절제의 부족을 보여 준다(뒤에서 보겠지만 절제는 우리가 잘 살 수 있도록 성령께서 제공하는 생명력 있는 자원이다).

더 좁은 의미에서, 탐식은 음식과 먹는 행위에 지나치게 집착하는 것이다. 이는 노인들이 살기 위해 먹는 것에서 먹기 위해서 사는 것으로 바뀌면서 자주 나타난다. 기본적인 수준에서, 탐식은 일과 관계를 위해 써야 하는 에너지를 감소시킨다. 다른 사람을 배려하기보다는 자기만족에만 몰두하게 된다. 결국에 탐식은 마음속에서 하나님과 사람들을 쫓아낸다. 아담과 하와가 처음으로 맞닥뜨린 시험도 먹는 것을 통해 왔다. 순종하지 않은 그들은 하나님과 멀어졌다. 이는 비극이다. 왜냐하면 하나님은 늘 음식과 일, 유대감이 어우러지게 하려 했기 때문이다.

교황 그레고리우스 1세는 탐식의 유형을 다섯 가지로 규정했다. "시도 때도 없이 먹는 것, 값비싼 고기를 찾는 것, 너무 섬세한 맛을 추구하는 것, 너무 과하게 먹는 것, 지나친 식욕으로 죄를 짓는 것."[20]

이제 일곱 가지 치명적인 죄악 가운데 마지막 죄악이 남았다. 많은 사람은 이 죄악이 노년과는 상관없다고 생각한다.

음욕: 타인을 소유하고자 하는 내적 갈망

음욕은 흔히 다른 누군가를 향한 강력한 성적 욕망으로 알려져 있다. 이 감정은 희열과 흥분을 갈망하면서 일어난다. 기독교적 관점에서 '음욕'이란 단어는 보통 그리스어로 '에피티미아(epithymia)'로 번역되는데, 이는 하나님이 주신 성(性)이라는 선물을 왜곡하는 성적 죄를 의미한다. 일곱 가지 죄가 모두 그렇듯이, 이 죄도 처음에는 생각에서 시작해 결국에는 간통, 간음, 성도착과 같은 행동으로 이어진다. 예수께서 말씀하신 것과 동일하다. "나는 너희에게 이르노니 음욕을 품고 여자를 보는 자마다 마음에 이미 간음하였느니라"(마 5:28).[21]

성(性)은 그 자체로 좋은 것이다. 이것은 하나님이 창조하신 인간의 신체적, 심리적, 영적 차원을 아우른다. '섹스(라틴어로 secare)'라는 단어는 재결합되기를 바라는 어떤 것이 서로 떨어져 있는 상태를 의미한다. 프란체스코회 신부인 리처드 로어는 성이 우리에게 관계가 본능과도 같다는 것을 확실히 알려주는 지표라고 말한다. "우리는 불완전하고 궁핍하고 본질적으로 사회적인 존재이기 때문에, 하나님은 우리 안에 침묵할 수 없는 생명력을 만들어야 했다."[22] 실제로 로어는 아무리 해도 10분 넘게 침묵할 수는 없다고 말한다. 결국 우리는 성적인 생각으로 다시 돌아간다.

성적 흥분은 정상적이고 건강하며 좋은 것이다. 하지만 결혼 상대자가 아닌 다른 누군가와의 성관계에 대한 환상을 가진다면, 이는 음욕이고 또 다른 누군가를 소유하고자 하는 욕구에 불과하다. 그러므로 이 생명력은 통제되어야 한다. 프로테스탄트 종교개혁가인 마르틴 루터(Martin Luther)는 머리 위에 새가 내려 앉는 것은 어쩔 수 없다고 말했다. 실제로 우리는 머리에 갑자기 떠오르는 생각을 멈추지 못할 때가 있다. 하지만 새가 머리 위에 둥지를 틀게 하는 것은 전혀 다른 문제다.

위대한 성자이자 학자인 히포의 아우구스티누스는 그의 자서전 《고백록》(The Confessions)에서 음욕의 우상 숭배적인 측면을 깊이 있고 통찰력 있게 기록했다. 그는 음욕이 정신적 욕구와 육체적 욕구를 뒤섞어 전 인격을 불안하게 만든다고 지적한다. "쾌락이 강렬해 극에 달하면서 정신적인 경계심이 사라지고, 말하자면 지적인 보초병들이 압도당하고 만다."[23] 그런데 나이든 사람들도 음욕을 느낄까? 그들은 성욕이 사라지거나 사라져 가고 있지 않은가? 그렇지 않다. 창조주가 우리에게 심어 준 친밀감과 애정을 향한 욕구는 사라지지 않고 평생 지속된다. 남성은 성욕이 사춘기에 최고조에 이르고 점차 쇠퇴하지만, 여성은 30대 중반에 절정에 달하고 평생 그 수준을 유지한다.

실제로, 나이가 들면서 함께 찾아오는 유혹이 있다. 나이 많은 남성은 결혼하고 나이 많은 여성이 외롭게 지내는 것을 자주 보게 된다. 나이 많은 남성은 자신에게 욕망은 있지만(그리고 흥분도 일어나지만), 정력이 부족하고, 완전하게 성적으로 교감하고 성적 친밀감에 몰두하는 능력이 떨어진다는 것을 깨닫는다. 말라기(말 2:14)를 인용하면 그들은 젊을 때 결혼한 아내는 내버려 두고 젊은 모델을 취한다. 마치 솔로몬이 자신의 정욕을 채우려고 젊고 아름다운 여인 수백 명을 거느리는 것과 같다. 대부분 외국인이었던 이 미녀들은 하나님을 향한 그의 신실한 신앙을 뒤흔들어 놓았다. 결국 솔로몬은 형편없이 생을 마감했다. 솔로몬과는 달리 우리는 이 부분을 좋게 마무리할 수 없을까?

나이든 사람들에게 중요한 영적 훈련은 바로 받아들이는 것이다. 받아들여야 하는 중요한 부분 중 하나는 노년에는 성욕이나 성적 교감 능력이 줄어든다는 사실이다. 그렇다고 노인들은 성욕이 전혀 없거나 성적으로 아무것도 느끼지 못한다는 것을 의미하지는 않는다. 오히려 그 반대다. 특히 오랜 결혼 생활을 했다면 좀 더 단순한 친밀감과 애정에서 깊은 의미를 가질 수 있다. 누군가 말했듯이 "불은 켜져 있지만, 전압은 낮은 상태"다.

노년의 성생활은 (파트너가 있다면) 불가능하지도 부적절하지도 않다. 일반적으로 나이가 들면 성행위가 줄어들지만, 사람마다 개인 차이가 있다. …… 더군다나 신체적 친밀함의 형태는 성관계와 구별되어야 한다. "애정 어린 신체 접촉의 전압이 너무 낮지 않으면 불을 켜는 데 도움이 될 수 있다."[24]

우리는 성적인 존재로서 죽을 것이고 새 하늘과 새 땅에 부활할 것이다. 상상했던 방식 이상으로 완전한 인간으로 부활할 것이다. 예수가 말씀하셨듯이, 이 세상의 결혼이라는 형태는 사라지겠지만 우리의 성(性)을 포함해 더욱 인간다운 모습으로 부활할 것이다(마 22:29~32).

일곱 가지 치명적인 죄악. 성숙을 위한 일곱 가지의 시험과 일곱 가지의 도전. 각각의 죄악은 하나님께서 우리가 성령의 열매를 베풀기 위한 기회다.[25] 앞으로 살펴보겠지만 미덕이라는 열매는 쉽게 자라지 않는다. 나 스스로와 타인과 힘겹게 분투하면서 하나님의 임재와 자원 안에서 가까스로 얻어 내는 것이다. 이렇게 사람들은 노년에 미덕과 지혜를 갖출 수 있다. 로완 그리어(Rowan Greer)는 말한다. "미덕을 지키기 위해 오래 인내했다는 사실만이 권위를 부여하는 것은 아니다. 때로는 성공하지 못해도 미덕을 위해 고군분투했다는 사실이 권위의 진정한 근거가 된다."[26]

카를로 카레토(Carlo Carretto)는 그리스도의 증인으로서 북

아프리카의 무슬림들 사이에서 조용히 지냈다. 하지만 그 이전의 사막 교부와 교모처럼 그도 자기 자신을 만나야 했다. 그의 《사막으로부터 온 편지》(Letters from the Desert)에는 이렇게 적혀 있다.

> 다른 어떤 결점보다 치명적인 결점은 깊숙이 감춰져 있다. 그 결점은 거의, 아니 결코 세상의 수면 위로 떠 오르는 구체적인 행동에서 드러나지 않을 것이다. 하지만 깊은 곳에서, 우리 존재의 깊은 층에서, 극도의 피해를 일으키는 독에 흠뻑 젖는다. …… 그것은 숨겨져 있기에, 또는 오히려 위장하고 있기에 알아차릴 수 없고, 오랜 시간이 지난 후에야 비로소 파악될 때도 있다. 하지만 의식 속에 살아 있는 이 결점은 우리를 오염시키거나 무겁게 짓누를 수 있다. …… 그것들은 감춰져 있는 보편적인 죄이다. 게으름, 비겁함, 거짓, 허영심과 같은 죄들을 우리 스스로는 없애지 못한다. 심지어 기도한다 해도 완전히 벗어날 수 없다. …… 이제 위장막을 걷고 영적인 승부를 볼 시간이 되었다. …… 거기서 우리는 알지도 못하고 잡히지도 않는 도움과 은혜에 의지해 살 수 있다.[27]

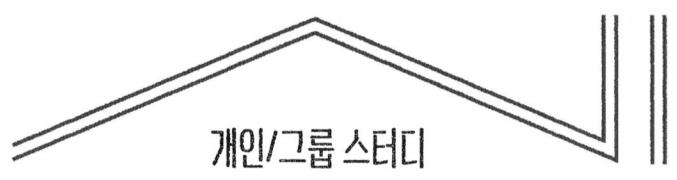

개인/그룹 스터디

시대의 유혹 : 창 27:1~40

"한 사람의 결점은 세월이 갈수록 더 두드러지는 경향이 있다." 유명한 스위스의 정신과 의사 폴 투르니에의 말이다.[28] 어릴 때는 눈에 띄지 않다가 노년에 과하게 드러난다는 말이다. 이번 성경 공부에서 우리는 이삭을 살펴보고 있는데, 노년에 그는 젊은 시절 드러나지 않았던 결점에 영향을 많이 받았다. 창세기 이야기의 몇몇 해설자들은 이삭의 영적 삶에서 최고의 순간은 어린 나이에 자발적으로 아버지의 희생 제물이 되었을 때라고 말한다. 그때부터 차츰 내리막길을 걸었다. 이삭의 영적 유혹을 보여 주는 지표 중 하나는 장남 에서에 대한 편애다(창 25:28). 그리고 야생 동물 사냥에 집착하는 모습에서 음욕을 엿볼 수 있다. 이 모든 것 뒤에는 음욕뿐만 아니라 그의 아내 리브가에게 주신 하나님의 말씀, 즉 "큰 자가 어린 자를 섬기리라"(창 25:23)라는 말씀에 순종하기를 거부하는 세속주의도 있다. 지금부터 이삭과 야곱의 극적인 만남을 지켜보자.[29]

개인 묵상

인생을 되돌아보면서 어린 시절부터 현재까지 가장 지속적으로 당신을 유혹하는 것을 떠올려 보라. 그 유혹은 점점 커졌는가, 아니면 작아졌는가?

그룹 토론

위에서 인용한 폴 투르니에의 말을 가지고 토론해 보자. 당신은 이 말에 동의하는가, 아니면 모든 잘못을 노인에게 투영시키는 일종의 노인 차별(ageism)이라고 생각하는가?

창세기 27:1~40 읽기

1 고대 히브리인들은 다음 세대에게 두 가지를 축복했다. 첫째, 장자는 유산의 3분의 2를 물려받는 생득권이 있었다(신 21:15~17). 차남 야곱이 형 에서에게서 이 '장자권'을 훔쳤다. 둘째, 보통은 장자가 가문의 지도자가 되었다. 하나님은 예언을 통해 통상적인 질서를 뒤집어야 한다고 말씀하셨지만, 늙은 이삭은 큰아들 에서에게 복을 주고 싶었다. 이 축복의 시기에 무엇이 이삭을 이토록 위험하게 만들었는가?

2 이삭과 리브가의 결혼 관계에서 무엇을 배울 수 있는가? 에서와 야곱의 관계에서는 무엇을 배울 수 있는가? 이 두 가지 현실 사이에는 어떤 관계가 있는가?

3 당신은 건강하지 못한 가족 경험 때문에 언제 위험에 처했는가? 나이가 들면 이 위험성이 어떻게 더 커질 수 있는가?

4 이삭은 야곱의 속임수를 알고 분명히 혼란스러워 한다. 그런데 앞을 보지 못하는 이삭은 왜 야곱을 목소리가 아닌 냄새로 구별했는가?

5 이삭은 에서가 아닌 야곱에게 잘못 축복했다는 걸 알았을 때는 이미 그 복을 취소할 수 없었다. 이는 축복의 힘에 관해 우리에게 무엇을 알려주는가?

6 당신은 부모님에게 언제 축복을 받았는가? 그리고 언제 다음 세대에게 축복을 줄 수 있는가?

7 한 정신과 의사는 이삭이 에서라고 생각하면서 야곱을 품에 안았을 때, 이것은 야곱이 늘 바라던 것이었다고 말한다. 즉 야곱은 아버지의 인정과 애정을 원했다. 하지만 야곱은 틀림없이 아버지가 형에 대한 사랑을 보이고 있다는 것을 알았다. 당신은 어

떤 부분에서 가정의 양육에 만족하지 못하고 결핍을 느끼는가? 이러한 결핍은 당신의 인생에 어떤 영향을 끼치고 있는가?

8 이삭은 젊었을 때 유혹을 막기 위해 무엇을 할 수 있었을까?

9 끊임없이 일어나는 유혹을 대처할 방법은 무엇인가?

지금 혹은 나중에

당신이 아는 노인들에게 '일곱 가지 죄악'이 각각 어떻게 나타나는지 확인해 보라.

6 나이듦의 미덕

노년에는 그 이전에 가지고 있던 미덕들을 상당히 많이 바꿔야 한다.

찰스 핀치스[1]

"주 하나님, 주께서 당신의 종들을 불러, 그 끝을 알 수 없는, 아무도 발을 들여놓지 않은 위험한 길로 나아가게 하셨습니다. 어디로 가야 할지 모르지만, 주의 손이 우리를 이끌고 주의 사랑이 우리를 떠받치고 있으므로 담대한 용기를 갖고 나아갈 수 있도록 믿음을 주시옵소서."

루터교의 저녁 기도 전례[2]

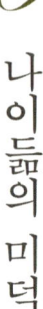
이번 6장은 일곱 가지 치명적인 죄악에서 비롯된 악덕을 다룬 앞 장보다 훨씬 더 도전적이다. 악덕에 굴복하기는 쉽다. 그리고 미덕을 받아들이는 것은 훨씬 어렵다. 하지만 우리는 악덕이 회복과 성장을 위한 매개가 될 수 있다는 사실도 알았다. 심지어 악덕이 때로는 교육적인 기회가 될 수 있다는 사실을 강조하는 잡지들도 있다.[3] 그런데 미덕은 누가 선전하는가? 안 될 이유가 뭔가? 상상 속의 죄는 매력적이지만, 현실의 죄는 전혀 매력적이지 않다. 현실 속의 선(善)은 실제로 아름답지만, 상상 속의 선은 그렇지 않다. 실제적인 선과 미덕을 살펴보기 전에, 구분해야 할 것이 있다. 특히 많은 사람, 사업장, 조직, 심지어 교회에서도 '가치관(value)'은 선전하지만 '미덕(virtue)'을 알리지는 않는다.

가치관은 소중하게 생각하는 삶의 방식이지만 옳고 그름의 문제는 아니다. 당신은 당신만의 가치관이 있고 나는 나만의 가치관이 있다. 하지만 미덕은 깊이 스며있는 특성이며 옳고 그름의 문제다. 다시 말해, 미덕은 반대되는 악덕이 존재한다. 이 장에서는 몇 가지 중요한 문제를 다루어 볼 것이다. 나이가 드는 과정에서 특별히 갖추게 되는 노년의 미덕이 있는가? 나아가, 그리스와 로마로부터 이어지고 기독교에서 널리 수용된 고전적인 미덕이 인생 후반기를 지내는 사람들을 위해 재정비되어야 할 필요가 있는가? 위에서 인용된 루터교의 기도는 고대 세계로부터 비롯된 '용기'라는 미덕을 강조한다. 아리스토텔레스(Aristotle)는 열두 가지의 도덕적 미덕과 아홉 가지의 지적 미덕을 확인했지만, 전통적으로 기독교는 네 가지 기본 덕목인 지혜, 정의, 절제, 용기를 사르쳤다. 그리고 믿음, 소망, 사랑이라는 기독교의 세 가지 미덕이 노년에 어떤 의미가 있는지 질문해 보아야 한다. 마지막으로, 우리는 어떻게 미덕을 얻을 수 있는지 생각해 보아야 한다.

나이듦을 위한 미덕

작가 찰스 핀치스(Charles Pinches)는 사람이 나이드는 과정을 와인이 숙성되는 과정과 비교한다. 우리는 흔히 "이 와인은 제대로 숙성되었다."라고 말한다. 하지만 핀치스는 근대와 포스트모던의 관점에서 바라보는 노년을 바나나가 익는 것과 조심스레 비교한다. 바나나는 제대로 '숙성'되는 것이 아니라 너무 익어 '물컹'해진다. 윌리엄 메이(William May)가 관찰하듯이, 우리는 나이가 드는 징후를 피하려 할 뿐만 아니라, "지배 세대를 위한 의식의 가장자리로 미끄러져 가서 …… 다음 세대의 자원을 낭비한다."[4] 아니, 완전히 숙성되는 것도 아니고 그렇다고 너무 익어서 물컹거리는 것도 아니다. 그래도……

나이가 들면서 생겨나는 특성이 있다. 고대부터 '절제'는 노년과 관련된 미덕 가운데 하나다. 초기 기독교 시대에 나지안주스의 성 그레고리우스(Gregory Nazianzus)는 노인들에게 왜 죽기 직전까지 세례를 미루는지 물었다. "왜 여러분은 원숙한 만년에 젊은이의 열정 따위를 두려워합니까?"[5] 또 다른 초기 교회 교부인 존 카시안은 이렇게 말한다. "노년의 겸손은 큰 미덕이다. 그것은 늙으면 생길 수 있는 자존심과 허영심, 악덕을 극복했다는 증거이기 때문이다."[6]

그리고 사람들은 점점 줄어드는 활동 범위에 적응하고 스스로 점차 약해지는 것을 경험하면서 인내심을 키우게 된다. 길버트 메일랜더(Gilber Mailaender)는 옳게 지적한다. 인내는 단순히 체념하는 것이 아니라 "우리를 제약하는 불가피한 것 안에서 자유를 찾는 것이다."[7] 여러 가지를 상실하고 능력과 재능이 줄어드는 것을 피할 수 없다. 아서 루빈스타인(Artur Rubinstein)은 80세에 콘서트를 열었다. 어떻게 그렇게 했는지 질문을 받자, 그는 더 적은 수의 곡을 연주했고, 느린 부분은 더 느리게 연주해 빠른 부분이 더 빠르게 보이도록 했다고 말했다. 게다가 곡들을 더 자주 연습했다고 한다.[8]

교황 요한 바오로 2세(John Paul II)의 멘토인 비스진스키 (Wyszynski) 추기경은 '인내'는 노동 세계의 경험에서 비롯되는 미덕이라고 지적한다. 그는 이렇게 말한다. "일상의 노동을 통해 얻는 가장 큰 미덕은 인내다. 말하자면, 여기 사다리가 하나 있는데 그것을 통해 우리는 일상의 노동으로 더 높이 올라간다." 인내(충실)에 맞서는 유혹은 많다. "새로운 일에 대한 갈망, 우리에게 맡겨진 일에 대한 불성실함, 직업을 바꾸고자 하는 욕구, 때로는 아주 사소한 이유까지. 이러한 감정에는 늘 모종의 배신감이 서려 있다."[9] 노년에도 같은 상황을 만날 수 있는데, 이로써 "인생은 천국으로 향하는 유일한 길이다."라고 말한 마타 엘 메스킨의 깊은 진리를 다시 한번 되새기게 된다.[10] 비스진스키 추기경이 쓴 책의 이전 판 제목은 흥미롭게도 《하느님 나라에 이르는 노동》(*Working Our Way to Heaven*)이다. 그렇다면 우리는 '하나님 나라에 이르는 노년'이라는 말도 할 수 있지 않을까? 메일랜더는 이렇게 주장한다. "특별히 노년은 …… 선물이다. 노년은 우리의 인내가 필요로 할 뿐 아니라 우리에게 인내의 기회를 제공하는 축복이다."[11].

윌리엄 메이는 《환자의 시련》(*The Patient's Ordeal*)이라는 책을 인용하면서 '단순함(simplicity)'이라는 미덕에 대해 말한다. "단순함은 노년의 특징이 되어야 한다. 왜냐하면, 기억력이 점점 감퇴하는 것도 있지만 순례자는 오랜 시간이 흐른 뒤에 가볍게 여행하는 법을 배우기 때문이다. 그는 단순한 진리와 단순한 선물을 가지고 사는 법을 배운다."[12]

어떤 의미에서 세 가지 신학적 미덕인 믿음, 소망, 사랑은 고전적 미덕을 아우른다. 믿음은 지혜를 준다. 사랑은 정의와 절제를 준다. 소망은 용기를 준다. 믿음, 소망, 사랑의 삼중주가 성경에 여러 번 등장하고, 신약 성경에서 개별적으로 나타난다.[13] 이제 이 세 가지 미덕을 하나씩 살펴보도록 하자.

신학적 미덕

믿음이라는 미덕은 하나님을 향한 열렬한 반응이다. 덴마크의 철학자 쇠렌 키르케고어(Søren Kierkegaard)는 믿음의 경험을 바다에서 수영하는 사람에 비유한 적이 있다. 바다에서 발을 떼고 물의 부력에 자기 자신을 온전히 맡길 때 몸이 물에 뜰 수 있다.

이것이 바로 믿음이다. 하나님의 지지, 원조, 아름다움에 자신을 내던지는 것이다. 나이가 들면 자동으로 믿음이 더 생길까? 경험적 관찰에 따르면, 물론 임종 자리에서 회심하는 경우도 있지만, 일반적으로 나이가 든다고 해서 믿음이 더 강해지는 것은 아니다. 대부분 청소년기에 하나님에 대한 진지한 믿음이 생기는 것 같고, 오히려 어떤 사람들은 나이가 들면서 신앙심이 시들해진다. 또 어떤 사람들은 시간이 지나면서 보편주의적인 신앙, 즉 모든 종교의 길은 같은 정상으로 이어져 있다는 믿음을 갖기도 한다. 어쨌든 한 가지 확실한 사실은 노년에는 믿음이 필요하고, 심지어 믿음을 더욱 키울 수 있다는 것이다.

사람들은 나이가 들면서, 자신이 섬기던 많은 조직이 안으로 기울거나 사명을 버리거나 그냥 사라지는 것을 지켜본다. 교회는 죽어 가는 것 같고, 가족은 여러 가지 문제를 안고 있으며, 일부는 극복하기 힘들다. 하나님을 향한 애정과 믿음을 가지고 잘 마무리하는 것은 절실히 필요한 미덕이다. 어느 나이 많은 뉴멕시코의 이야기꾼은 인터뷰에서 이러한 믿음을 표현했다. "노년에는 몇 가지 기쁨이 있지만, 마침내 정말 중요한 것을 배운다는 깨달음만큼 대단한 건 없습니다. 하나님께서 우리를 받아들이시기 바로 직전에 우리에게 그분의 신비를 조금이라도 보여주시는 것일지 모릅니다."[14] 이제 믿음이라는 덕목은 두 번째 신학적 미덕인 소망을 불러일으킨다.

소망이라는 미덕은 인간의 모든 이야기가 아름다운 결말, 즉

그리스도께서 다시 오시고, 하나님 나라가 완성되고, 샬롬이 이루어지고, 새 하늘과 새 땅에서 모든 것이 새로워지는 마지막 때를 향해 나아가고 있다는 사실을 믿는 것이다. 한 세대를 살아가는 우리에게는 종종 이러한 소망이 없다. 전쟁, 기근, 역병 때문에, 그리고 가정과 사회 구조의 붕괴 때문에 이 세계가 어디로 나아가는지 비전을 그리지 못한다. 다음 세대에 투자하는 것은 어떻게 가치 있는 일이 될 수 있을까? 사람들은 믿음, 소망, 사랑 중 오늘날 가장 필요한 것이 소망이라고 말하기도 한다. 에드워드 콜린스 바체크(Edward Collins Vacek)는 이렇게 말한다. "갈수록 사람들은 자신이 아닌 다른 사람들이 누릴 미래를 위해 일하고 있다."[15]

신약 성경에서 시므온은 소망 가운데 죽는 하나의 사례인데(죽음을 소망하는 것과는 대조된다), 찰스 핀치스는 이를 다음과 같이 아름답게 설명한다.

> 시므온은 메시아를 향한 소망이 있어 자신이 인생을 잘 살았다고 깨달으며 죽음에 이를 수 있었다. …… 소망은 소망 그 자체를 구제할 필요가 없기에, 정확히 말해 소망은 헛되지 않다. 다르게 말하면, 소망은 자신을 완성하지 않아도 된다. …… 즉 소망이라는 미덕은 이야기의 끝이 없이도 인생의 끝을 가능하게 만든다. 이러한 의미에서 시므온은 자신의 이야기를 새로운 생명으로 이끌 누군가를 바라며 살아왔고, 그분을 한눈에 알아보았다. 그리고 그는

평안하게 죽음을 맞이할 수 있었다.¹⁶

시므온을 통해 우리도 아직 오지는 않았지만, 최고의 길을 깨닫고 평안하게 죽음을 맞이할 수 있다. 사도 바울은 비시디아 안디옥에서 행한 설교에서 이스라엘의 역사를 요약하면서 다음의 이야기를 넌지시 언급한다. "다윗은 당시에 하나님의 뜻을 따라 섬기다가 잠들어 그 조상들과 함께 묻혀 썩음을 당하였으되"(행 13:36). 우리는 마지막을 보지는 않겠지만, 살아 있는 동안 하나님의 목적을 위해 섬길 수 있다. 이러한 소망은 우리 육체의 연약함에 의해 생겨나기도 한다.

사도 바울이 말한 이 '육체의 집'에 살면서, 몸이 쇠약해지고 생활이 힘겨워지는 것은 실제로 하나님과 더 깊어지고 소망을 갖도록 초대하는 것이다. 이는 죽음을 극복하고 부활을 고대하는 것도 포함된다. 고린도후서 4장에서 사도 바울은 분투하는 고린도 교회에 보내는 두 번째 혹은 세 번째 편지를 쓰고 있다. 고린도전서에서 기원후 1세기 교회의 내부 모습을 볼 수 있다면, 고린도후서에서는 기원후 1세기의 그리스도인, 즉 사도 바울의 마음속을 들여다볼 수 있다. 이 책에서 바울은 육체, 감정, 관계, 소명과 관련한 분투에서 자신을 취약하게 만든다. 하지만 그는 이 모든 것이 자신에게 좋다고 주장한다. 느낌이 좋다는 것이 아니라, 더 나아지고 더 깊어진다는 의미에서 그렇다는 것이다.

우리의 겉사람은 쇠약해지더라도 우리의 속사람은 날마다 새로워진다. 우리는 잠시 가벼운 고난을 받고 있지만, 그 무엇과도 비교할 수 없을 정도로 크고 영원한 영광을 가져다줄 것이다. 그래서 우리는 보이는 것을 바라보지 않고 보이지 않는 것을 바라본다. 결국, 보이는 것은 잠깐이지만 보이지 않은 것은 영원하다(고후 4:16~18).[17]

이 구절에 관한 N. T. 라이트(N. T. Wright)의 설명은 설득력이 있고 시기적절하기에 여기서 길게 인용해 보려고 한다.

> 오늘날 많은 사람이 지닌 세계관을 들여다보면 육체적인 것, 외적인 것은 별로 중요하지 않다고 말하고 있는 듯하다. '물질적'인 것과 '비물질적'인 것에 관해 이야기하는 것이 아니라, '미래' 세계와 대비되는 '현재' 세계에 관해 이야기하는 것이다. '보이는 것'의 특징은 단기간만 지속된다는 점이다. 하지만 언젠가 하나님의 새로운 세계에서 나타날 진정한 현실은 우리가 상상할 수 없을 정도로 지극히 풍성하게 물질적일 것이다. 다만 우리가 아는 것은 새로운 세계에서는 '크고 영원한 영광'을 얻게 된다는 것이다. …… 바울은 현재 우리가 가지고 있는 영광은 질그릇 안에 들어 있는 보물과 같으며(7절), 아직 드러나지 않은 영광에 비하면 아무것도 아니라고 선언한다. 이런 맥락에서 바울은 심지어 어마어마하고 압도적이며 치명적인 슬픔과 고난조차 '잠시 가벼운 고난'이라고 표

현한다. 그는 지금의 몸은 단지 시작에 불과하고, 언젠가 더 완전한 옷을 입을 진정한 자아를 위한 최초의 옷이라는 사실을 깨닫는다. 이것은 "지금의 옷은 진정한 자아에 입힌 겉껍질에 불과하고, 육체를 벗어 던지는 날에는 하나님께 감사하게도 육체와 관련된 모든 것으로부터 해방된다."라고 말하는 것과는 의미가 전혀 다르다. 오히려 다음과 같은 표현이 적절하다. "나는 지금 장막 안에서 살지만, 언젠가는 궁전 안에서 살 것이다."[18]

소망은 우리가 다음 세대에, 우리 생애보다 오래 지속될 프로젝트에 투자할 수 있도록 해 준다. 소망은 우리에게 시므온과 다윗처럼 평안하게 죽음을 맞이할 수 있게 해 준다. 소망은 우리에게 살면서 신체적, 감정적, 심리적인 어려움을 겪더라도 더 큰 삶을 준비하도록 하는 확신을 준다. 소망이 노년에 필요하다면, 사랑도 마찬가지다.

사랑이라는 미덕은 사람, 장소, 공동체를 충심으로 돌보는 것이다. 아이러니하게도 우리는 나이가 들면, 덜 전문적(이 말의 통상적인 의미에서, 특별히 직업 분야에서)이 되고 더 아마추어(이 말의 참 의미에서)가 된다. '아마추어(amateur)'라는 말의 원래 뜻은 사랑을 위해, 사랑으로, 사랑 안에서 일하거나 섬기는 사람이다. 여기에는 하나님을 사랑하는 것(하나님을 영화롭게 하는 것), 공공의 선을 위해 이웃을 사랑하는 것, 세상을 사랑하는 것, 동료 창조자로서 창조 세계의 잠재성을 돌보고 실현하는 것이 포함된다. 비교와 성취에 기초한 자부심을 느끼는 것이 아니라, 우리 안에 둔 하나님의 가치를 받아들이는 것이다. 당연히 사도 바울은 사랑이 모든 것 가운데 제일이라고 말한다.

나이가 든다고 해서 끝나지 않는 것이 있다. 심지어 신체적 에너지가 바닥나고 의학적인 문제에 직면한다고 해도 마찬가지다. 그것은 바로 이웃을 내 몸과 같이 사랑하라는 명령이며, 또한 초대다(마 22:39). 스튜어트 배비지(Stuart Babbage)가 말하듯이 많은 사람에게 은퇴는 "심각한 이기주의, 나르시시즘, 자기 방종으로 전락할 수 있다. 하지만 은퇴는 사려 깊게 사랑하고 섬기는 인생을 가능하게 한다."[19] 내 아내 게일(Gail)은 세 번에 걸친 등 수술 후에 움직임이 줄어들었지만, 여전히 사람들을 만나고 있다. 특히 노인 가정과 병원에 있는 사람들을 자주 만난다. 그녀는 격려가 필요한 사람들에게 카드를 보내고, 브리티시컬럼비아 대학교에서 교수 부인과 여교수에게 봉사할 방법을 찾는다. 앨(Al)이라는 사람은 과부와 가난한 사람들의 가정을 개선하는 데 도움을 주기 위해 자신의 실용적인 기술을 계속 사용한다. 또 다른 사람들은 '추위를 피해(Out of the Cold)'라는 프로그램에서 노숙자에게 제공할 음식을 만든다. 봉사 단체들은 이런 자원봉사 활동을 잘하고 있다. 그리스도인들은 특히 이러한 제도를 만드는 데 두각을 드러낸다. 한 캐나다인이 쓴 오래된 책은 "교회는 세상에 아무런 도움이 되지 않았다."라는 비판에 대해 훌륭한 답변을 제공한다. 《기독교 교회의 사회적 업적》(*The Social Achievements of the*

Christian Church)이라는 책에서 저자 E. H. 올리버(E. H. Oliver)는 개별 그리스도인과 교회가 자원봉사자로서 기원후 1세기부터 제2차 세계대전 직전까지 사회에 얼마나 기여했는지 연대기를 기록하고 있다.[20]

특히 1930년 이후로 많은 활동을 하는데, 몇 가지만 예로 들자면 미시 경제 개발, 자원봉사 프로젝트, 해비타트 운동(Habitat for Humanity, 무주택 서민을 위한 사랑의 집짓기 운동 - 옮긴이 주), 단기 선교 여행, 병원 보조원 활동 등. 실제로 이러한 봉사 활동에 상당수의 노인이 참여했다. 이처럼 실제적이고 애정 어린 봉사는 실제로 우리에게 좋은 것이다. 은퇴를 다룬 훌륭한 책에서, 윌리엄 딜(William Diehl)과 주디스 딜(Judith Diehl)은 다음과 같은 흥미로운 금융 소식지를 인용한다(이는 많은 사람이 자신은 무료로 봉사할 여유가 없다고 말하는 것에 대한 반박이다). "관대한 사람들은 정신 질환이 드물다. 그렇다고 인색한 사람을 비난하지는 말자. 왜냐하면, 인색함은 질병일 뿐이니까. 여러분은 당연히 고갈될 것이다. 죽을 때까지 모든 걸 가져갈 수는 없다. 인색함이라는 병에 걸린 환자들은 시야가 좁아져 더는 다양한 기회를 볼 수 없다."[21]

그렇다면 이웃을 사랑한다는 것은 무엇을 의미하는가? 그리고 우리는 노년에 어떻게 이를 실천해야 하는가? 가톨릭 신학자 토마스 아퀴나스(Thomas Aquinas)는 이른바 '육체적 자선 행위'와 함께 '정신적 자선 행위'에 대한 개요를 설명했다. 이는 우리가 이웃을 사랑하는 모든 방법을 간략히 정리한 것이다. 우선 육체적 자선 행위는 다음과 같다.

- 굶주린 사람들에게 먹을 것 제공하기
- 목마른 사람들에게 마실 것 제공하기
- 벌거벗은 사람에게 옷을 제공하기
- 피난처가 없는 사람에게 피난처 제공하기
- 아픈 사람 병문안 가기
- 포로의 몸값을 지불하기
- 죽은 사람 장사 지내기

정신적 자선 행위는 아래와 같다.

- 무지한 사람을 가르치기
- 의심하는 사람을 상담하기
- 슬픈 사람을 위로하기
- 죄를 지은 사람을 꾸짖기
- 상처 준 사람 용서하기
- 우리에게 고통을 준 사람을 인내하기
- 모두를 위해 기도하기[22]

아퀴나스가 제시한 개요를 활용해, 우리는 노년에 실천할 수 있는 육체적인 봉사 활동과 정신적인 자선 활동을 개발할 수 있다. 노인들은 종종 차량 이용, 가정 내 서비스 및 방문, 재정 상담 및 지원, 안전, 노후 계획, 만성 질환 관리 등이 자주 필요하다. 엄청난 수의 노년 세대를 위한 친절한 서비스는 앞으로 중요한 과제가 될 것이다.

제임스 휴스턴과 마이클 파커(Michael Parker)는 다음과 같이 말한다. "부양(扶養)은 금세기 최고의 시금석이 될 것이다. …… 85세 이상의 노인들 가운데 거의 절반은 치매에 걸릴 가능성이 있다(약 3분의 2는 치명적인 알츠하이머병을 진단받을 것이다). 이러한 진단을 받은 환자는 사실상 수년간 다른 사람을 의존하며 살아야 한다."[23] 그런 다음 두 사람은 2세기 중반의 초기 교회에 대해 묘사한다. 로마에 있는 교회는 1,500명의 미망인을 돌보고 있었고, 일종의 성적 혁명이 일어났는데(그리스도인 소녀들은 나이 많은 남자와 일찍 중매 결혼하는 것보다 차라리 처녀성을 선택했다), 교회는 수천 명의 처녀를 보살폈다. 안디옥교회에만 3,000명의 처녀가 있었다. 휴스턴과 파커는 이렇게 밝힌다. "우리 사회의 고령화는 급진적인 변화를 요구할 수도 있지만, 초기 교회의 성적 혁명만큼 주목할 만한 것은 전혀 없다."[24] 하지만 안타깝게도, 특히 교회에서 거의 모든 노년 사역은 노인을 돕는 것에 그치고 있다. 휴스턴과 파커는 이어서 말한다.

> 우리는 연구를 통해 현재 '노년 사역'이 보편적으로 노인들에게서 '비롯되는' 사역이 아니라 노인들을 '향하는' 사역이라는 것을

확인했다. 그리스도로부터 받은 것을 상호 교환하는 공동체의 흐름 안에서, 노년 세대는 교환 활동이 이루어지지 않는다. …… 그것은 노년 세대가 젊은 세대에게 제공할 것이 없다는 것을 의미한다. …… 노년 세대가 계속 늘어나는 교회는 부담을 가질 필요가 없다. 오히려 오랜 경험과 재능이 많이 축적되면 젊은 세대에게 하나님의 사랑의 유산을 제공할 수 있다.[25]

따라서 우리는 아퀴나스가 제안한 목록을 활용해 노년 세대가 어떻게 다른 사람들에게 도움을 줄 수 있는지 윤곽을 그려볼 수 있다. 그렇게 함으로써 노인들은 젊은 세대를 격려하고, 슬픔에 빠진 사람을 위로하고, 의심하는 사람을 상담하고, 아픈 사람을 방문하며, 무엇보다도 다른 사람을 위해 기도하는 '원로'가 될 수 있다. 리처드 로어는 원로가 되는 것에 관해 이렇게 말한다. "무엇보다도 당신은 인생 후반기의 넓은 관점으로 인생 전반기를 바라보고 이해할 수 있다. 이것은 원로, 노인, 성인(聖人)이 이끄는 공동체가 왜 성숙한 공동체인지 말해 준다. 그들만이 한 사회에서 또는 영적인 조직에서 진정한 지도자의 위치에 오를 수 있다."[26] 유대교 랍비인 잘만 샤흐터-샬로미는《노인에서 현자로》에서 이러한 전환에 관해 다음과 같이 말한다. "영적으로 원로가 된다는 것은 명상의 기술을 계발하고, 인생을 수확하고, 미래 세대를 위해 유산을 남기고, 죽음을 준비하는 것이다."[27] 랍비 문학에는 다음과 같은 성찰이 담겨 있다. "젊은이에게서 배우는 사람은 익지 않은 포도를 먹고 갓 짜낸 포도주를 마시는 사람과 같다. 그러나 노인에게서 배우는 사람은 잘 익은 포도를 먹고 숙성된 포도주를 마시는 것과 같다."[28]

물론, 단순 사회(單純社會)에서 노인들이 맡았던 많은 역할을 이제는 의사, 상담사, 약초학자, 정신과 의사, 교사, 전문 정치인, 치료 전문가 등이 나누어서 맡고 있다. 하지만 여전히 멘토의 역할은 필요하고 노인들은 젊은이들이 제공할 수 없는 것을 제공할 수 있다. 실제로 현대 사회는 그 필요성이 절박하며, 노인들은 그 필요를 충분히 채울 수 있다. 이는 기독교나 유대교 공동체에서 재정비가 요구되는 부분이다. 그러므로 노년의 미덕을 키우는 것과 공동체의 재정비가 동시에 진행되어야 한다.

믿음, 소망, 사랑은 핵심 미덕인데, 위에서 찰스 핀치가 말한 것처럼, "노년에는 그 이전에 가지고 있던 미덕을 상당히 많이 바꿔야 할지도 모른다." 예를 들어, 믿음은 하나님에 대한 반응이지만, 더는 출세하려고 애쓰지 않는 나이가 되면, 또는 추진력이 줄어드는 나이가 되면 우리는 인생의 보상으로서 하나님 안에서 깊은 안식을 누릴 수 있을 것이다. 마르틴 루터는 이것을 '하나님에 대한 신뢰'라고 부르면서 심오한 비유를 들었다.

> 남편과 아내가 정말 서로를 사랑하고, 서로에게서 기쁨을 얻고, 사랑 안에서 서로를 완전히 신뢰한다면, 누가 그 부부에게 상대방을 어떻게 대하고 무슨 행동을 해야 하는지 하지 말아야 하는지,

무슨 말을 해야 하는지 하지 말아야 하는지, 무슨 생각을 해야 하는지를 가르칠 수 있겠는가? 신뢰만이 이 모든 것을 가르치며, 필요한 것보다 훨씬 더 많은 것을 가르쳐 준다. 아내를 사랑하는 남편에게는 일에 구분이 없다. 남자는 크고 중요한 일이든 작고 사소한 일이든 기쁜 마음으로 한다. 게다가 그 모든 일을 기쁨과 평화, 자신감을 가지고 행하며 여자에게 절대적인 동반자가 된다. 그런데 조금이라도 의심이 생기는 부분이 있으면, 그는 자신이 할 수 있는 가장 최선의 일을 찾는다. 그리고 그가 평판을 얻을 만한 일을 구별해 내기 시작한다. 그럼에도 남자는 그 일을 하는데 큰 부담과 염증을 느낀다. 마치 감옥에 갇힌 것 같고 몹시 절망을 느끼며 자주 스스로 바보가 된 듯하다. 그리하여 하나님을 향한 확신 안에서 사는 그리스도인은 모든 것을 알고, 모든 것을 할 수 있고, 해야 하는 모든 일에 도전하고, 모든 일은 기쁘고 기꺼운 마음으로 한다. 그것은 이득을 얻거나 업적을 쌓기 위해서가 아니라, 그 일을 통해 하나님을 기쁘게 하는 것이 즐겁기 때문이다. 그는 보상을 바라지 않고 하나님을 섬기고, 하나님께서 기뻐하는 것으로 만족한다. 반면, 하나님과 함께하지 않거나 의심을 품고 있는 사람은 마음으로 염려하고 수많은 선한 행위로 하나님께 영향을 미치고자 온갖 방법과 수단을 찾기 시작한다.[29]

이러한 확신은 소망에서 나온다. 우리의 청장년 시절 소망은 활발하게 활동하는 시기의 세속적인 성공에 있지만, 나이가 들면서 우리는 그보다 더 나은 것, 즉 예수께서 다시 오셔서 모든 것을 새롭게 하시는 하나님의 나라에 소망을 둔다. 우리의 사랑은 더 넓어질 것이다. 폴 투르니에는 "보편적인 약속으로 가는 통로"에 대해 말한다. 유진 비안키는 이와 관련해 다음과 같이 내다본다. "인간의 유대감 형성, 더 넓은 형태의 사랑, 인류의 보편적 관심에 대한 헌신을 찾는 새로운 길은 …… 물질적 자원과 정신적 자원의 소비를 줄이고 그것을 더 많이 공유하는 것이다."(30)

믿음, 소망, 사랑이라는 이 최고의 미덕은 본래 타고나는 것인가? 아니면, 그리스 철학자들이 주장하듯이, 또는 '도덕 교육'을 강조하는 일부 교회에서 말하듯이, 정신 수양으로 얻을 수 있는 것인가? 미덕은 우리의 노력과는 상관없는 순전히 하나님의 선물인가? 아니면, 하나님과 인간의 공동 작품인가?

미덕은 함양될 수 있다

아우구스티누스가 지적했듯이, 진정한 교육은 무엇을 원하는지 배우는 것이다. 성품은 습관에 영향을 받고, 습관은 선택에 의해 형성된다. 그래서 도덕적 훈련이 미덕의 함양에 도움이 될 수도 있다. 하지만 이 미덕을 배우고, 깨닫고, 듣고, 심지어 원하는 것 이상의 무언가가 있다. 성경의 계시는 그리스 철학의 관점에서는 어리석어 보이는 상당히 다른 무언가를 제공한다(고전 1:22~25). 복음은 하나님께서 그에게 필요한 것을 주신다는 것과 새로운 창조의 은혜는 이성이나 도덕적 노력만으로 얻을 수 없다는 것을 선언한다. 미덕은 "우리 자신이 스스로 쌓아 올리는 것만으로 얻을 수 없다." 그것은 하나님의 선물이다.

하지만 그 선물은 인간의 협력을 반기고 심지어 협력을 요청하기도 한다. 확실히 신약 성경에서는 이러한 기조가 깔려 있다. 칭찬받을 만한 덕목들을 나열한 뒤에 "이것들을 생각하라"(빌 4:8)고 권고하고, 비방하는 것과 같은 악덕을 "버리라"(엡 4:31)고 말씀하신다. 또 "더욱 힘써 너희 믿음에 덕을 더하라"(벧후 1:5)고 하시며 "너희도 사랑 가운데서 행하라"(엡 5:2)고 말씀하신다. 도덕적인 삶을 살려면 마치 열심히 기도하는 사람이 되어야 할 것만 같다. 하지만 그것은 자율적인 행동이 아니다. 도덕적 삶은 단순히 인간적인 성취가 아닌, 가장 중요한 것에 반응하고 늘 하나님 중심으로 사는 것을 말한다. 물론 우리가 얻은 결과에 스스로 자랑할 것이 없다. 믿음, 소망, 사랑은 우리가 진실한 미덕의 근원인 하나님께 집중하게 한다. 베드로는 이렇게 고백한다. "그의 신기한 능력으로 생명과 경건에 속한 모든 것을 우리에게 주셨으니 이는 자기의 영광과 덕으로써 우리를 부르신 이를 앎으로 말미암음이라"(벧후 1:3). 바울은 골로새 교인들에게 "사랑받는 자"처럼 온유와 오래 참음으로 옷을 입어야 한다고 상기시킨다(골 3:12). 아테네인들이 요구하는 것에 그리스도는 영감을 불어넣는다.[31] 그것은 하나님과 인간이 모의한 결과이므로, 매 순간 우리가 입으로든 실존적으로든 도움을 구하면 하나님은 우리에게 오신다. 이 내용은 사도 바울의 진술에 아주 잘 요약되어 있다. "두렵고 떨림으로 너희 구원을 이루라 너희 안에서 행하시는 이는 하나님이시니 자기의 기쁘신 뜻을 위하여 너희에게 소원을 두고 행하게 하시나니"(빌 2:12~13). 이 미덕들이 어떻게 우리가 남기는 유산의 일부가 되는지는 제3부에서 다룰 것이다. 미덕을 함양하기 위한 하나님과 인간의 협력은 다음에 나오는 기도에 잘 나타나 있다.

어느 수녀원장의 기도

주님, 제가 나이가 들고 곧 노인이 된다는 것을 나보다 주님이 더 잘 아십니다. 제가 너무 수다스러워지는 것을 막아 주시고, 특히 모든 주제와 모든 기회에 무언가 말을 해야 한다고 생각하는 불행한 습관을 막아 주십시오.

다른 사람의 일을 내가 바로잡아야 한다는 강박에서 벗어나게 해 주십시오. 내가 가진 경험과 지혜라는 어마어마한 보물을 모두에게 나누어 줄 수 없는 것이 안타깝기는 합니다. 하지만 주님도 아시듯이 결국 저에게도 몇 명의 친구가 필요합니다.

끝없이 장황하게 설명하지 못하도록 막아 주시고, 저에게 요점만 말하도록 인도해 주십시오.

타인의 불평에 귀를 기울일 수 있는 인내심을 허락하시고, 자비로 그들을 참아낼 수 있도록 도와주십시오. 나의 고통에 대해서는 입을 다물게 하소서. 해가 갈수록 하고 싶은 말이 많아집니다.

저는 주님께 기억력을 좋게 해 달라고 요구하지 않을 것입니다,

다만 내 기억이 다른 사람들의 기억과 일치하지 않을 때 자기 확신은 줄이고 좀 더 겸손해질 수 있기를 구합니다. 때로 제가 틀릴 때마다 영광스러운 가르침을 허락하소서.

제가 관대해지게 해 주십시오. 성자가 되고자 하는 야망은 없습니다. 하지만 냉혹한 노인은 마귀의 걸작 중 하나입니다.

저를 감정적인 사람이 아니라 공감할 수 있는 사람이 되게 하소서. 우두머리 행세를 하는 사람이 아니라 도움이 되는 사람이 되게 하소서. 제가 생각지 못한 사람들에게서 숨어 있는 재능을 발견하게 하소서. 그리고 주님, 그들에게 그렇게 말할 수 있는 영광을 주십시오. 아멘.[32]

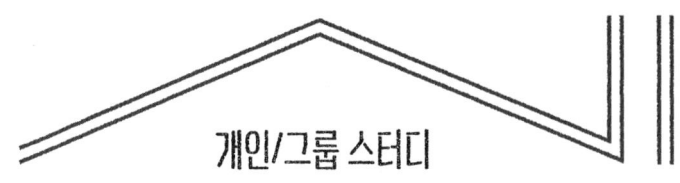

개인/그룹 스터디

인생을 잘 마무리하기 :
열왕기상 10:14~11, 사무엘상 12:1~5, 디모데후서 4:6~8

성공한 사업가와 전문직 종사자들은 때로 재산, 건물, 값비싼 차를 모으기 시작하고, 기가 막힌 곳에서 휴가를 보내지만, 예수를 향한 사랑과 하나님 나라에 대한 열망은 점차 식어간다. 골프를 치러 가거나 여행을 하지 않을 때는 교회에 앉아서 예배를 드리기는 하겠지만, 하나님에 대한 열정은 사라지고 없다. 귀족 같은 생활방식으로 주위 사람들에게 깊은 인상을 남기려고 소비주의에 빠지고 유행하는 신상품에 집착한다.

그리고 아내에 대한 일편단심이 위태로워지는 경우도 많다. 성적 착취에 빠지거나, 고급 매춘부를 사들이거나, 단지 '젊고 새로운 모델'을 얻으려고 나이든 아내를 버리기까지 한다. 이는 처음에 잘 시작한 많은 그리스도인에게서도 볼 수 있다. 유진 피터슨의 표현대로 '같은 방향으로 오래 순종'하며 예수를 따르기 시작하지만, 온갖 요인들 때문에 일편단심을 저버리고 만다. 그들의 자녀가 어떤 모습으로 변하는지의 여부, 다원적인 사회의 영향, 다른 종교적 배경을 가진 사람들과 가까운 비즈니스 관계를 맺는 것 등이 그들의 결혼을 파경으로 이끌기도 한다. 때로는 믿음을 깨뜨리고 두 번째 또는 세 번째 결혼을 하고, 모든 마음과 영혼과 힘과 뜻을 다해 주 하나님을 사랑하기보다는 다른 것에 정신이 팔리기도 한다.

솔로몬이 이러한 예에 해당한다. 그는 인생을 잘 마무리하지 못했다. 구약 성경의 아가서에서 분명히 볼 수 있듯이 솔로몬은 탐욕에 찌든 노인으로 생을 마감했다.[33] 솔로몬에게 무슨 일이 일어났던 것일까? 우리는 그를 반면교사로 삼아 배울 것이 많다. 이 일은 단번에 일어난 일이 아니라 단계적으로 진행되었다. 젊은이들이 결승선까지 잘 가기 위해 미리 계획을 잘 세워야 하는 이유이다.

성경에서 볼 수 있는 바람직한 예는 솔로몬과 대비되는 사무엘이다. 사무엘은 사사 시대에 이스라엘의 지도자였다. 그는 결승선까지 잘 갈 수 있었다. 그가 남긴 마지막 말은 그의 인생을 놀랍도록 잘 요약해 주고 우리에게 영감을 제공한다. 최종적으로 우리는 신약 성경에서 사도 바울이 마지막으로 남긴 말을 목표로 삼을 것이다.

개인 묵상

인생을 잘 마무리하는 것은 당신에게 어떤 의미가 있는가? 가능한 한 구체적으로 묵상해 보자.

그룹 토론

우리는 인생을 잘 마무리하지 못한 지도자들의 이야기를 알고 있다. 인생을 성공적으로 끝내고 싶은 욕망을 품은 우리에게 그들의 사례는 어떤 교훈을 주는가?

열왕기상 10:14~11:13 읽기

1 역사 기록은 다음과 같다. "솔로몬 왕의 재산과 지혜가 세상의 그 어느 왕보다 큰지라"(왕상 10:23). 젊은 시절 누구보다 지혜로운 왕이었던 솔로몬이 위태로운 늙은 왕으로 생을 마감했다는 증거는 무엇인가?

2 왜 성적인 타협이 오랜 순결함에 해가 되는가?

3 왜 급진적인 타협이 오랜 순결함에 해가 되는가?

4 솔로몬은 거대한 건축 프로젝트를 실현하기 위해 사람들을 도구로 착취했다. 솔로몬이 죽자 사람들은 건축을 담당하던 신하를 살해하고 왕국을 둘로 나누어 버렸다. 왜 권력과의 타협은 오랜 순결함에 해가 되는가?

5 솔로몬을 쓰러뜨린 섹스, 돈, 권력 중에 당신은 어느 것과 가장 싸우기 힘든가?

6 만약 기회가 된다면, 당신은 솔로몬이 젊었을 때 인생을 잘 마무리하기 위해 어떻게 처신하라고 충고하겠는가?

사무엘상 12:1~5 읽기

7 이 구절은 선지자이자 지도자인 사무엘의 고별사다. 사무엘은 약속의 땅을 차지한 열두 부족의 사사, 지도자, 교사로 활동했다. 사울이 왕으로 임명되면서 이제 사무엘은 은퇴하게 되었다. 사무엘은 자신의 인생에서 무엇이 가장 중요하다고 주장하는가?

8 그가 인생을 잘 마무리했다는 증거는 무엇인가?

9 당신은 인생의 마지막에 무슨 말을 하고 싶은가?

디모데후서 4:6~8 읽기

10 바울은 자신의 인생을 잘 마무리하는 것에 대해 어떤 세 가지 말을 하는가? 이 세 가지를 오늘날 우리가 모방할 수 있는 자세나 행위로 다시 번역해 보자.

11 시작을 잘해야 끝마무리도 잘할 수 있다는 말을 자주 듣는다. 사무엘과 바울처럼 당신도 인생의 마무리를 잘하기 위해 지금 할 수 있는 일은 무엇인가?

Part 3

유산

하나님께서 각 사람에게
원하시는 것을 발견하게 하고
그것을 하다가 가게 하라.

— 찰스 스펄전[34]

7 다방면의 유산 남기기

당신은 성공을 어떻게 판단하는가? 자주 많이 웃기, 지적인 사람들에게 존경받고 자녀들로부터 애정 얻기, 정직한 비판에 감사하고 거짓 친구의 배신을 참아 주기, 아름다움을 칭찬받기, 타인에게서 장점을 찾기, 조금이라도 더 나은 세상을 만들고 떠나기(가령, 건강한 아이를 낳거나 사회 조건을 좋게 만들거나 자기 일을 잘 해내기), 당신이 살고 있으므로 다른 생명도 숨을 쉰다는 것을 알기! 이것이 바로 성공이다.

베시 앤더슨 스탠리[1]

노부모가 자녀에게 남길 수 있는 가장 아름다운 유산은 노년과 죽음을 용감하고 우아하게 맞이하는 법을 삶으로 가르치는 것이다.

유진 비안키[2]

우리는 자기 인생이 중요하길 바라고, 세상에 무언가를 남기길 소망한다. 에머슨이 말한 대로 "조금이라도 더 나은 세상을 만들고자 한다." 우리는 구약 성경에 나오는 여호람과 같은 사람의 묘비명을 남기고 싶어 하지 않는다. "여호람이 삼십이 세에 즉위하고 예루살렘에서 팔 년 동안 다스리다가 아끼는 자 없이 세상을 떠났으며"(대하 21:20).

그런데 우리의 유산은 남은 가족에게 건네주는 돈만 있는 게 아니다. 그것은 인류를 위한 다면적이고 다세대적 공헌이다. 이는 무엇이 진정한 부(富)이고 어떤 부를 남길 수 있는지에 대한 물음을 제기한다. 우리는 이 주제에 대해 생각해 본 다음, 유언장에 관해 고찰해 보고, 마지막으로 묵상을 위한 질문과 사례 연구를 살펴볼 것이다.

청지기로서의 유산

우리가 무언가의 주인이 아니라 진정한 주인이신 하나님의 청지기라는 사실을 인정하는 것이 출발점이다. 하나님은 우리에게 투자하셨고 우리가 그분에게 받은 것을 다시 투자하길 바라신다. 예수는 로마의 속국 백성으로서 로마 정부에 세금을 낼 것인지 묻는 간사한 질문에, 수수께끼 같은 대답을 내놓으며 이 문제에 도전을 제기하신다. 예수는 이렇게 말씀하셨다. "가이사의 것은 가이사에게, 하나님의 것은 하나님께 바치라"(눅 20:25).

모든 것이 하나님의 것이라면, 가이사에게 주는 것이나 하나님의 성전에 바치는 것이나 모두 하나님 나라 안에서 하나님 나라를 위해 사용될 수 있다. 가이사에게 주는 것(시민의 사회적 의무로서 세금을 내고 참여하는 것으로 읽음)이 꼭 세속적인 것만은 아니며, 성전에 바치는 것(목사와 선교사를 후원하는 것으로 읽음)이 유일하게 거룩한 것도 아니다. 둘 다 하나님 나라를 위한 활동이 될 수 있다. 그것이 하나님 나라를 관리하는 데 전제 조건이 된다. 하나님 나라를 실제로 관리하는 활동에는 투자가 포함되는데, 이는 신약 성경에서 분명하게 장려하는 바이기도 하다.

관리한다는 것은 단순히 자산을 한곳에 모아 두거나 보호하는 것만이 아니라 도둑맞지 않도록 지키는 것이다. 관리는 쓸데없는 일이나 쾌락으로 자신을 함부로 낭비하지 않는 것이다. 그것은 진짜 주인이신 하나님의 종으로서 투자하는 것이다. 하나님은 우리가 가진 것으로 우리가 한 일에 대해 우리에게 책임을 물으신다. 그런데 여기에는 위험 요소가 따른다. 하나님은 우리에게 혁신과 위험 부담을 장려하신다. 마태복음 25장 14~30절에 나오는 달란트 비유 메시지가 바로 그것이다. 특히 1달란트를 맡긴 사람에 대한 평가에 중요한 메시지가 담겨 있다. 1달란트 맡은 사람은 그 돈을 투자하지 않고 고이 보관해 두었다. 마치 오늘날 수많은 사람이 자신의 인생을 밀봉된 용기 안에 가두어 두는 것처럼 말이다.

5달란트 맡은 사람과 2달란트 맡은 사람은 기민하게 투자해 각각 5달란트와 2달란트씩을 더 남겼는데, 이와 달리 1달란트 맡은 사람은 주인에게 받은 돈을 그대로 돌려주었다. 그는 땅에 구멍을 파서 주인의 돈을 숨긴 덕에 도둑은 맞지 않았다. 아마 그는 자신이 달란트를 온전히 지켰다고 생각했을 것이다. 하지만 주인에게 혹독한 평가를 받는다. 윌리엄 헨드릭슨(William Hendriksen)은 이렇게 적는다. "예수는 …… 책임 있는 자본주의에 반대하지 않는다. 이익은 고용을 촉진하고 도움이 필요한 사람을 도울 수 있다."[3] 하지만 1달란트 맡은 사람은 다른 사람을 돕는 것을 가장 나중에 생각하고 있었다. 그는 다른 사람들이 열심히 일하는 동안 빈둥거리며 여가를 즐기고 있었다. 주인은 그에게 "악하고 게으른 종아"(마 25:26)라고 말한다. 그 하인은 결국 해고된다. 설상가상으로 유죄 판결까지 받는다. 주인은 왜 그토록 끔찍한 평가를 하는가? 하인은 달란트를 버리지 않았다. 그것을 낭비하지도 않았다. 오히려 소중히 여기며 도둑맞지 않도록 안전하게 지켰다. 하지만 투자를 하지 않아 애석하게도 1달란트 맡은 사람은 그가 가진 것마저 모두 잃고 만다. 1달란트를 10달란트 가진 사람에게 넘겨주어야 했다. 왜 그럴까? 그는 관리라는 것에 대해 잘못된 견해를 가지고 있었다. 관리를 투자하는 것이 아닌 온전히 물건을 지키는 것으로 생각한 것이다.

하인은 또 주인(하나님으로 읽음)에 대해 잘못된 시각을 가지고 있었다. 그는 주인이 아무런 수고도 하지 않고 남이 심고 뿌린 데서 거두어들이는 지독한 사람이라고 생각했다. 그래서 하인은 "나는 두려웠다"라고 말한다. 1달란트를 잃는 것이 두려웠고, 아무것도 얻지 못했을 때 듣게 될 비난이 두려웠고, 위험이 두려웠다. 주인은 하인에게 네가 나를 정말로 그렇게 생각했다면, 내 돈을 은행에 맡겼다가 내가 돌아왔을 때 이자와 원금을 함께 받도록 해야 하지 않느냐고 말했다. 물론 여기서 주인은 그와는 전혀 다른 '주님'을 상징한다. 고대에는 실제로 벤치에 앉아 환전 업무를 보는 환전상 또는 은행가(banker)가 있었다. 그는 동전이나 금가방을 받고 약간의 이자를 제공했고, 그 돈을 높은 이자율로 다른 사람에게 빌려주었다. 1달란트 가진 사람은 하나님에 대해 잘못된 관점을 지니고 있었다. 실수하면 사정없이 혼내는 엄격한 하나님 말이다. 심판하시는 하나님 앞에서는 누구도 위험을 무릅쓸 수 없지만, 예수 그리스도의 아버지 하나님은 우리의 실수까지도 만회하실 수 있는 하나님이다. 그분은 우리가 창조성을 갖도록 고무하시고 우리가 위험을 감수하기를 바라신다. 이것을 이야기를 통해 설명해 보겠다.

나의 자녀들이 출가하기 전에 우리는 유럽과 중동으로 배낭여행을 가는 특권을 얻었다. 처음에는 그리스로 갔는데, 특히 델포

이를 먼저 방문했다. 그곳에서 고대 사람들은 신탁을 받기 위해 아폴론 신전을 찾아갔다.

고대 델포이에서는 한 여사제가 삼각대에 앉아 질문을 받을 때 아래 불에서 올라오는 마약 성분의 연기를 들이마셨다. 만약 터키의 사르디스에서 한 왕이 찾아와 전쟁의 승패를 물으면, 여사제는 연기를 들이마신 뒤 "위대한 왕이 전쟁에서 쓰러질 것이오."라고 대답했을 것이다. 그런데 그가 누구인지는 구체적으로 명시하지 않았다. 임신한 여인이 찾아와 아들인지 딸인지 물어보면 "아들, 아니, 딸."이라고 말했다. 고대 그리스 신들의 뜻은 이처럼 모호했다.

우리는 델포이를 떠나 카이로로 날아갔다. 식당에서 옆 테이블에 남자가 혼자 앉아 있었는데, 분명히 관광객은 아니었다.

"미국인이시죠? 카이로에는 무슨 일로 오셨어요?"

"이집트의 F-16 전투기 조종사를 2년간 훈련하러 왔습니다."

"멋지네요. 일하면서 가장 힘든 건 뭐예요?"

"조종사들이 조종석에 빨간 경고등이 켜졌는데도 아무것도 하지 않는 거예요."

"왜 그렇죠?"

"비행기가 추락하는 것이 알라의 뜻이라면 그대로 추락할 것이라고 말하더군요."

그 뒤에 우리는 아랍 버스를 타고 사막을 건넜다. 버스 안에는 야자나무 가지로 만든 방책 안에 뼈만 앙상하게 남은 염소 떼 몇 마리도 있었다. 이스라엘과의 국경에서 우리는 석류, 살구, 레몬이 가득 열린 과일나무들 사이를 가로지를 때 번뜩 생각이 떠올랐다. 어째서 그렇지? 신구약에 나오는 하나님의 뜻은 그리스의 신들처럼 모호하지도 않고 이슬람의 신처럼 냉혹하지도 않다. 그것은 하나님 안에서 위대한 비전과 꿈과 가능성을 보여 주고 결단력과 투자를 고무한다. 마치 구약 성경에서 하나님이 요셉에게 주신 꿈과 같다. 따라서 유산을 남긴다는 것은 청지기로서 투자하는 것, 특히 하나님 나라에 투자하는 것과 관련이 있다.

하나님 나라의 유산

'하나님 나라'는 사실상 종교와 세속주의 둘 다 종말을 가져오는 혁명적인 개념이다. 하나님 나라는 영적인 것이 아닐뿐더러 확실히 종교적이지도 않다. 그것은 샬롬을 가져오고 생명을 불어넣는 하나님의 통치가 모든 생명에게 침투하는 것이다. 하나님 나라는 예수의 핵심 사상이었다. 이 땅에 계실 때 첫 번째 설교와 마지막 설교가 모두 하나님 나라에 관한 것이었다.[4] 그는 개인적으로 자신의 삶과 사역에서 하나님 나라를 구현했다. 죄를 용서하고, 나병환자를 어루만지고, 권력과 맞서 싸우고, 인간에게 존엄성을 부여하고, 사람들을 온전하게 회복시켰다. 예수는 교회에 여전히 만연한 성속 이원론, 즉 어떤 행동과 일과 장소는 성스럽고 다른 것은 세속적이라는 생각을 무너뜨렸다.

나는 마치 영적인 일만 영원한 투자인 것처럼, "한 사람의 인생은 곧 지나간다. 오로지 예수를 위해 한 일만 영원할 뿐!" 이런 시(詩)를 들으며 자랐다. 조금 있다가 나는 그 시가 아이러니하게도 사실임을 보여 줄 것이다. 예수를 위해 한 일만이 영원할 것이다. 그 일이 주식중개업, 주택 건설, 판매, 치료, 집안일, 목회 어떤 것이든 상관없다.

수백만 명이 읽은 유명한 책이 있다. 그 책에는 아주 놀라운 진리가 담겨 있어 나는 그 책의 '치명적인 결함'을 인용하는 게 망설여진다. 결함은 바로 이것이다. 저자는 그가 목회하는 교회에 부를 쌓는 사람들과 하나님 나라를 짓는 사람들이 있다고 말한다. 그는 부를 쌓는 사람들에게 하나님 나라 사역에 투자할 수 있도록 많은 돈을 벌라고 설득한다. 여기서 하나님 나라 사역은 설교, 기독교 교육, 선교, 복음 전도 등이다.

물론, 예수의 복음을 다른 사람들과 나누는 것은 훌륭한 일이다. 우리는 모두 이 일을 하도록 부름을 받았다. 영혼을 돌보는 것은 멋진 일이다. 우리는 모두 꼭 목회자가 아니더라도 사명을 부여받았다. 하지만 하나님 나라는 교회 사역, 내적 경건, 개인 구원으로만 축소될 수 없다. 예수는 영혼 구원의 복음이 아닌 하나님 나라의 소식을 전하셨다.[5] 이는 우리가 정해진 사역만이 아니라 이 세상에서 행하는 모든 선한 일을 통해 하나님 나라의 유산을 만들어 가고 있다는 것을 의미한다.

노동은 새로운 부를 창출하고, 가난의 고통을 덜고, 사람들에게 행복을 가져다주고, 인간의 삶을 개선하고, 권력을 하나님이 샬롬에 머물게 하고, 사람들이 생명을 주시는 하나님의 통치 안에 있게 할 때, 비로소 하나님 나라의 노동이 된다. 남아메리카 신학자 르네 빠딜라(René Padilla)는 이렇게 말한다. "하나님 나라의 가치를 구현하고 하나님 나라의 목표에 기여하는 모든 인간의 업적은 마땅히 하나님 나라의 사역이 될 수 있다. 복음 사역과 이른바 '세속적인 일'은 실제로 상호의존적이다."[6] '신성한'과 '세속적인' 사이에 그어진 선은 하나님 나라 안에서 지워진다. 모든 것은 하나님 주권의 영역 안에 있으므로 하나님의 관심 안에 있는 것이다.

하나님 나라의 사역은 지속될 것이고, 예수가 다시 오실 때 죗값이 치러질 것이며, 새 하늘과 새 땅이 제자리를 찾을 것이다. 그래서 결국, 하나님께서 우리 인생을 평가하실 때 질문은 이 세상에서 우리가 영적인 일을 얼마나 많이 했느냐가 아니다. 우선 이런 질문을 하신다. 내가 너를 아느냐? 우리가 서로 관계가 있느냐? 그분은 "내가 너를 아느냐"[7]라고 물을 것이다. 그런 다음, 두 번째 질문은, 내가 너에게 준 것으로 무엇을 했느냐? 이다. 이 것은 돈은 무엇이고 어떤 의미를 지니는지에 관한 중요한 질문을 제기한다.

하나님 나라의 돈

중요한 영적 질문들은 돈에 의해 제기된다. 기독교 역사의 시작부터 교회 지도자들은 경제생활이 영적인 삶의 현현(顯現)이라는 사실을 깨달았다. 그런데 성경은 돈에 관해 두 가지 목소리를 가지고 있다. 즉 돈을 축복이면서 동시에 저주로 보는 것이다. 프랑스 철학자 자끄 엘룰(Jacques Ellul)은 구약 성경이 부를 축복으로 여긴다고 말한다(신 30:9). 물론 아브라함, 욥, 솔로몬 등 모범적인 인물들은 부유함보다는 하나님을 의지했다.[8] 돈은 하나님이 주실 때 '성체(聖體)'가 된다(삼상 2:7~8, 전 5:19). 이는 또한 엘룰이 말한 하나님께서 악한 자에게 부를 허락하시는 '부의 스캔들'을 만든다.[9] 돈은 유혹이기도 하다. 부의 추구 그 자체는 헛되고 자기 파괴적이다(잠 30:8, 호 12:8). 부는 미래 보장에 대한 환상에 불과하고 누구도 만족시킬 수 없다(전 5:10).

신약 성경에는 다음과 같은 무서운 경고가 있다. 부자는 저주를 받는다. 부는 죄와 불의, 특히 가난한 자들을 착취해서 얻은 대가일 수 있다. 하나님은 가난한 자들과 함께 부자에게 맞설 것이다. 돈은 쉽게 하나님의 대체물이 된다('맘몬'이라는 단어는 확고부동과 안정을 의미한다).[10] 예수는 "너희가 하나님과 재물을 겸하여 섬기지 못하느니라"(마 6:24)라고 말씀하셨다. 돈은 중립적이지 않다. 돈은 헌신을 불러일으키고 보호, 자유, 힘 등 신적 특징을 많이 공유하고 있다.[11] '만능의 돈'은 권세이자 능력이다(엡 1:21). 예수는 이것을 '악한 맘몬'(KJV) 또는 '세속적 부'(TNIV)라 부르셨다. 바울은 "돈을 사랑함이 일만 악의 뿌리가 되나니"(딤전 6:10)라고 말했다. 구약 성경에 나오는 축복의 말, 즉 "여호와는 네게 복을 주시고 너를 지키시기를 원하며"(민 6:24)는 유대인들에게는 다음과 같이 이해되어 왔다. "'여호와는 네게 복을 주신다'는 '여호와는 부와 재물로 축복하신다'를 의미한다. '너를 지키시기를 원한다'는 너의 부와 재물이 너를 사로잡지 못하도록 지키시기를 바란다는 것이다."[12]

성경의 두 가지 목소리는 하나님에게서 나온 하나의 조화로운 말씀으로 들릴 수 있을까? J. 슈나이더(J. Schneider)는 우리가 먼저 하나님 나라를 구할 때 이러한 조화를 이룬다고 주장한다. "정말 중요한 것은 우리의 경제생활이 어느 정도 기쁨을 누릴 줄 알고 어느 정도 동정심을 느낄 줄 아는 영혼으로부터 비롯된다는 사실이다."[13] 첫째, 돈을 다루는 것을 보면 우리 영혼의 상태를 알 수 있다. 우리는 구두쇠인가, 낭비벽이 심한 사람인가, 아니면 돈을 주고받는 가운데 기도와 예배를 발견하고 감사할 줄 아는 청지기인가? 둘째, 돈을 사용함으로써 우리가 필요로 하는 모든 것을 제공하시는 하나님을 의지하게 된다. 여기에는 하나님께 소유권을 포기하고 감사를 드리는 영적 훈련이 존재한다. 셋째, 다른 사람에게 기부함으로써 우리는 "맘몬을 모독하고"(엘룰의 표현) 거룩한 목적을 위해 돈을 해방시킨다. 이러한 일은 특히 아무런 조건 없이 가난한 사람에게 기부할 때(고후 9:7), 그리고 성령이 허락하는 대로 관대하게 기부할 때 일어난다(롬 12:8). 넷째, 우리는 자발적 빈곤을 실천하도록 부름을 받을 때가 있다(행 4:35~37). 마지막으로, 만약 이러한 부름을 받는다면, 우리는 모든 것을 팔고 예수를 따라야 한다. 데이비드 하타이(David

Hataj)는 정밀하게 맞춤 제작하는 기어 사업을 아버지에게 물려받았다. 그는 기업가적인 기술을 가지고 위스콘신에 있는 작은 가게에서 벗어나 인쇄기와 식품 제조 기계를 위한 맞춤 기어를 제작하는 큰 회사로 사업을 확장했다. 회사의 서비스가 매우 좋아 데이비드는 광고에 단돈 1달러도 쓰지 않았지만, 최근에는 심지어 웹사이트에 새로운 고객을 더는 받을 수 없다고 공지했다. 그는 이 사업과 다른 두 사업에서 엄청난 매출을 올렸다. 하지만 데이비드와 그의 아내 트레이시는 처음부터 그들의 수입과 생활 방식을 일정 수준에 고정하기로 했다. 그들은 사업을 물려받고 18년 동안 계속해서 이렇게 살아왔기에, 그동안 세계의 가난한 지역에서 개발한 훌륭한 프로젝트에 엄청난 돈을 재투자할 수 있었다.

존 웨슬리(John Wesley)는 '돈의 사용'이라는 제목의 설교에서 다음과 같은 유명한 말을 남겼다. "가능한 모든 것을 벌고, 가능한 모든 것을 저축하고, 가능한 모든 것을 베풀어라."[14] 그것은 모두 하나님의 것이다. 다른 사람을 조종하거나 자기 몸을 혹사하지 않는 한에서 가능한 한 많이 벌어라. 창조적이고 혁신적인 사람이 돼라. 열심히 일하라. 그리고 가능한 모든 것을 저축하라. 그 돈 역시 은행 계좌 안이나 침대 매트리스 밑에 있는 하나님의 자원이다. 그런 다음 가능한 모든 것을 베풀어라. 이 모든 것은 하나님 나라의 자원이지, 특별히 기독교 기업만을 위한 돈이 아니다.

비금전적인 하나님 나라 투자

하나님 나라에 대한 성경의 중심 개념은 어떻게 우리가 자기 자신에게 투자함으로써 유산을 창조할 수 있는지 해방적인 관점을 제공한다. 우리는 지금까지 하나님 나라의 청지기로서 돈을 관리하는 것에 관해 살펴보았다. 물론 이것이 전부가 아니다.

사람들에게 투자하기

하나님 나라의 청지기는 교육을 제공하고, 선행을 맡고, 새로운 제품과 서비스를 개발하고, 직접 다른 사람을 지원하고, 사람들 사이에 화해하고 조정하도록 돕거나 하나님과 관계를 회복하도록 도움으로써 사람들의 행복(well-being)에 기여한다.

누가복음 16장에는 매우 놀라운 이야기가 나온다. 이 장에서 예수는 부자가 문밖에서 구걸하는 거지를 돌보지 않은 이야기를 들려주신다. 부자와 거지는 둘 다 죽었는데, 부자는 지옥으로 갔고, 거지는 아브라함의 품, 즉 천국으로 갔다. 운명이 갈린 이유는 한 사람은 부자이고 한 사람은 거지여서가 아니다. 거지의 이름에 그 비밀이 숨어 있다. 나사로라는 이름은 '하나님은 나의 조력자'를 의미한다. 부자는 자급자족했고 이웃을 돌보지 않았다. 심지어 지옥에서조차 그는 나사로를 돌려보내 자기 다섯 형제가 이곳 지옥에 오지 못하게 경고해 달라고 애원했다.

16장 초반에는 이와 다른 이야기로 시작한다. 곧 해고될 청지기에 관한 이야기이다. 청지기는 주인에게 돈을 빌린 사람들을 찾아가서 빚을 거의 절반 가까이 줄여 주었다. 원래 유대인은 이자를 받고 돈을 빌려주지 못하게 되어 있었는데, 이 주인은 부당하게도 지나치게 많은 이자를 청구한 듯하다.

아무튼 청지기가 실직했을 때 새 친구들은 그를 자기 집으로 데려갔다. 그런데 예수는 무언가 충격적인 이야기를 꺼내신다. "내가 너희에게 말하노니 불의의 재물로 친구를 사귀라 그리하면 그 재물이 없어질 때에 그들이 너희를 영주할 처소로 영접하리라"(눅 16:9). 예수는 돈으로 우정을 '사라'고 말씀하신 게 아니라 영원히 지속될 친구를 얻는 방법으로 돈을 사용하라고 말씀하셨다. 이는 특히 노년과 관련해 놀라운 진술이다. 이유는 다음과 같다.

우리가 이번 생에서 다음 생까지 가져갈 수 있는 유일한 보물은 그리스도를 통해 만든 관계들이다. 어떤 장갑차도 묘지로 가는 영구차를 따라가지 않는다. 당신은 자동차, 집, 보석, 현금을 가지고 갈 수 없다. 그러나 예수 안에서 사귄 친구들은 데려갈 수 있다. 이것은 노년에 일어나는 영성 형성의 과정이다. 진정한 유산, 다시 말해 영원히 지속될 유일한 유산은 사회적이며 영적이다. 이미 살펴보았듯이, 나이가 드는 것은 점진적인 포기의 과정이다. 먼저 청춘의 무한한 힘을 포기한다. 그다음에는 건강을 포기하고, 가족 구성원을 하나씩 포기한다(세상을 떠나는 경우). 대부분 직업과 경력도 내려놓고, 운전 면허증도 소용없어진다. 더 늙으면 몸에 힘도 약해진다. 결국, 우리가 가져길 수 있는 유일한 보물은 예수와 하나님의 영원한 가족이다. 이 이웃과 관련한 원칙은 누가복음 14장 12~14절에 상세하게 기록되어 있다. 여기서 예수는 우리에게 갚을 수 없는 사람들을 대접하라고 조언하신다. 그러면서 하나님 나라의 청지기직을 수행하고 유산을 만들기 위한 또 다른 방법을 제시하신다.

가난한 사람에게 투자하기

초기 교회의 교부인 요하네스 크리소스토무스(Johannes Chrysostomus)는 누가복음 16장에 관한 일련의 설교에서, 부(富)는 가난한 사람을 관리하라고 부자에게 주어지는 것이라고 말했다(잠 31:5, 8, 9).[15] 그렇다면 우리는 어떻게 해야 하는가? 중세 유대인 마이모니데스(모세 벤 마이몬, 1135~1204)는 자선을 정도에 따라 여덟 단계로 나누었다. 가장 낮은 단계는 억지로 주거나 주고 후회하는 것이다. 가장 높은 단계는 다음과 같다.

> 마지막으로 …… 최고의 단계는 가난 자체를 막는 것이다. 즉 상당량의 선물을 주거나, 돈을 빌려주거나, 돈 버는 방법을 가르쳐서 형편이 어려운 형제를 돕는 것이다. 그러면 그는 정직하게 생계를 꾸릴 것이고, 억지로 손을 벌리지 않아도 된다. 이것이 자선의 황금 사다리에서 최고 단계다.[16]

놀랍게도 이러한 자선 사업은 오늘날 미시 경제적 발전을 통해

행해지고 있다. 그뿐만 아니라 대기업에서도 진행되고 있는데, 특히 원조가 아닌 사업이 빈곤을 줄이는 최고의 방법이라고 주장하는 킴 탄(Kim Tan) 박사와 다른 많은 사람을 통해 이루어지고 있다.[17] 이제 우리는 특히 돈과 물질적 자산 면에서, 다음 세대에 우리의 다면적 유산을 남길 수 있는 수단을 개발하게 되었다.

다음 세대에 물질적인 투자하기[18]

살면서 매우 민감한 일 가운데 하나는 유언장을 쓰는 것이다. 유언은 가족을 위해 축복과 선물을 전달하는 하나의 형태이자 가족에게 평화와 정의를 가져다주는 도구가 될 수 있다. 유언은 자선 단체를 축복하고 우리가 이번 생에서 받아들인 명분을 장려할 수 있다. 그것은 또한 죽기 전에 치유되지 않은 상처 때문에 통제하고, 조종하고, 분열시키고, 보복을 초래하는, 무덤을 뚫고 나온 손이 될 수도 있다. 이런 점에서 유언은 우리의 금융 자산의 상황뿐 아니라 영혼의 상태도 드러낸다. 어떤 사람들은 유언장을 쓰는 것에 관심이 없다. '정신적인' 이유도 아니고 자산이 비교적 적어서도 아니다. 유언장 자체를 중요하게 생각하지 않기 때문이다. 물론 그들은 사람들이 자기 재산 때문에, 그리고 자신은 적절한 상속자라 여기지만 실제로는 약속된 유산을 받지 못하는 사람들에 의해 야기된 상처 때문에, 서로 싸우는 모습을 보려고 계속 살아남아 있지 않는다.

유언장을 작성하는 요령을 일려 주는 것이 이번 장의 목적은 아니다. 보통 유언장은 변호사와 함께 작성해야 한다. 물론 은행이나 다른 곳에서 간단한 양식을 얻을 수도 있다. 수혜자가 아닌 성인 두 사람이 증인이 되어서 서명하고 날짜를 써넣는다면 법률상 합법적인 문서가 된다. 유언장에는 집행자(유언을 집행하는 사람)와 수혜자(부동산의 특정 몫을 받는 사람)를 지명해야 한다. 그리고 5년마다, 또는 거주지, 혼인 여부, 가족 사항이 변경될 때마다 갱신해야 한다. 내가 이 글을 쓰는 목적은 유언장 작성이 지니는 의미를 살펴보는 것이다. 그런데 유언장 작성이 늘 긍정적인 유산을 만드는 방법인 것은 아니다.

저주를 부르는 유언장

"너희는 그것을 가져갈 수 없다."라는 말이 분명한 사실이라면, 그 말은 무덤에서 뻗어 나온 손이 되어 가족에게 큰 피해를 줄 수 있다. 어떤 이들은 살아 있을 때 통제하지 못한 사람들을 통제하는 수단으로 유언장을 이용한다. 1558년 마이클 웬트워스(Michael Wentworth)는 유언장에 다음과 같이 구체적으로 명시했다. "만약 내 딸들 가운데 누구든 유언 집행자의 조언을 듣지 않고 가벼운 사람(결혼 상대자로 적합하지 않은 사람)에게 마음을 홀랑 빼앗겨 버린다면, 내 말에 순종하는 사람에게 약속된 100파운드 대신 66파운드만 가져갈 수 있다."[19]

이 유언은 분명히 사후(死後)의 경제적 협박이다.

아들이나 딸이 눈 밖에 나거나 가족의 체면에 먹칠했을지도 모른다. 그런 자녀는 상속권을 박탈당해 사후에 더 큰 상처를 입을 수도 있다. 물론 법은 유언장에 이름이 적혀 있지 않다는 이유로 가까운 혈연을 배제하지 못하도록 하고 있지만 말이다. 가족 안에 있는 모든 문제를 해결하고 죽는 사람은 없다. 어떤 이는 사랑을 받지 못하고, 어떤 이는 중독으로 고생한다. 유산을 탕진하거나 게으른 사람도 있고, 가족을 다치게 하거나 수치스럽게 만드는 사람도 있다. 어떤 사람들은 유언장을 가족들이 뒷마무리하는 데 도움을 주는 것이 아니라, '앙갚음'을 하는 마지막 기회로 이용하기도 한다. 바르게 이해하면, 유언장을 작성하는 것은 가족을 관리하고 소유권과 책임을 적절하게 이전하는 하나의 관리 행위이다. 자녀가 무능하거나 어리석다면, 변호사는 신탁 기금을 지정하는 것을 도울 수도 있다. 유언이 가족의 문제를 해결하는 데 많은 역할을 하지는 않지만, 그러나 잘못하면 이미 존재하는 문제들을 악화시킬 수도 있다.

축복을 부르는 유언장

일반적으로 한 가정 안에서 유언장은 정의롭고 공정해야 한다. 살아 있는 가족 구성원 사이에 경제력의 차이가 지나치게 크면 이것은 쉽지 않다. 공정성보다는 다음과 같이 자신이 생각하는 필요에 따라 유언장을 쓰기 쉽기 때문이다. "제임스(James)는 수입이 있으니 굳이 내 돈이 필요하지 않지만, 불쌍한 마사(Martha)는 전혀 가능성이 없어." 사람은 인생에서 어떤 반전이 일어날지 예측할 수 없다. 제임스는 불치병에 걸려 일을 하지 못할 수도 있다. 마사는 이혼하고 다시 결혼해 부유한 가정에 들어갈지도 모른다. 아래의 사례 연구들은 이러한 질문들을 제기한다. 게다가, 사람의 감정은 조절하는 게 불가능하다. 돌아온 탕자 비유에서 큰아들은 불만을 터뜨린다. "내게는 염소 새끼라도 주어 나와 내 벗으로 즐기게 하신 일이 없더니 …… 아버지가 이르되 얘 너는 항상 나와 함께 있으니 내 것이 다 네 것이로되"(눅 15:29, 31). 하지만 유언장을 작성하면서 할 수 있는 것은 편애를 거부하고, 우리를 실망하게 한 사람들에게 자비를 보이고, 우리를 감당해 준 모든 친척을 위해 할 수 있는 최선을 제공하고, 하나님께서 그들이 질투와 탐욕과 같은 유혹을 다룰 수 있도록 도우신다는 사실을 믿는 것이다.

하나의 선물로서, 유언은 많은 도움이 될 수 있다. 첫째, 만약 배우자가 살아 있다면, 그 또는 그녀는 정상적인 생활을 유지해 나갈 수 있을 것이다. 그것은 배우자를 사랑하는 실제적인 방법이다. 둘째, 미성년자인 자녀에게 적합한 보호자를 지정함으로써 양육에 대한 우선권을 유지할 수 있다. 셋째, 우리는 친척이나 친구가 좋아할 소유물을 건네주어 그들에게 기쁨을 줄 수 있다. 예를 들면, 평소 린다가 좋아하던 마호가니 테이블을 그녀의 집 거실로 옮겨 주는 것이다. 넷째, 다음 세대가 하지 못할 일을 할 수 있도록 힘을 실어 준다. 다섯째, 우리는 이번 생에 관계적으로, 또는 재정적으로 모든 빚이 탕감되는 것을 볼 수 있다. 여섯째, 자선 단체나 교회에 의미 있는 선물로 축복할 수 있다. 일곱째, 가족 구성원 모두에게 하나님께서 햇빛을 악인과 선인에게 골고루 비추듯이, 하나님의 사랑과 같은 공정한 사랑을 보여줄 수 있다(마 5:43~47).

생전 유언장

오늘날 많은 사람이 죽음을 선고받기 전에 '생전 유언장(living will: 본인이 직접 결정을 내릴 수 없을 정도로 위독한 상태가 되었을 때 존엄사를 할 수 있게 해달라는 뜻을 밝힌 유언 – 옮긴이 주)'을 남긴다. '생전 유언장'은 연명 치료가 필요한 불치병에 걸린 상황에서 의학적으로 어떻게 대처하길 바라는지 미리 적는 것이다. 병원 입원실은 연명 치료 절차를 수행해야 하는지를 결정하는 장소가 아니다. 나의 아버지는 두 번째 뇌졸중으로 고생하다가 병원에 입원했다. 그때 어머니는 아버지가 위에 튜브를 연결해 음식을 먹도록 결정했고, 아버지는 2년 동안 그렇게 했다. 가까운 가족들은 사랑이 부족하다거나 불효했다고 손가락질받을까 두려워 가능한 한 길게 생명을 연장해야 한다고 느낀다.

'생전 유언장' 역시 변호사가 도움을 줄 수 있다. 어떤 사람들은 이 유언장이 죽음을 '초래하는' 수단이라고 생각하지만, 의학적 개입을 통해 불필요하게 사망이 지연되는 것을 규제하는 방법이다. 그리스도인은 특히 죽음을 준비해야 한다. 생전 유언장을 쓰는 것은 죽음을 준비하고, 영석 훈련으로서 포기의 과정을 지속하는 데 도움이 될 것이다. 이는 나와 가족이 함께 동시에 해야 할 일이다.[20] 그런데 돈이나 물질 외에도 물려줄 것이 더 있다.

도덕 유언장

오랜 유대-기독교 전통에서, 많은 사람이 '도덕 유언장(ethical will)'이라는 것을 남겼다. 도덕 유언장(히브리어로 차바아 Zava'ah)은 한 세대가 다음 세대로 도덕적 가치를 전달하기 위해 고안한 문서이다. 랍비와 일반 유대인들은 19~20세기에 도덕 유언장을 썼다. 최근에는 이러한 관습이 일반 대중 속에 더 널리 퍼지고 있다. 《비즈니스 위크》(Business Week)라는 잡지와 미국 변호사 협회(ABA) 전자 뉴스레터에서는 그것이 자산 계획에도 도움이 된다고 설명한다.

가족에게 보내는 편지, 또는 심지어 유언장 일부에 도덕적 유언을 남길 수 있다. 어떤 사람들은 글이나 그림으로, 또는 둘 다로 가족사를 쓰는데, 이는 다음 세대에 도덕적으로 영적으로 중요하게 여겨지는 가치를 전수하는 방법으로 여겨진다. 내 친구 알렉 우드헐(Alec Woodhull)은 자기 가족의 이야기와 그것의 도덕적 영적 의미를 정리하느라 수년이 걸렸다. 그는 이것을 '악어 이야기(Alligator Tales)'라고 부르는데, 플로리다에서 나고 자랄 때 늘 "발가락 사이에 항상 모래가 묻어 있어서" 그렇게 부른다고 한다.

가족의 문화와 전통, 가족의 물질적·정신적 유산은 우리 자신뿐 아니라 후손을 위한 것이다(잠 13:22, 시 17:14).

그렇다면 당신은 무엇을 남길 계획인가? 그것은 진정한 부(富)인가? 아래 나오는 질문들은 우리가 이 다세대적이고 다면적인 상속을 되돌아보는 데 도움을 줄 수 있다.[21]

첫째, 우리는 절대 끝나지 않으며, 그리스도께서 오실 때 변화될 하나님 나라에 공헌할 수 있다. 이 세상에서 우리가 하는 일 가운데 일부는 여전히 남아 새롭게 변모될 것이다(고전 15:58). 둘째, 우리는 죽음을 초월해 그리스도 안에서 '영원한 가족'에 속할 수 있다. 셋째, 가치, 미덕, 목적, 경험, 일, 물질적 자산 등 다른 사람들에게 축복으로 물려줄 만한 다세대적인 유산을 만들어 낼 수 있다. 넷째, 위대한 보물은 비록 가장 위대하지는 않더라도, 하나님을 알고 사랑하는 것과 하나님께 알려지고 사랑받는 것이다. 우리는 실제로 이를 물려줄 수는 없지만, 그것의 헤아릴 수 없는 가치를 가르쳐 줄 수는 있다. 다음에 나오는 진정한 부도 마찬가지다. 다섯째, 우리는 하나님 안에서 기쁨과 평화를 경험할 수 있다. 마지막으로, 우리는 새 하늘과 새 땅이라는 놀라운 운명의 보물을 소유하고 있다. 이것인 진정한 유산이며, 상당 부분이 다음 세대로 전해질 수 있다.

묵상을 위한 질문들

❶ 당신이 물려줄 가치와 미덕은 무엇인가?
❷ 만약 당신의 무덤에 묘비명을 새길 수 있다면(그리고 묘비에 금

을 쓸 공간이 많다면) 뭐라고 쓰겠는가?

❸ 다음의 사례 연구에서 각 가족의 유언장을 깊이 생각해 보자.

새뮤얼과 에드나

새뮤얼은 에어캐나다 항공사의 파일럿이다. 그는 지금은 좋은 집에서 살고 자동차 두 대와 보트 한 대를 소유하고 있지만, 젊을 때는 가난한 상태에서 일을 시작했고, 일을 할 수만 있다면 오지를 돌아다니는 부시 파일럿(bush pilot: 캐나다 북부나 알래스카 총림지대를 비행하는 비행사 – 옮긴이 주)도 마다하지 않았다. 새뮤얼에게는 두 자녀가 있는데, 모두 장성해 출가했다. 자녀들이 십대일 때는 아버지가 힘들게 일해서 살아가는 것에 대해 종종 이야기했고 자녀들도 그렇게 살도록 했다. 그래서 대학 등록금을 도와주지 않았으며 고등학교 졸업 후에 집에서 살려면 집세를 내도록 했다. 물론 집세는 시세보다 훨씬 저렴했다. 새뮤얼은 죽기 전에 아내와 함께 모든 것을 다 쓰고 가는 것에 대해 꽤 개방적이다. 소유의 상당 부분은 기독교 단체나 선교사를 후원하는 데 쓸 예정이다. 부부는 세상을 떠날 즈음에는 재산을 아무것도 남기지 않을 생각인데, 특히 아들 중 하나가 알코올 중독이기 때문이다. 미국의 억만장자 앤드루 카네기(Andrew Carnegie)처럼 그들도 재산은 소유자가 살아 있는 동안에만 관리되어야 한다고 생각했다. 사무엘이 이렇게 생각하는 이유는 두 가지이다. ❶ 많은 유산은 상속자에게 재앙이 된다. ❷ 많은 유산을 받은 상속자는 삶이 나약해지고 의존적이며 생기가 사라지는 경향이 있다.

에드나는 변호사였다. 지금은 은퇴했고 거의 10년 동안 과부로 지냈다. 대학교수였던 남편과 변호사로 일한 자신의 재산을 합쳐서 될 수 있는 한 세 자녀에게 많은 유산을 물려줄 계획이다. 자녀들 가운데 둘은 결혼했고 나머지 하나는 싱글로 만족스럽게 살고 있다. 싱글인 자녀는 전문직에 종사하고 있다. 전문 산악용 자전거 두 대, BMW 한 대를 소유하고 있으며, 값비싼 휴가를 자주 즐긴다. 그만큼 재정적으로 부족한 것이 없다. 그에 반해, 결혼한 두 명의 자녀는(각자 자녀가 두 명씩이다) 도시 외곽에 조그마한 집이라도 얻으려고 애쓰고 있다. 에드나는 근사한 집을 매매한 뒤 작은 아파트로 이사하고, 집을 팔고 남은 돈을 결혼한 두 명의 자녀에게 각각 집 구입에 보태라고 건네줄 계획이다. 싱글인 조나단은 그다지 도움이 필요하지 않다. 유언장에서도 이러한 내용이 나타난다. 에드나가 가진 모든 재산의 5분의 4를 결혼한 자녀들에게 물려주기로 되어 있고, 5분의 1은 싱글인 아들과 고향 교회에 각각 나누어서 주기로 했다. 하지만 세 자녀는 어머니에게 자녀들을 위해 돈을 아끼지 말고 지금 인생을 즐기는 데 써야 한다고 불만을 토로한다.

어머니의 생각과 자녀들의 생각 가운데 어떤 것이 기독교적 관점에서 볼 때 바람직할까?

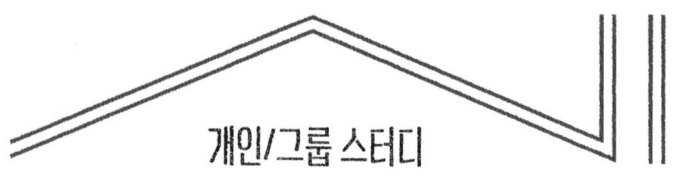

개인/그룹 스터디

노년에 유산 남기기 :
창세기 47:28~31, 48:1~22, 49:29~50:3

3장에서 언급했던 야곱의 이야기로 돌아가 보자. 고대에는 아버지가 죽기 전에 가족들에게 입으로 전하는 말이 유언장이나 마찬가지였다. 야곱을 통해 가문의 리더십을 유지하겠다는 하나님의 계획과는 정반대로 이삭이 에서를 축복한 이야기(창 25:23)는 유언이 엉망이 된 고전적인 사례다. 탕자의 비유에서 둘째 아들이 아버지에게 유산을 요청했듯이, 때로는 유산을 미리 받을 수도 있었다(눅 15:11~32). 하지만 재정이나 장례식 준비보다 해결해야 할 훨씬 더 중요한 일들이 있다. 우리가 공부하는 성경 구절에서 볼 수 있다. 가능한 한 관계를 회복하고 죽을 수 있다는 것이 중요하다. 우리 교회 목사님은 죽음을 앞둔 한 교인을 방문해 이렇게 물었다. "당신에게 관계 회복이 필요한 사람이 있습니까?" 그녀는 없다고 대답했다. 물론 이례적인 사례다. 우리는 관계뿐만 아니라 양심, 영혼, 마음도 회복해야 한다. 하나님과 평화롭게 지내고, 죄를 용서받고, 이웃만이 아니라 창조자와도 올바른 관계를 맺고 있는가? 족장 야곱의 이야기는 일상의 삶과 영성에 대한 많은 면을 드러내고 있으면서도, 마지막 작별을 준비하는 노년의 문제를 더할 나위 없이 중요하게 다루고 있다.[22]

개인 묵상

당신은 자기 죽음에 대해 생각하고 계획하는 것이 어려운가? 왜 그런가? 당신의 죽음은 멀리 떨어져 있거나 가까이에 있다. 당신은 죽음을 준비하기 위해 무엇을 하는가?

그룹 토론

왜 사람들은 죽음에 대해, 특히 자기 죽음에 대해 말하는 것을 어려워하는가?

창세기 47:28~31 읽기

1 야곱은 자신의 장례를 치르기 위해 무엇을 준비하는가? 왜 그에게는 이집트에서 장례를 치르지 않는 것이 중요했을까?

2 당신은 유골이 묻히거나 뿌려지는 장소가 중요하다고 생각하는가? 왜 그런가?

창세기 48:1~22 읽기

3 이 장면은 아버지가 아들에게 부족을 이끌 리더십의 자격을 승계하는 모습이다. 야곱은 아들 요셉이 총리로 일하는 이집트로 내려갔다. 하지만 노쇠한 야곱은 곧 죽음을 앞두고 있었다. 당신은 왜 야곱이 이 시점에 자신의 인생 스토리와 영적 여정을 되돌아본다고 생각하는가(창 48:3~4절 또는 21~22절을 보라)?

4 당신은 자신의 영적 여정을 자녀와 손주에게(만약 그들이 있다면) 이야기한 적 있는가? 그렇다면 혹은 그렇지 않다면 이유는 무엇인가? 만약 그렇다면, 얼마나 많이 이야기했는가?

5 야곱은 부족의 리더십을 위해 어떤 준비를 하는가? 야곱이 손자인 므낫세와 에브라임을 축복할 뿐 아니라 그들을 다른 열두 아들과 함께 아들로 삼는다는 점에 주목하라(5절).

6 야곱은 여기서 죽음을 준비하기 위해 무슨 일을 하는가?[23]

창세기 49:29~50:3 읽기

7 야곱이 하나님과 올바른 관계, 이웃과 올바른 관계 안에서 평안하게 죽었다는 것은 무엇을 의미하는가?

8 성경은 죽음의 공포가 사람들을 평생 속박한다는 점을 지적한다(히 2:15). 당신은 왜 그렇다고 생각하는가? 당신은 기독교 신앙이 이러한 공포를 없애거나 변화시킨다고 생각하는가(롬 8:39를 보라)?

9 당신은 인생 후반기에 해야 할 일이 있는가? 그렇다면, 그것은 무엇인가?

> "죽음을 준비하는 일을 인생을 공부하는 첫 번째 단계로 생각하는 것은 매우 기독교적인 접근이다." — J. I. 패커[24]

지금 혹은 나중에

토론을 위한 질문 : 당신은 의학적인 연명 절차를 명시한 '생전 유언장'을 만드는 것이 죽음에 대한 기독교적인 접근이라고 생각하는가?

8 인생 돌아보기와 인생 미리보기

인생 돌아보기로 족하지 않다. '인생 미리보기'도 해야 한다.

유진 비안키[1]

우리는 나이가 드는 것을 젊은 시절의 역할, 집착, 쾌락을 자연스럽게 벗겨내는 일종의 '자연적인 수도원'으로 생각하라.

잘만 샤흐터-샬로미[2]

 친한 친구인 브라이언은 신체적인 기능을 점차 잃게 만드는 ALS(근위축성측색경화증, 흔히 루게릭병이라고 부른다. - 옮긴이 주)라는 병으로 죽었다. 나는 브라이언에게 그의 저서 《마지막 인사》(*Closing Comments*)에서 그가 남긴 일기를 다른 이들과 공유할 수 있도록 허가를 받았다. 다음은 그가 남긴 일기 가운데 일부이다.

최근에 나는 인생의 한계를 직면하면서 약간의 가벼운 우울증을 겪었다. 이 질병은 사람을 너무 많은 것으로부터 격리한다. 나는 여전히 내가 조금은 쓸모 있는 사람이라고 생각하고 싶다. 하지만 이제 나는 그동안 능력을 발휘했던 곳이 아닌 곳에서 할 일을 찾아야 한다.

가끔은 나 자신이 안쓰럽게 느껴진다. 하지만 그런 감정은 별로 이롭지 않다. 지금 내가 받는 평온이라는 선물은 그동안 내가 놓치고 살았던 모든 활동과 관계에 대한 적절한 보상이라 생각한다. 인생의 결핍이란 우리가 모두 일상에서 직면해야 하고 오늘도 가장 많이 느껴야 하는 무엇이다. 나의 상태 때문에 나는 이번 생과 다음 생 사이에 어떤 변화가 찾아올지 궁금해하며 시간을 보낸다. 그것은 놀라운 신비이고, 때로는 의심조차 들기도 한다. 그러나 결국 나는 성경에 나오는 약속과 오로지 하나님만 상상하실 수 있는 새로운 창조 세계에 대한 나의 제한적인 이해에 의존할 뿐이다. 우리가 "하나님의 영광의 광채시요 그 본체의 형상이신"(히 1:3) 예수 말고 무엇을 소유할 수 있겠는가?

오늘 우리는 호흡기 전문의를 만난 다음 밴쿠버 종합병원에 있는 ALS를 앓고 있는 한 친구를 찾아갔다. 그는 크리스마스가 오기 직전에 인공호흡기를 착용했고 여전히 다양한 합병증 때문에 퇴원하지 못하고 있었다. 만약 내가 말하는 것이나 손발 움직이는 것을 계속 잘한다면 나는 내 모습을 그대로 유지할 것 같다. 하지만 내 상태가 그 친구처럼 된다면, 나는 가족과 지인들을 모아서 작별 인사를 할 생각이다. 성부와 성자와 함께하는 인생의 사다리 맨 아래 칸(또는 가장 위 칸)에 발을 디디고 서려는 노력을 계속 이어가고 싶다.

그런데 내가 무엇을 해야 하는지 어떻게 알 수 있는가? 무엇이 그렇게 힘들게 매달리고 싶게 만드는가? 글쎄, 나는 몇 가지 이유를 알고 있다. 그중 하나가 방금 나를 찾아와 입맞춤했다.[3]

그는 죽음을 맞이할 준비가 되어 있었다. 실제로, 죽음을 준비하는 데 많은 시간을 보내기도 했다. 그런데 불치병에 걸리지 않더라도 결국 죽음을 준비해야 최고의 인생을 살 수 있다고 믿었던 청교도들의 생각은 옳았을까? 데이비드 스태나드(David Stannard)는 다음과 같이 말한다. "청교도들은 나이가 드는 것에 사회적 종교적 의미를 많이 부여한다. 그들은 가장 나이가 많은 사람에게도 삶의 매 순간을 소중히 여기면서도 인생의 권리를 포기하는 준비를 하도록 격려한다. 이 땅에서의 운명과 영원한 운명에 관한 불확실성의 가장자리에서 살면서, 모든 세대의 청교도들은 '현대 미국에서 알 수 없는 강도의' 죽음을 직면하고 있다."[4] 청교도뿐 아니라 프로테스탄트 종교 개혁 이전의 오랜 교회 전통도 살아 있는 동안 죽음을 준비하는 것을 장려했다. 가장 대표적인 사례가 에라스무스(Erasmus)다. "우리는 평생 죽음을 준비해야 한다. 믿음의 불꽃은 계속해서 바람을 불어 주어야 커지고 강해진다."[5]

드와이트 스몰(Dwight Small)은 자신의 경험을 바탕으로 다음과 같이 말한다. "가끔 은퇴해서 공허함을 느끼는 이유는 '이 세상을 내 집처럼 느끼려 하기' 때문이다. 은퇴의 시기는 이 흘러가는 세상에 우리의 운명을 두려는 것에서 벗어나는 시간에 가깝다. 괴테(Geothe)의 다음 지적은 옳다. '또 다른 삶을 소망하지 않는 사람은 늘 죽은 채로 사는 것이다.'"[6] 잡지 〈펀치〉(Punch)의 편집장이었던 말콤 머거리지(Malcolm Muggeridge)는 이런 유명한 말을 남겼다. "우리에게 닥친 가장 큰 재앙은 우리가 이 세상을 고향으로 느낀다는 것이다. 이방인의 삶이 길어질수록 우리는 진짜 고향을 잊게 된다."[7] C. S. 루이스도 생각의 결이 같았다. "만약 내가 이 세상에서 어떤 경험도 참 만족감을 줄 수 없다는 것을 느낀다면, 내가 또 다른 세상을 위해 창조된 존재라는 설명은 상당한 설득력을 얻는다."[8]

그렇다면 우리는 어떻게 좋은 죽음을 준비할 수 있는가?[9] 우리는 앞에서 이미 다면적이고 다세대적인 유산을 준비하는 것에 관해 살펴보았다. 현대 서양 문화에서 죽음의 부정을 부정하는 것이 출발점이다. 물론 그다음 단계도 있다.

죽음을 준비하기

첫째, 우리는 이 세상과 다음 세상에 동시에 살고 있다는 '이중 국적'의 개념을 가지고 살아야 한다. 우리 인생의 매 순간은 영원으로부터, 그리스도의 부활로부터 항상 등거리에 있다. 우리는 이 세상의 삶을 선하고 귀한 것으로 여기지만, 그렇다고 최고선(最高善)으로 보지는 않는다. 우리는 죽음을 악한 것으로 보지만, 그렇다고 가장 악한 것으로 여기지는 않는다. 죽음은 더 나은 세상으로 가는 통로이기 때문이다. 이 장 마지막에서 시편 90편을 공부하면서 살펴보겠지만, 시편 기자가 말하듯이 우리의 날수를 센다는 것은 최근 통계를 참고해 기대 수명을 계산한 다음 남은 날 동안 할 수 있는 모든 일을 짜내는 것을 의미하지 않는다. 이러한 관점은 안타깝게도 시간을 선물보다는 관리해야 하는 자원으로 여긴다. 우리의 날수를 센다는 것은 주어진 모든 날을 선물로 생각하는 것이다. 오늘이 마지막일지도 모르지만, 끝 모를 이 세상에 재능을 비롯한 나의 모든 것을 투자하는 것이다(마 25:1~13의 비유를 보라).

루터는 다음의 유명한 말을 인용했다. "내일 지구가 멸망한다는 사실을 알아도, 나는 오늘 뒤뜰에 사과나무를 심을 것이다."[10] 우리는 '덤으로 주어진 시간'을 사는 것이 아니라 맡겨진 시간을 사는 것이다. 그러므로 우리는 내일의 짐과 걱정을 오늘 짊어지지 않고(마 6:25~34), 하나님께서 우리가 사는 날마다 만족시키실 것을 신뢰하며 한 번에 하루씩 살아간다.

둘째, 우리는 계속 배워야 한다. 유진 비안키는 다음과 같이 말한다. "신앙인에게 가장 큰 비극은 죄인이 되는 것이 아니라 성장하기를 거부하고 정체되는 것이다."[11] 르우엘 하우(Reuel Howe)는 이렇게 덧붙인다. "당신은 늙지 않는다. 단, 성장하기를 멈출 때만 빼고."[12]

사실 이러한 인생의 전환점은 도전적이고 때로는 고통스럽지만, 인생에서 매우 중요한 성장의 순간이 될 수 있다. 특히 일하기를 포기하지 않거나 죽을 때까지 놀고먹는 데만 빠지지 않는다면 말이다. 리처드 볼스(Richard Bolles)는 저서 《인생의 세 가지 박스》(Three Boxes of Life)에서 이에 관한 이야기를 한다. 그는 사람들이 세 가지 박스 안에서 살아가는 경향이 있다고 말한다. 첫 번째는 태어나서 20년 동안 공부하면서 보낸다. 그다음 두 번째는 40년 동안 일하면서 보낸다. 그리고 마지막으로 20년 동안 놀면서 여생을 보낸다. 그러나 볼스는 마지막 20년 동안에 공부하고, 일하고, 노는 것이 동시에 이루어져야 한다고 제안한다. 지금까지 살펴보았듯이, 끝은 또 다른 시작이다. 우리는 새 하늘과 새 땅에서 공부하고 예배하고 일하고 놀 것이다.

나는 죽음을 앞둔 내 친구 앵거스(Angus)를 만나러 요양원으로 갔다. 나는 그 친구가 의사소통할 수 없을 거로 생각했다. 병상 옆에는 앵거스가 열심히 읽으며 곱씹던 책이 있었다. 친구는 나에게 그 책의 내용을 열심히 설명해 주었다. 그는 죽을 때까지 배움을 놓지 않았다.

그런데 경력을 계발할 필요도 없고, 내 친구 찰스 링마(Charles Ringma)가 말하듯 "무엇을 좋아하든지 간에" 좀 더 자유로워진 이 시점에 굳이 공부해야 하는 이유는 무엇인가? 이 질문은 다음 생애와 관련해 물어볼 수 있다. 한 로마 가톨릭 신학자는 천국에

갈 생각만 하면 지루해 죽겠다고 고백했다.

요한계시록에서 생명수의 강 옆 생명나무의 잎사귀들이 "만국을 치료하기"(계 22:2) 위해 있다고 간결하면서도 함축적으로 표현하듯이, 만일 천국은 모든 것이 성장하고 발전하는 곳이라면 무엇이 치료되어야 하는 걸까? 그리고 우리 몸의 세포는 비록 죽어 가지만 이번 생에 '성장'이 하나의 살아 있다는 신호라면 어떠한가? 우리가 이전보다 활력 넘치고 흥미롭고 다른 사람들에게 도움이 된다면 어떠한가? "니사의 성 그레고리우스(St. Gregory of Nyssa)는 이미 4세기에 '죄는 성장하기를 거부할 때마다 생긴다'고 말했다."[13]

세상을 떠난 나의 장인어른 스탠 볼터(Stan Boulter)는 훌륭한 사례로 볼 수 있다. 앞서 언급했듯이, 장인은 은퇴 후에 유채씨를, 지금은 보편적으로 식용유로 사용하는 카놀라유로 바꾸는 데 선구자적인 역할을 했다. 그는 죽는 날까지 뉴스를 통해 세상에서 일어난 소식들을 챙겨 보았을 뿐 아니라 독서, 대화, 여행으로 삶을 풍요롭게 만들었다. 증손자들이 방문할 때면, 아이들이 배우는 내용을 본인도 배웠고, 지식이 아이들의 삶에 스며들게 하려고 부지런히 질문을 던졌다. 그는 참 매력적인 능변가였다. 젊은 시절(그는 98세까지 살았다), 이른바 '중년'에는 코스를 밟고 학위도 얻었다. 내가 신학생이던 시절 그의 집에 자주 들르곤 했는데, 물론 그분의 딸을 만나기 위해서였지만, 그가 열정적으로 물어보던 신학적인 질문들은 그때껏 내가 배운 신학 수준을 훨씬 뛰어넘는 경우가 많았다.

신학대뿐 아니라 공립대와 사립대에서 평생 교육 과정이 훌륭한 배움의 기회를 제공하고 있다. 물론, 노인들은 무언가를 배우는 데 시간이 오래 걸릴지도 모르지만, 풍부한 인생 경험을 바탕으로 공부를 할 수 있다. 요즘에는 노인들이 그룹을 이루어 강의 DVD를 시청하는 예도 많다. 대만의 어느 교회에서는 정해진 코스를 이수하는 노인들에게 비자격 학위를 수여하고 있다고 한다. 책 읽기 모임을 만드는 노인들도 많다. 내 아내도 책 읽기 모임에 들어가 예전보다 더 재미있는 능변가가 되었다. 개인적으로 나는 인생을 풍요롭게 만들어 준 몇 가지 훌륭한 양서를 다시 읽으면서 특별한 기쁨을 얻고 있다. 투르니에는 이렇게 말한다. "모리아크(Mauriac)의 말처럼, 나이가 들어서 과거에 읽었던 책을 다시 꺼내 읽으면 특별한 즐거움을 얻는 것 같다."[14]

지속적인 배움을 위해 강좌에 등록하고, 엘더호스텔(Elder hostel, 미국과 캐나다에 있는 9,000여 개의 대학 조직망으로, 60세 이상 노인들에게 대학 구내 숙식을 제공하며 단기 집중 강좌를 운영하는 국제 비영리 단체 - 옮긴이 주)에 참석하고, 훌륭한 강좌가 담긴 DVD나 양서를 구입하고, 책 읽기 모임에 열심히 참여하고, 배움을 갈망하는 사람들의 커뮤니티에 참여해야 한다. 호주 브리즈번에서 찰스 링마(Charles Ringma)는 신학 토론 모임을 진행하고 있다. 이 모임에서는 사람들이 한 달에 한 번 신학책을 읽고 집에서 차와 커피를 마시며 토론을 진행한다. 일정 수준에서 계속 일하고 배우고 논다면 인생의 마지막을 더 잘 마무리할 수 있을 것이다.

셋째, 우리는 점진적인 포기를 실행해야 한다. 우리는 인생을 살아가면서 점차 어린 시절과 청년 시절을 손에서 내려놓는다. 죽음으로 친구와 부모를 떠나보내고, 자녀들은 출가해 내 곁을 떠난다. 그리고 직업과 건강도 잃게 된다. 사람들 대부분은 결혼 서약에 자주 등장하는 말, "죽음이 우리를 갈라놓을 때까지!"가 무슨 의미인지 실감하게 될 것이다. 나이가 들면서 한때 가졌던 성적인 정력도 포기해야 한다. 이는 성적인 것과 결별해야 하거나 아내나 남편과 친밀한 관계를 경험할 수 없다는 걸 의미하지는 않는다. 사실 성숙한 사랑보다 더 좋은 것은 없다. 언젠가 우리는 직업을 그만두어야 한다. 물론 죽을 때까지 일할 다른 방법은 찾아야 하지만 말이다. 기도는 죽을 때까지 할 수 있는 하나의 '일'이다. 궁극적으로 우리는 이 세상의 삶을 포기해야 한다. 우리에게는 헤아릴 수 없이 값진 보물은 주님이다. 건강상의 이유로 일을 할 수 없는 사람은 어떤 의미에서 하나님 나라에 '가치'를 더할 수 있다. 이제 자유롭게 기도하는 데 온전히 자신을 바칠 수 있기 때문이다.

넷째, 매일의 고통을 '날마다 죽는' 방법을 배우는 기회로 삼을 수 있다. 바울은 우리가 매일 도살장으로 끌려가는 양과 같다고 말했다. 우리는 고통과 나약함을 통해 그리스도의 부활 안에서 죽고 그분 안에 생명을 얻으며 살아갈 수 있다(고후 4:10~12, 16~18).

이그나티우스(Ignatius)의 영성 운동은 우리에게 영적인 상상력을 활용해 주의 임재 안에서 기도하는 마음으로 죽음을 묵상하도록 인도한다. 내 임종 자리에 사람들이 모인다. 장례식이 치러지고 나는 땅속에 매장된다. 점점 육체가 부패하면서 이번 생의 나는 소멸하지만, 다음 생에 완전히 변모할 준비가 된다.[15] 우리는 죽을 준비가 되었는가? 회복해야 할 관계, 용서받아야 할 사람, 청산해야 빚이 있는가? 미뤄 왔던 사람들을 위해 우리가 할 수 있는 일이 있는가?

폴 투르니에는 다음과 같이 분명하게 말한다. "은퇴는 …… 죽음처럼 최종적이라는 특성이 있다. 게다가 일련의 최종적인 포기를 통해서만 사람은 자신이 나이가 들었다는 것을 깨닫게 된다."[16] 우리가 받아들여야 하는 것이 바로 이 최종적인 포기이다. 포기를 받아들이지 못하면 쉽게 고통스러워지고, 괴팍한 노인으로 살다 생을 마감할 수도 있다. 앞서 나는 죽음으로 친구와 가족의 상실에 관해 언급했는데, 이 때문에 우리는 늘 불완전함을 느낄 것이다. 성 아우구스티누스는 친구의 죽음을 이야기하면서 이렇게 말했다. "친구가 죽은 상황에서 그에게 제2의 자아였던 나 자신이 과연 이 세상을 온전히 살아갈 수 있을지 의문스러웠다."[17] 더군다나 기동력, 청력, 시력, 심지어 기억력까지 감퇴하면서 건강도 포기해야 한다. 자녀를 키우는 사람들은 자식이 기대하던 대로 되지 않은 경우가 대부분이므로 자녀 양육의 임무를 완수하지 못한 느낌이 든다. 완벽한 자녀에 대한 꿈을 상실하는 것이다. 도전적인 직업을 손에서 놓는 것은 일종의 죽음이지만, 이러한 포기를 받아들이지 않으면 비통함에 빠질 수 있다. 결국, 죽음은 받아들여야 한다.

상실의 대상에는 직업, 동료, 배우자, 출가한 자녀처럼 구체적으로 눈에 보이는 것이 있다. 반대로 명예, 지위, 희망, 사랑처럼 눈에 보이지 않는 것도 있다. 주디스 바이어스트(Judith Viorst)는 《피할 수 없는 상실》(*Necessary Losses*)에서 다음과 같이 설명한다.

> 상실은 우리가 살아가는 데 지불해야 하는 대가다. 그것은 성장과 유익의 원천이기도 하다. 태어나서 죽는 순간까지 우리는 포기하고, 포기하고, 또 포기하는 고통의 길을 가야 한다. …… 세월과 죽음에 의한 많은 상실을 직면하면서, 우리는 마지막 숨을 내쉴 때까지 매 순간을 창조적인 변화의 기회로 여기며 자기 자신을 애도하고 받아들인다.[18]

이 과정에서 다윗이 시편에 기록한 애가(哀歌)가 중요하다. 다른 시편의 기자들도 자신의 슬픔을 표현하고 심지어 분노도 표출했다. 하지만 이러한 행위를 신앙이 부족한 것으로 보지 않고, 오히려 시편은 이것을 하나의 신앙적인 맥락에 둔다. 시편 기자들은 하나님께 상실의 아픔을 토로한다. 이것은 좋은 치료법이다. 예수도 예루살렘을 바라보고 한탄하면서 진정한 인간성을 드러내셨다. 실제로 우리도 예수의 죽음으로 들어갈 수 있다.[19] 이 모든 것은 매우 힘든 훈련에 달려 있다.

마지막으로, 우리는 점진적인 감퇴를 경험하면서 '받아들임'의 훈련을 수행할 수 있다. 브라이언 스미스(Brian Smith)는 우리가 이번 장 처음에 살펴본 이야기와 함께, 씹고 삼키는 능력의 상실과 위(胃) 공급 튜브에 대해 이야기한다. 누군가는 이러한 상실에 슬퍼하겠지만, 브라이언은 유머러스한 방식으로 받아들였다. 병원에서 이틀 밤을 보낸 뒤 그는 나중에 자신의 책에서 "하늘로 가는 길에 울고 웃다"라는 제목의 장에 수록한 'G-튜브의 10가지 장점'을 종이에 적어 보았다.

❿ 밥을 먹는 순간에도 이를 닦을 수 있다.

❾ 원하는 만큼 술을 마셔도 "나는 알코올에 전혀 입을 대지 않았다."고 말할 수 있다.

❽ 브뤼셀 스프라우트(방울양배추)를 냄새를 맡지 않고 먹을 수 있다.

❼ 음식 맛을 느낄 필요 없이 맥도날드에서 식사할 수 있다.

❻ 배꼽이 두 개다.

❺ 음식을 가득 채운 채로 말할 수 있다.

❹ 후터스 레스토랑에서 식사하면서 여종업원들의 시선을 한 몸에 받을 수 있다.

❸ 음식이 충분히 뜨겁지 않다고 불평할 필요가 전혀 없다.

❷ '보디 피어싱'이라는 용어에 전혀 새로운 의미를 부여할 수 있다.
❶ 튜브를 세척하면서 동시에 식수를 마실 수 있다.[20]

모든 사람이 브라이언처럼 유머 감각을 지니고 있지는 않겠지만, 그 뒤에는 감퇴를 받아들이는 놀라운 의식이 숨어 있다. 이는 교회가 역사 속에서 신중하게 다루어 온 주제이기도 하다. 유럽의 중세(15세기)에는 '아르스 모리엔디(Ars Moriendi)'라고 불리는 죽음의 기술에 관한 어마어마한 문헌을 남겼다. 앨런 베르헤이(Allen Verhey)는 이 자기계발서가 아름다운 목판화를 삽화로 사용하면서 죽음의 유혹, 즉 신앙의 상실, 절망, 초조함, 자만심 등을 어떻게 다루고 있는지, 또 이 유혹이 죽음 안에서 믿음, 소망, 사랑, 겸손이라는 미덕과 어떻게 연결되는지 설명한다.[21] 하지만 베르헤이는 이 문헌이 칭찬할 것이 많으나, 육체의 부활에 관한 소망은 거의 없다는 점을 지적한다. 그것은 영혼 불멸이라는 그리스 사상을 바탕에 두고 있는데, 여전히 오늘날 기독교인들의 사고방식에도 스며들어 있다. 베르헤이는 다음과 같이 단언한다. "우리 소망의 근거는 죽은 자를 부활시키시는 하나님의 힘이다."[22] 그리고 그는 예수의 이야기를 통해 교회 안에서 행하는 많은 방법이 "죽음을 잘 맞이하고 죽어 가는 사람들을 충실히 보살피는 데 도움이 될 수 있다"[23]는 점을 설명한다.

그런데 마지막 죽음에 앞서 월터 완게린(Walter Wangerin)이 말한 인간관계나 꿈에 관한 '부차적인 죽음들' 또는 '작은 죽음들'이 발생한다.[24] 이러한 죽음들은 우리에게 '수용(acceptance)'을 훈련시킨다. '수용'은 '순응(compliance)'이 아니다. 수용은 '해야만 하는' 불가피한 상황에 따르는 것을 의미하지 않는다. 운명론이나 체념과는 다르다. 수용한다는 것은 지금의 상황, 지금의 상실, 지금의 도전 앞에 전 존재로 순복하는 것이다. '순응'과 '순복(submission)'은 차이가 있다. 결혼한 여성들이 남편에게 '순복'하고 있다고 주장하지만, 현실은 '순응'하는 경우가 많다. 순응은 고통에 대한 심리적인 적응이다. 고통을 밝히 드러내거나, 고통과 씨름하거나, 그 앞에 완전히 항복하는 것보다는 고통과 적당히 타협하는 편이 더 쉽다. 하지만 순응은 늘 어느 정도의 분노가 담겨 있다. 순복은 그렇지 않다. 순복은 자유의지로 행하는 것이다. 예수가 겟세마네 동산에서 고통의 잔을 옮겨 달라고 기도했을 때가 완벽한 예에 해당한다. 예수는 "이 잔을 옮길 수 없다면 아버지의 뜻대로 하겠습니다."라고 순복했다. 따라서 수용은 불가피함이 아닌 자유에서 비롯된 것이고 그 사람의 진심이 담겨 있다. 폴 투르니에는 이와 관련해 독신을 받아들일 수 없어 고통스러워하는 어느 여성의 이야기를 꺼낸다. 여성은 말했다. "저는 독신을 전혀 선택하지 않았어요. 수녀들은 자유롭게 독신을 서약했지만 저는 절대 아니에요!" 투르니에는 그녀에게 현실을 선택하라고, 최대한 현실을 살라고, 그리하여 자기 자신과 다시금 조화를 이루라고 조언해 주었다. 마찬가지로 나이가 드는 것과

그 때문에 야기되는 도전들도 우리가 수용함으로써 극복할 수 있다.[25]

암이 계속 진행되어 고생하고 있는 미아 카피에리스(Mia Kafieris)는 자신의 경험을 다음과 같이 되돌아본다.

> 내 경험으로는 죽음을 준비하는 데 가장 도전적인 측면은 정상 상태를 유지하라고 격려하는 그리스도인들이었다. 이는 죽어 가는 사람처럼 느끼지 않으려고 죽음을 직면하지 않는 사람처럼 살라고 하는 것 같았다. 다른 암 환자들과 이야기를 나눌 때 자주 공통의 좌절감을 공유했다. 그들은 이것은 정상이 아니고, 정상으로 돌아가지도 않을 것이며, 오히려 새로운 정상이 된다는 사실을 알지 못하는 걸까? 지금의 상태가 그들이 생각하는 정상보다 덜 가치 있거나 덜 중요한 것은 아니다. …… 기독교 공동체는 약혼, 출산, 졸업과 같은 다른 상황들처럼 한 사람이 죽음을 준비하는 소중한 시간을 중요하게 여길 줄 모른다.[26]

이러한 훈련들을 수행함으로써 우리는 하나님께서 우리를 위해 마련하신 길을 재차 확인한다. 이때 우리의 마음은 하나님 안에서 안식을 누리기 전까지 제대로 쉬지 못한다. 우리는 '의미'를 갈망하는 존재로 지어졌다. 하나님 나라에서 하나님과 함께하는 삶이 바로 그 '의미'인데, 이것은 삶을 외면하지 않고 수용할 때 비로소 발견된다. 모든 것은, 특히 나이가 드는 경험은 하나님을 향하는 통로이자 움직임이다. 쇠렌 키에르케고어의 훌륭한 명언, "우리는 앞으로의 삶은 살아내야 하지만 지나온 삶은 이해해야 한다."라는 말을 명심한다면, 우리는 폴 투르니에처럼 무언가 고백할 수 있을 것이다. "내가 그분을 알기 전에 나를 성장시킨 분은 바로 하나님이다. 나를 의사의 길로 가게 하신 분도 하나님이다. …… 그리고 나를 노년이라는 새로운 길로 인도하시는 분도 하나님이다."[27] 그리고 우리가 노년에 수행해야 할 중요한 훈련이 한 가지 더 있다.

인생을 되돌아보고 앞으로 나아가기

과거를 돌아보면서 우리가 어디에 있었는지, 우리가 무엇을 했고 무엇을 하지 않았는지, 화해하지 않은 관계는 없는지 살펴보는 일은 가치가 있다. 비안키는 메멘토 모리(memento mori, 죽음을 기억하는 훈련)의 역사는 종교 문학과 세속 문학에서 모두 고대로 거슬러 올라간다고 말한다. 성경에서도 "자기의 일을 살피라", "너희 자신을 시험하고"라고 말하며 이를 확실히 권하고 있다(갈 6:4, 고후 13:5). "과거의 잘못을 회개하는 것, 하나님과 이웃에게 용서받는 것, 그리고 자연, 동료 인간, 하나님과 궁극적으로 화해하는 것은 영원히 지속되는 과정이다." 그 목적은 "죽음 앞에서 우리의 삶을 더 나은 통합으로 이끄는 것이다."[28]

많은 현대 문학 작품들은 정확히 이것을 추구하고 있다. 예를 들면, 어니스트 헤밍웨이(Ernest Hemingway)의 《길리민자로의 눈》(*The Snows of Kilimanjaro*), 새뮤얼 베케트(Samuel Beckett)의 《크라프의 마지막 테이프》(*Krapp's Last Tape*), 톨스토이(Tolstoy) 의 《이반 일리치의 죽음》(*The Death of Ivan Ilyich*)이 있다. 비안키는 하나님과 성령은 "우리 인생의 실패에서 선한 것을 끌어내기 위해" 이 과정에 적극적으로 참여하신다고 말한다.(29) 그렇다면 이것을 어떻게 해야 하는가?

잠시 일상에서 벗어나 사나흘 정도 홀로 글쓰기, 기도, 묵상, 예배를 통해 인생을 돌아볼 수 있다. 또 자녀와 친구에게 들려줄 자신의 인생 이야기를 써 내려가도 좋다. 이때 인생의 힘든 순간을 배제해서는 안 된다. 인생의 힘든 순간을 지나고 나면 그때가 성장과 배움의 시간이었다는 것을 알 수 있지만, 정작 그 순간에는 그렇게 느껴지지 않는다. 하나님은 구원 사역을 하시고, 이 어려운 순간들은 우리 이야기의 일부가 된다. 되돌아본 실패는 나 자신과 다른 사람들에게 은혜의 사역이 될 수 있다. 프레드릭 뷰크너(Frederick Buechner)는 이를 탁월하게 설명한다.

> 내가 과거에 일어난 일 가운데 관심 있는 것은 애당초 향수를 불러일으키는 것이 아니다. 다른 모든 사람처럼 나는 노력보다는 은혜로 다시 찾아온 순간들을 즐기며 감탄해 마지않는다. 지금 나의 맥박이 빨라지는 것은 과거보다는 미래로 나아가고 있기 때문이다. 내가 그동안 어디에 있었는지를 발견하면 어디로 나아가야 할지 단서를 얻을 수 있고, 내가 그동안 무엇을 했는지를 살펴보면

내가 어떤 사람이 되어야 하는지 힌트를 얻을 수 있다.[30]

철학자 키케로는 "노년에 관하여"(De Senectute)라는 글에서 노년기에 성공하는 방법을 썼다. 기본적으로 그는 건강한 영양 섭취, 운동, 절제, 활발한 정신생활, 반성을 제안했는데, 21세기를 살아가는 노인들에게도 나쁜 충고는 아니다.[31] 왜 이러한 일을 하는가? 바로 이번 생을 잘 마무리하기 위해서이다.

인생을 잘 마무리하기

그렇다면 어떻게 해야 인생을 잘 마무리할 수 있을까? 여기에 몇 가지 원칙이 있다.

첫째, 우리가 젊을 때나 새로운 프로젝트를 시작할 때뿐만 아니라 그 이후로도 계속 삶의 목표를 분명하게 밝혀야 한다. 인생 비전 선언문을 작성해 눈앞에 두는 것도 도움이 된다. 나의 비전 선언은 온 마음으로 하나님을 사랑하는 것, 공급·지지·보호를 통해 나의 아내와 자녀들을 사랑하는 것, 세상과 교회를 섬김으로써 하나님의 사람들에게 힘을 불어넣는 것, 아름다운 것을 만들어 하나님의 세계를 아름답게 꾸미는 것이다. 월터 라이트 박사는 다음의 세 가지 질문을 던진다. ❶ 지금 당장 당신의 인생에서 가장 중요한 것은 무엇인가? ("하나님"이라고 성급하게 대답하지 말라.) ❷ 당신의 인생은 어떻게 되길 바라는가? ❸ 인생의 지금 이 시점에서 당신은 무엇을 배우고 싶은가?

둘째, 계속해서 소명에 대한 감각을 새롭게 해야 한다. 소명은 인생의 도전 세 가지와 관련해 우리가 인생을 잘 마무리하는 데 도움을 준다. ❶ 소명은 목적을 갖고 인생의 마지막까지 여행을 지속하게 해 준다.[32] ❷ 소명은 직업(occupation) 활동을 그만두는 것과 소명(vocation)을 따르는 삶을 그만두는 것을 혼동하지 않도록 도와준다.[33] ❸ 소명은 인생의 모든 결과를 하나님께 맡길 것을 권한다. 구약 성경의 이사야서에 나오는 주님의 종은 이렇게 말한다. "나는 말하기를 내가 헛되이 수고하였으며 무익하게 공연히 내 힘을 다하였다 하였도다 참으로 나에 대한 판단이 여호와께 있고 나의 보응이 나의 하나님께 있느니라"(사 49:4).

셋째, 우리 각자는 서로를 점검해 주는 공동체(accountability group)가 필요하다. 이는 나를 잘 알고 가끔 만나서 내가 가진 시간, 생각, 재능, 돈으로 어떻게 살아가고 있는지 점검해 주는 사람들의 작은 공동체를 말한다. 그들은 당신에게 인간관계, 배우자, 자녀, 그리고 다른 성별의 사람들과의 관계에 관해 물어야 한다. 그들은 나의 약점과 강점을 분석하고 내 안의 거짓말을 밝혀내야 한다. 내가 얼마만큼 돈을 벌고 그 돈으로 무엇을 하고 있는지 물어봐 주는 공동체는 참으로 소중한 존재이다. 우리가 돈을 얼마나 벌고 어떻게 쓰는지 누가 알겠는가?

넷째, 당신이 결혼했다면, 젊을 때 만난 아내 혹은 남편과 함께 지내야 한다. 결혼 생활 중에도 정절을 지키는 훈련을 해야 한다. 단지 혼외 성관계를 피하거나 젊고 어린 사람을 만나려고 이

혼하지 않는 것만 말하는 게 아니다. 성적 난잡함을 조장하는 이미지나 영향력을 잘라내면서 평소 정신적으로도 정절 훈련을 해야 한다.

다섯째, 밤낮으로 감사 훈련을 해야 한다. 신학자 장 칼뱅은 감사는 그리스도인의 근본적인 영적 자세라고 말했다. 왜 그런 말을 했을까? 성경은 확실하게 이 점을 강조한다. 로마서 1장에서 바울은 인간의 근원적인 문제를 설명한다. 사람들은 하나님을 경외하지도 않고 하나님께 감사하지도 않는다(롬 1:21). 감사는 우리가 독립적이지 않다는 사실, 우리는 하나님께 모든 것을 의지한다는 사실, 하나님은 선하시다는 사실, 인생은 멋지다는 사실, 그리고 우리는 자신의 운명을 좌우하는 주인이 아니라는 사실을 인정하는 것이다. 오래된 고전에서, 프란시스 쉐퍼(Francis Schaeffer)는 우리가 하나님을 만족할 만큼 사랑하는지 아닌지를 영적 생활을 평가하는 테스트로 제안한다. 하나님을 사랑하지 않으면 그분에게 맞서 반란을 일으키고 쓴 뿌리가 자라도록 우리의 환경을 부정적이고 힘든 곳으로 만들 것이다.[34]

개인적으로 빌립보서 4장 11~12절에 나오는 사도의 고백, "어떠한 형편에든지 나는 자족하기를 배웠노니 나는 비천에 처할 줄도 알고 풍부에 처할 줄도 알아" 이 구절을 처음 읽었을 때 내가 왜 불만을 느끼는지 이유를 확실히 알게 되었다. 그다음 나는 그리스도를 통해 우리는 모든 것을 할 수 있다는 구절(13절)과 이 은혜의 이르는 길은 감사함으로 기도하고 간구하는 것이라는 구절(6절)을 보았다. 조앤 치티스터는 《세월이 주는 선물》(The Gift of Years)에서 감사하는 마음이 노년기에 어떤 특별한 역할을 하는지 잘 지적한다.

> 우리는 주어진 인생의 모든 단계에 감사하며 살 권리가 있다. 우리에게 큰 기쁨을 준 기억들, 여기까지 오는 데 도움을 준 사람들, 지금까지 오는 과정에서 우리의 마음속에 새겨진 성취들에 감사한다. 이 경험들은 축하받을 가치가 충분하다. 더는 과거에만 머물러 있지 않고 우리 안에 영원히 살아 있다.[35]

그렇다면 우리는 이것을 어떻게 할 수 있는가? 밤낮으로 매 순간 우리의 불만 사항을 하나님에 대한 감사의 표현으로 바꾸는 것이다. 앞서 말했듯이, 감사는 창조주에게 올리는 것이다. 그 결과 우리에게 만족과 평화, 기쁨이 찾아온다. 암으로 고생하는 어느 친구는 특히 인류의 질병 역사에서 지금처럼 최고로 의학이 발달한 것에 감탄하며 계속 감사하는 마음을 품고 있다.

감사는 불만을 없애고, 하나님이 행하시는 일에 초점을 맞추게 하고, 나의 성공을 나의 공으로 돌리지 않게 한다. 따라서 자만심을 없애는 효과적인 해독제가 된다. 감사는 우리가 우주의 중심이 되는 것을 막아 준다.

마지막으로, 우리는 이번 생뿐만 아니라 다가올 생에 초점을 계속 맞추어야 한다. 리처드 로어는 말한다. "인생은 천국을 위한 연습이다."⁽³⁶⁾ 비안키는 로어의 말을 묵상하면서 우리에게는 '인생 돌아보기(life review)'뿐만 아니라 '인생 미리보기(life preview)'가 필요하다고 말한다. 후자는 이 책 마지막 장에서 다룰 주제다.

철학자 조지 산타야나(George Santayana)는 이렇게 말했다. "출생과 죽음은 피할 수 없으므로 그 사이를 즐겨라."⁽³⁷⁾ 이는 죽음을 부정하고, 새 하늘과 새 땅을 믿지 못하고, 그래서 육체와 건강, 쾌락에 사로잡힌 세대의 신학을 정확하게 보여준다. 하지만 J. I. 패커가 말했듯이, 기독교적 관점에서 '죽음'을 살아가는 법을 배우기 위한 첫 번째 단계로 여겨야 한다.⁽³⁸⁾

마르틴 루터는 1544년 부활절 주일에 '그리스도의 부활에 관하여'라는 제목으로 설교를 했는데, 여기서 부활에 담긴 소망을 웅변적으로 역설한다.

> 하나님은 새 하늘과 새 땅을 창조하십니다. 그곳에는 정의가 편만합니다. 그곳은 불모지가 아닌 아름다운 새 땅이 될 것입니다. 그곳에는 육식 동물이나 독이 있는 짐승은 없습니다. 우리와 마찬가지로 모든 생물이 죄의 저주로부터 해방되고 낙원의 아담과 그렇듯이 우리와도 관계가 회복되기 때문입니다. 그곳에는 보석처럼 빛나는 황금빛 털을 가진 작은 개들이 있습니다. 나뭇잎과 풀잎은 에메랄드빛으로 가득합니다. 우리는 현세에 종속되지 않지만, 그곳에서 우리의 식욕과 욕구는 지금과 변함없으며 오히려 훨씬 더

온전해집니다. 우리의 눈은 순은처럼 밝게 빛나고 우리는 모든 질병과 고통에서 벗어납니다. 우리는 영광스러운 창조주를 눈앞에서 직접 볼 것입니다. 그곳에서 만나는 모든 관계를 통해 우리는 이루 말할 수 없는 만족감을 느낄 것입니다![39]

손자 녀석들이 아주 어렸을 때, 하루는 우리 집 거실에 설치한 아동용 텐트 안에서 놀고 있었다. 세 살 정도 된 손녀가 네 살 정도 된 오빠에게 말했다. "우리, 엄마 아빠 놀이하자." 그러자 오빠가 고개를 끄덕였다. 두 아이는 아기 인형을 가지고(입으로 쉭쉭 물소리를 내며) 목욕시키는 흉내를 냈다. 그런 다음 여자아이가 "아기를 재울까요?"라고 말했다. 두 아이는 완벽한 음색으로 자장가를 불렀다. "이제 우리도 자요." 몇 분 동안 침묵이 흘렀다. (내 아내는 텐트 밖에서 이 모습을 지켜보고 있었다!) 손녀는 발랄한 목소리로 말했다. "아침이 왔어요. 일어날 시간이에요!" 하지만 남자아이는 투덜거렸다. "아직 아침 안 됐어. 일어나고 싶지 않아." 손녀는 계속 모닝콜을 울렸다. "일어날 시간이래도요." 남자아이는 한 번 더 반항했다. 그러자 여자아이가 이렇게 말했다. "일어나지 않으면 더 놀 수 없잖아." 갑자기 남자아이는 벌떡 일어나더니 "회사에 지각하겠네."라고 했다. 여자아이가 "나가기 전에 안아 줘요."라고 하자, 남자아이는 "그럴 시간 없어."라고 하면서 방을 나가 버렸다.

이 아이들은 무엇을 하고 있었는가? 어른 놀이를 하고 있었다.

사실 우리가 지금 하는 것과 다르지 않다. 우리는 안식일을 지키면서 하나님과 인간과 창조 세계의 안식을 맛보고 있을 뿐 아니라, 우리의 인생은 마지막을 향해 가고 있다. 우리는 천국 놀이를 하는 것이다. 물론 최고의 순간은 아직 오지 않았다.

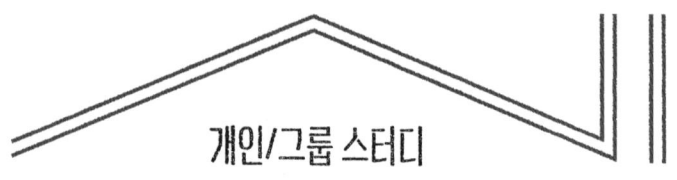

개인/그룹 스터디

우리의 날을 세는 것 : 시편 90편

우리는 얼마나 오래 살지 모른다. 하지만 평균적으로 여성이 남성보다 더 오래 산다는 것을 알고 있다. 오늘날 선진국에서는 남녀 모두 시편에서 언급된 70세를 넘어 80대까지 살고 있다. 그래서 어쩌라는 건가? 시편 90편 12절에서 우리의 날을 세라고 했으니, 평균 수명을 참고해 지금부터 죽기 전까지 앞으로 남은 날을 세라는 말인가? 남은 날을 계산하고 나면 그 날들을 최대한 활용할 방법을 모색해야 하는가? 아니면, 마지막 숨을 내쉬기 전에 우리가 하고 싶은 것들을 '버킷 리스트'로 만들어야 하는가? 그리스도인들이 흔히 말하듯 단 하루를 살아도 영원히 살 것처럼 해야 하는가? 아니면, 인생은 덧없으므로 먹고 마시고 즐기면서 이 세상에서 할 수 있는 모든 것을 짜내야 하는가? 모든 세대가 이렇게 하는 것 같지만 아이디어가 새로운 건 아니다. 고린도의 이교도들과 고린도 교인 일부는 "내일 죽을 터이니 먹고 마시자."(고전 15:32)라고 했다. 시편의 애가 중 하나인 시편 90편은 우리의 짧은 인생을 활기를 북돋우고 믿음을 형성하는 영원의 시각으로 바라보고 있다.

개인 묵상

언제 당신은 인생이 덧없으니 먹고 마시고 즐기자는 유혹을 받았는가? 그게 언제이고 이유는 무엇인가?

그룹 토론

여러분의 부모님은 나이가 드는 경험을 어떻게 대하고 그것에 관해 무슨 말을 하는지 이야기해 보자. 부모님의 관점은 어디에서 비롯되었다고 생각하는가?

시편 90편 읽기

1 쇠렌 키에르케고어는 앞으로의 삶은 살아내야 하지만 지나온 삶은 이해해야 한다고 말했다. 여기서 모세로 알려진 시편 기자는 왜 과거를 돌아보면서 시를 시작하는가(1~2절)?

2 시편 기자는 사람의 노년을 어떻게 묘사하고 있는가(3~11절)? 그는 누가 이 상황에 책임이 있다고 말하는가?

3 당신은 개인적으로 나이가 드는 것에 관해 어떻게 생각하는

가? 당신이 이 시의 관점을 취한다면 생각이 어떻게 달라질 수 있겠는가?

4 성경의 지혜는 단순한 정보가 아니라 인생을 잘 살아가는 실제적인 지침이다. 왜 시편 기자는 우리의 날을 세는 것과 지혜가 자라는 것을 연결했는가(12절)?

5 우리의 날을 셈으로써 얻을 수 있는 지혜는 무엇인가? 죽기 전에 하고 싶은 것을 '버킷 리스트'로 만드는 일은 좋은 것인가? 좋다면, 또는 좋지 않다면 그 이유는 무엇인가?

6 시편 기자는 인생의 덧없음과 어려움을 토로하는 애가에서 하나님께 어떤 믿음과 기도를 보이는가(13~15절)?

7 시편 기자는 주님께서 하시는 일과 인간으로서 그가 하는 일에 대해 하나님께 무엇을 구하는가(16~17절)?

8 당신은 손과 마음과 머리로 하는 일 가운데 어떤 일을 하나님께서 견실하게 해 주기를 기도하겠는가?

9 이 시는 죽음으로부터의 부활이라는 기독교적인 소망이나 영원한 삶을 이야기하지는 않지만, 노년의 보편적인 경험에 관해

어떤 가치 있는 관점을 제공하는가? 왜 이러한 관점이 늙고 죽는 것을 인정하지 않는 태도보다 (감정적으로나 정신적으로) 더 건강한가?

"오, 주님은 지난날의 도움이시고, 다가올 미래의 소망이시며, 폭풍우 속의 피난처이시고, 우리의 영원한 고향이십니다."

— 아이작 와츠

지금 혹은 나중에

단순히 죽기 전에 해 보고 싶은 경험이나 여행과는 다른 '버킷 리스트'를 만들어 보자. 다음과 같은 리스트를 만들어 보라.

- ◆ 내가 발전시키고 싶은 가치는 무엇인가?
- ◆ 내가 발전시키고 싶은 관계는 무엇인가?
- ◆ 내가 배우고 싶은 것은 무엇인가?
- ◆ 내가 발전시키고 싶은 섬김은 무엇인가?

9
끝은 또 다른 시작

죽음은 아직 자신의 삶을 살아보지 못한 사람들에게는 크나큰 위협이다.

리처드 로어[1]

인간은 늘 길을 잃었고, 지금은 주소를 잃었다.

G. K. 체스터튼[2]

우리 문화는 갈수록 나이드는 것 자체를 하나의 질병으로 여기는 것 같다. 가능하다면 앞으로는 노년의 삶에 관한 연구를 더 많이 해야 한다.

스탠리 하우어워스[3]

나는 잘나가던 대학 교회 교목을 그만두고 몇 주 동안 목수로 일했다. 교목을 그만둔 이유는 교회를 개척해 평범한 사람들의 일터 속으로 들어가고 싶었기 때문이다. 내 옆에는 석고판 테이퍼로 일하는 사람이 있었다. 석고판 테이퍼란 벽과 천장의 석고판과 석고판이 연결되는 부분에 진흙을 바르고 테이핑하는 사람을 말한다. 우리는 휴식 시간과 점심시간에 수다를 떨었는데, 그는 사슴 고기 샌드위치를 우적우적 씹으며 지난번에 북쪽으로 사냥 여행을 떠난 것을 자랑삼아 이야기하곤 했다. 그런데 어느 날, 그가 나에게 심각한 표정을 지으며 물었다. "폴, 우리가 죽으면 무슨 일이 일어나죠?" 이 친구는 교회 문 안으로 발을 들여놓은 적이 없었기 때문에 내가 그에게 이런 질문을 받은 첫 번째 목사였다. 그것은 좋은 질문이고, 특히 오늘날은 거의 듣기 어려운 질문이기도 하다.

내 평생에 무화과 나뭇잎(치부를 가리는 것을 상징함 – 옮긴이 주)이 벗겨진 것이 두 가지 있다면, 바로 성과 돈이다. 에덴동산의 아담과 하와를 그린 전통적인 그림에는 무화과 나뭇잎이 그들의 은밀한 부분을 가리고 있다. 하지만 지금은 성(性)을 감추지 않는다. 사람들은 자유롭게 자신의 성적 욕구나 경험을 이야기한다. 그리고 또 하나, 지갑을 가리고 있던 무화과 나뭇잎도 벗겨졌다. 오랫동안 사람들은 자신이 돈을 얼마나 버는지, 그 돈으로 무엇을 하는지, 그 돈이 자신에게 어떤 의미가 있는지 이야기할 수 없었다. 하지만 이제는 감추지 않는다. 지금은 죽음에 관해 이야기하는 것도 서슴지 않는다. 일반적인 죽음이나 다른 사람의 죽음이 아니라 바로 나의 죽음을 거리낌 없이 이야기한다.[4]

우리의 친한 친구 히니가 죽음을 앞두고 있었다. 그녀는 자기 죽음을 알고 있었고, 우리도 알고 있었다. 이 주제에 관한 침묵을 깨고 그녀는 둘러싸고 있던 평생지기들에게 말했다. "나는 어떻게 죽어야 할지 모르겠어." 심오한 말이었다. (앞 장에서 언급한) 또 다른 친구는 몇 달 동안 병을 앓으며 일기를 꾸준히 쓰다가 이윽고 세상을 떠났다. 나는 사람들과 매일 병문안하러 갔는데, 하루는 친구가 나에게 일기를 보여 주었다. 나는 일기를 읽고 나서 그가 세상을 떠난 뒤에 일기를 편집해 그의 가족과 친구들에게 공유해도 되는지 물었다. 그 친구는 허락하고 눈을 감았고, 나는 그가 남긴 글을 책으로 출간했다. 그가 남긴 일기 일부를 이 책에서 확인할 수 있다. 그의 일기는 믿음으로 죽음을 맞이하는 사람의 보기 드문 보고문이다. 그저 죽는 날만 기다리며 살았던 것이 아니라 죽음을 잘 준비했던 것이다.

그런데 죽음을 부정하는 의식이 모든 문화권에 존재하는 것은 아니다. 특히 병원에서 죽음을 위생 처리하거나 격리하지 않는 곳에서는 죽음을 부정하지 않는다. 아내 게일과 나는 10년 동안 아프리카에서 봉사 활동을 했다. 이 대륙에서는 기대 수명이 낮았고, 자동차 사고, 말라리아, 에이즈, 이질, 전쟁으로 죽음이 일상적인 일이었다. 동부 아프리카 지역의 아프리칸 브라더후드 교회(The African Brotherhood Church)는 서양으로부터 도움을 받거나 영향을 받지 않고 발생한 토착 교회 중 하나다. 그들은 서양의 찬송가를 번역해 부르기보다는 자신들만의 고유한 찬송가를 만들었다. 나는 이 찬송가들의 리듬과 가사를 연구하면서 아프리카 그리스도인들이 노래하는 내용에 충격을 받았다. 찬송가의 80%가 천국과 예수의 재림에 관한 노래였다. 비록 우리 서양인들은 '죽음학(thanatology)'이라는 학문을 통해 죽음을 탐구하지만, 그들과 우리는 다르다. 어느 말기 환자의 말처럼, "윤리, 실존주의, 신학, 종말론 등을 폭넓게 이야기하다가 결국 죽음을 준비하는 것을 놓치고 만다. 현실적으로 이러한 연구들이 죽음을 준비하는 사람들에게 직접 희망과 용기를 불어넣거나 준비를 위한 지침을 제공하는 경우는 거의 없다."[5]

살아 있는 동안 최대한 죽음을 준비하는 것이 중요한가? 이 질문은 이번 장에서 우리가 다룰 주제 중 하나이기도 하다. 청교도들이 죽음을 준비하고 있을 때 비로소 잘 살아갈 수 있다고 했던 말이 과연 옳은가? 이것은 앞에서 살펴본 '인생을 잘 마무리하는 것' 이상의 문제이다. 이 문제를 살펴보려면, 죽음은 무엇인가? 죽음 이후에는 무엇이 있는가? 라는 질문을 던져 보아야 한다. 만약 그 이후에 좋은 것이 있다면, 굳이 의료계나 의약계에서 생명을 연장하기 위해 애쓸 필요가 있겠는가?

무기한 생명 연장의 문제점

《우리는 영원히 살아야 하는가?》(*Should We Live Forever?*)는 나이듦의 윤리적 모호함을 다루는 길버트 메일랜더의 책 제목이다.[6] 그는 생명 연장(최근 의학계에서 강조함)과 노화 방지(최근 미용계나 문화계에서 부추김)가 서로 관련은 있지만 같은 것은 아니라고 말한다. 실제로 우리 사회에서는 노화를 방지하면서 생명을 연장하기를 바라고 있다! 하지만 그것은 불가능하다. 저자는 전도서 12장의 노인을 묘사하는 장면을 보면서 "죽을 때가 있다"(전 3:2)라고 결론을 내린다. 다행히도, 창세기 3장 24절에서 보여 주듯이, 하나님은 아담과 하와, 그리고 그 후손들이 점점 더 많은 죄를 짓고 살지 못하도록 에덴에 있는 불멸의 나무로 돌아가는 길을 영원히 지키고 계신다. 1993년에 개봉한 영화 〈사랑의 블랙홀〉(Groundhog Day)에서 주인공인 TV 기상캐스터는 매일같이 2월 2일이라는 같은 날을 반복해 살아간다. 메일랜더는 "우리가 지금 사는 것처럼 영원히 살아간다면 천국이 아니라 저주일 것이다."[7]라고 결론짓는다. 이는 마크 트웨인(Mark Twain)이 의도적으로 비꼬는 말에도 잘 드러나 있다. "인생이 무엇인지 알 만큼 충분히 오래 산 사람이라면 누구나 우리가 얼마나 인류 최초의 후원자인 아담에게 깊은 감사의 빚을 지고 있는지 잘 안다. 그가 세상에 죽음을 불러왔으므로."[8]

죽음은 고상한 사람들 사이에서는 거의 이야기되지 않고, 안타깝게도 일상과는 분리되어 있다. 나의 장인어른은 자녀, 손주, 증손주가 지켜보는 가운데 눈을 감았다. 우리는 모두 그에게 작별인사를 하고 축복했다. 이는 흔치 않은 일이라는 것을 나도 인정한다. 우리는 보통 집에서 가족과 친구에게 둘러싸여 죽음을 맞이하기보다는 병원에서 기계에 둘러싸인 채 숨을 거둔다. 그 동안 죽음은 제도화되었다. 의학이 인간의 생명을 20~30년 연장할 수 있는 지금과 달리, 옛날에는 사람들이 꼭 질병이 아니더라도 출산, 기근, 전염병, 전쟁으로 언제라도 죽을 수 있다고 생각했다. 하지만 오늘날은 죽음을 예상하지 않는다. 실제로 의학계에 종사하는 사람들 외에는 누군가 죽는 것을 거의 보지 못하고, 그들에게 죽음은 종종 실패감을 느끼게 한다.

죽음은 또한 위생 처리되어 왔다. 보통 시신을 씻은 뒤 무덤에 매장하지만, 어느 아프리카 시골 지역에서는 여전히 장의사가 죽은 사람을 최대한 '살아 있을 때 모습 그대로' 모든 사람이 볼 수 있도록 준비한다. 우리는 장례식을 영안실에서 진행하고 시신은 화장하거나 땅속에 묻어 위생적으로 처리한다. 묘지는 가까운 교회 뒤뜰이 아니라 멀리 떨어진 곳에 있다. 특별한 일이 아니면 거의 방문하지 않는다. 이와 대조적으로 케냐에 있는 내 친구는 자기 농장의 옥수수밭을 갈 때마다 아내의 무덤을 지나간다. 죽음의 신학과 영성을 얻으려면 일생에 한 번 있는 이 경험과 일상생활 사이에 관계가 회복되어야 한다. 그리고 우리는 죽음이 무엇인지 이해하려고 노력해야 한다.

그렇다면 죽음이란 무엇인가?

구약 성경과 신약 성경은 모두 죽음에 관해 많은 이야기를 한다. 한스 발터 볼프(Hans Walter Wolff)는 구약의 인류학에 관한 연구에서 죽음에 관한 몇 가지 관점을 심도 있게 탐구한다.[9] 구약 성경에서 중요한 점은 이스라엘 사람들이 죽음에 접근하는 방식이 주변 민족과는 달랐다는 사실이다. 마술을 통해 죽은 자를 불러내지 않았다. 무덤을 경배의 대상으로 삼지 않았다. 죽음을 종교적인 것으로 신격화하지 않았다. "죽음은 신성한 것이 아닐뿐더러 무덤 그 이상도 이하도 아니다."[10] 죽은 사람을 숭배하지도 않았다. 이스라엘에서는 누군가 죽으면 시신을 잘랐는데, 짐작건대 조문객들이 죽은 사람을 알아보지 못하게 하려 했던 것 같다. "야훼의 존재 앞에서 죽은 자를 숭배하는 건 불가능한 일이었다."[11] 죽은 사람은 더는 하나님의 사역과 말씀을 찬양하지 못한다. "구약 성경에서 삶이란 관계를 맺는 것, 무엇보다 하나님과 관계를 맺는 것을 의미한다. 그러므로 죽음은 관계의 결핍을 뜻한다."[12]

그러나 구약 성경에서 하나님은 죽은 자의 세계에 부재하지 않으신다. "스올에 내 자리를 펼지라도 거기 계시니이다"(시 139:8). 볼프는 이렇게 결론을 내린다. "삶은 죽음으로 끝날 수 없다. 하나님 자신이 사람의 생명을 붙잡고 계시기 때문이다."[13] 구약 성경에서도 하나님은 죽음을 이기신다. 신약 성경에서는 예수의 부활을 근거로 우리는 하나님께서 죽음을 이기신 새로운 차원을 발견한다. 첫째, 그 어떤 것도, 죽음조차도 예수 그리스도 안에 있는 하나님의 사랑에서 우리를 끊을 수 없다(롬 8:38~39). 둘째, 죽음은 새 하늘과 새 땅으로 향하는 통로이며, 이번 생은 다 자란 열매와 비교하면 땅에 뿌려진 씨앗과도 같다(고전 15:35~38). 그런데 여기서 예수의 십자가 죽음을 묘사하는 구절

중 "내 영혼을 아버지 손에 부탁하나이다"(눅 23:46)라는 표현에 죽음의 신비가 있다.

나의 아버지는 폐렴으로 2년 동안 말하거나 먹지도 못하다가 형의 품에서 눈을 감았다. 아버지는 죽음을 두려워하지 않았고, 우리가 발견하지 못했던 이유로 여전히 자리에 머물러 있는 것처럼 느껴졌다. 아버지의 아내, 즉 나의 어머니는 아버지가 눈을 감기 몇 달 전에 세상을 떠났고, 아버지는 우리에게 남김없이 모든 것을 전했다. 형은 아버지를 품에 안고 말했다. "아빠, 이제 가도 괜찮아요." 그리고 몇 분 안에 아버지는 주님 안에서 평안히 잠들었다. 그런데 아버지는 우리에게 죽음의 신비에 관한 궁금증을 남겼다. 이를테면 죽음의 시기, 죽음의 의미, 우리의 생명이 하나님께 달려 있도록 창조된 기묘한 방식, 때로는 우리의 필요보다 훨씬 긴 생명 등등. 우리가 죽음을 선택하는 건 어렵지만, 우리의 영혼을 맡기는 것은 어느 정도 가능하지 않을까? 이 문제와 관련해 중요한 질문이 하나 있다. 사람은 언제 죽는가?

임상적으로 '죽음'은 심장 박동, 호흡, 뇌 활동의 중지로 정의된다. 이 시점에 의사는 '사망'을 선고한다. 하지만 완전한 육-혼-영의 존재인 사람은 이미 몇 시간 전에, 심지어 몇 달 전에 죽었을지도 모른다. 이 문제의 모호함은 기술의 침해로 더 부각된다. 생명은 이제 기계에 의해 인위적으로 연장될 수 있는데, 때로는 이식할 장기를 '적출'할 목적으로 기계를 끄면 바로 죽을 사람을 인공시키는 데도 있다. 심장 박동이나 호흡을 다시 시작하게 해 사람을 소생시키면 근처에 있던 영혼이 잠시 육체와 재결합할 수 있는가? 임사 체험이나 '다른 곳에 갔다가 돌아온' 체험에 관한 문서로 기록된 이야기들이 있다. 만약 대단히 충격적인 자동차 사고를 당해 비록 임상적으로는 살아 있지만, 뇌 활동이 중단되었다면 그 사람은 실제로 죽은 것인가? 사람을 '식물인간' 상태로 만드는 질병으로 사랑을 주고받을 수 없다면 임상적인 죽음이 오기 몇 달 전에 이미 죽었다고 할 수 있는가? 만약 그렇다면, 이 세상은 수많은 좀비가 존재하는 것이다. 이처럼 죽음의 정의는 모호하다.

에덴동산에는 두 그루의 나무가 있었다. 하나는 생명의 나무(짐작건대 불멸을 제공하는 나무였을 것이다. - 창 2:9)이고 또 하나는 선악을 알게 하는 나무였다. 아담과 하와는 첫 번째 나무의 열매를 먹고 두 번째 열매의 나무를 먹지 않으면서 창조된 존재로서 한계를 인정했다면 영원히 살 수 있었다. 선악과를 먹으면 그들은 죽는다고 했다(창 3:3). 그런데 그것은 단순히 흙으로 돌아가는 것과는 다른 차원의 죽음이었다(창 3:19). 아담과 하와는 하나님과의 관계가 끊어졌고(영적 죽음), 서로 간의 친밀함이 사라졌으며(관계의 죽음), 세상을 다스리지 못했다(소명의 죽음).

아담과 하와가 만약 죄를 짓지 않았다면, 에녹처럼 하나님과 완전한 삶을 살다가 하늘로 이끌려 올라갔을까? 우리는 알지 못한다. 의미심장하게도, 인류의 첫 번째 죽음은 하나님이 아닌 인간이 자초한 것이었다. 바로 아벨의 살해였다. 또 중요한 점은 죄로 저주받은 죽음에 대한 의식이 커졌다. 가인은 폭력적인 죽음으로부터 보호받길 원했고(창 4:14~15), 하와는 죽음으로 생긴 빈자리를 대신할 아들을 원했다(창 4:25). 인간이 죄를 지은 뒤로 죽음은 끔찍하고 두려운 것이 되었고 영적인 파멸을 초래하는 것이 되었다. 죽음은 단순한 육체의 소멸 이상이다.

전인(全人)의 죽음

히브리서의 저자는 예수가 모든 사람을 위해 죽음을 맛보았다고 말한다(히 2:9). 그리고 죽음은 죄에서 비롯되었다는 점을 분명하게 지적한다. 전적으로 죽음은 정신적이고 영적인 결과다(마 27:46). 예수도 십자가 위에서 죽음을 경험하셨다. 죽음은 단순히 심장, 호흡, 뇌 활동이 멈추는 것 이상을 말한다.

성경에 따르면, 사람은 영혼을 육체라는 껍데기가 덮고 있는 것이 아니라 육체에 영혼이 깃들어 있거나 영혼에 육체가 깃들어 있어 영-혼-육이 통합된 존재다. 육체는 죽으면 빠져나갈 영혼을 '담고' 있는 것이 아니다. 이러한 생각은 유럽 문화에 스며들어 있는 그리스적 개념이다. 육체는 영혼의 발현이며 영혼은 육체의 중심이다. 둘은 상호 의존적으로 연결되어 있고, 실제로 서로 혼합되어 있어 어느 하나를 건드리면 둘 다를 건드리는 것이나 마찬가지다. 그래서 성적인 죄가 무서운 것이다. 우리는 육체와 영혼을 따로따로 '소유하고' 있는 것이 아니라, 우리 자체가 육체와 영혼'이다.' 그래서 히브리직 사고방식에 따르면, 죽음은 영혼을 공격하지 않으면서 육체를 공격할 수 없다. 영어에서도 사람을 가리키는 단어를 영혼(soul)이나 육체(body)로 혼용해서 번역한다.[14] 예컨대, 영어 성경 킹 제임스 버전(KJV)에서 민수기 15장 30절은 다음과 같다. "the **soul** that doeth aught presumptuously ······ shall be cut off from the people". 이 구절을 새 국제 버전(NIV)에서는 다음과 같이 표현한다. "But **anyone** who sins defiantly ······ must be cut off from their people"(참고: "본토인이든지 타국인이든지 <u>고의로 무엇을 범하면</u> 누구나 여호와를 비방하는 자니 <u>그의 백성 중에서 끊어질 것이라</u>" - 민 15:30).

"오늘 네가 나와 함께 낙원에 있으리라"(눅 23:43)와 같은 구절이 이를 이해하는 단서가 될 수 있다. 여전히 우리는 죽음을 단순히 사람의 껍데기가 아닌 '사람' 전체의 죽음으로 이해해야 한다.[15]

우리의 육체만이 아니라, 감정, 인격, 관계를 맺는 능력, 사랑을 주고받는 능력까지 죽는 것이다. 그렇다면 우리의 영혼도 죽거나 적어도 죽음을 '맛보는' 것인가? 부활의 그날이 올 때까지 '영혼의 잠(soul sleep)'에 들어가는지, 아니면 그리스도께서 다시 오고 죽은 자들이 살아나는 날이 올 때까지 신학에서 말하는 일종의 '중간 상태(intermediate state)'가 지속되는지, 우리는 명확히 알 수 없다. 우리가 알 수 있는 것은 죽음이란 단순한 육체적 현상을 넘어선다는 사실이다. 전인(全人)이 죽는다. 우리는 분명 신비를 다루고 있지만, 이 신비를 이해할 기회들은 있다.

완파 당한 힘

여기서 우리는 무시무시한 힘에 직면하고 있다는 것을 인정하게 된다. 죽음은 사람들을 평생 두려움에 사로잡히게 만든다(히 2:15). 두려움의 뿌리는 다양할 수 있다. 고통에 대한 두려움, 미지의 것에 대한 두려움, 통제하거나 예측할 수 없는 것에 대한 두려움, 익숙한 모든 것을 잃는 것에 대한 두려움. 나이가 들면 많은 사람이 몸과 마음이 약해지고 존엄성과 독립성이 사라지고 모든 것이 죽음의 서막과도 같아 두려움에 빠진다.

유년기에 우리가 느끼는 깊은 두려움은 바로 추락에 대한 두려움이다. 우리가 더는 매달리지 못하고 아무것도 없는 곳으로 추락할까 봐 죽음이 두려운 것이다. 만약 하나님이 계신다면 죽음 이후에 예상할 수 없는 결과 때문에 더 깊은 두려움을 갖게 된다. 우리는 궁극적으로 하나님 앞에서 책임을 질 것이고 이번 생에 우리가 한 일에 대한 결과가 '다음' 생에 그대로 이어질 것이다. 죽음은 영원한 결과를 수반한다. 하지만 어떤 것도, 심지어 반역이나 자살도 "우리를 우리 주 그리스도 예수 안에 있는 하나님의 사랑에서 끊을 수 없다"(롬 8:39).

인간이 죽음을 사람들을 재활용하는 하나의 방법으로 여길 수 없다는 사실은 성경에서 선언하는 바이다. 죽음은 권력이고 힘이다. 바울은 죽음을 최후의 적(롬 8:38, 고전 15:26)이라고 말했다. 죽음은 인간에게 허세를 부리고 멸망의 포로로 사로잡으면서 '자신만의 생명'을 가지고 있는 듯 보이기 때문이다. 그러나 이 최후의 적은 그리스도의 죽음으로 완파 당했고, 이 죽음의 죽음은 그리스도의 부활로 증명되었다. 그리스도 안에 있는 사람에게 죽음은 현세의 두려움이나 영원한 결과가 아니다. 그것은 복음과 하나님과의 거절된 관계를 듣는 사람들을 위한 것이다. 하지만 우리는 여전히 죽어야 한다. 성경은 죽음을 깊은 잠[16], 흙으로 돌아가는 것[17], 떠나는 것[18], 행복한 재회[19], 예수를 마주하는 것[20]으로 묘사한다. 그렇지만 우리가 알고 싶은 것은 죽음 이후의 삶이다. N. T. 라이트는 이것을 '죽음 이후의 삶 이후의 삶'이라고 부른다. 이 삶은 부활, 회복, 만남, 안식이라는 네 가지 차원으로 이루어져 있다.

죽음 이후의 삶 이후의 삶

첫째, 사람이 부활한다. 다만 언제, 또는 어떻게 부활하는지는 듣지 못했다. 이 일은 역사의 끝에 일어날까? 만약 그렇다면, 온 인류의 역사가 완성되기 전까지 우리는 일종의 영혼의 잠을 자게 되는가? 우리가 죽으면 주님과 함께 있을 것이라는 사실 외에는 이 질문에 대한 명확한 답을 알 수 없다.[21] 하지만 그리스도 안에 있는 사람들에게 약속된 미래는 그리스인의 사고처럼 영혼의 불멸이 아니라 육체의 부활이다. 앞서 살펴보았듯이, 우리는 하나님과 천국을 갈망하는 영혼이 깃든 육체, 또는 육체가 깃든 영혼이다. 유대인들은 2,000년 전 예수가 이 땅에 오시기 전에 이 소망을 소중히 여겼지만, 우리는 지금 이 지구상에 일어날 미래의 일에 대해 확실하고 실제적인 증거를 가지고 있다.

죽음 이후의 삶에 소망이 있는 진짜 이유는 예수의 부활이다. 오직 한 분만이 죽음에서 돌아와 우리에게 죽음 이후의 세계에 관해 말씀해 주셨다. 복음서는 우리가 죽음 이후의 예수에 대해 알아야 할 모든 것을 기록하고 있다. ❶ 예수는 걷고, 요리하고, 먹고, 말할 수 있는 진짜 육체를 가지고 계셨다. 이는 단순히 유령이나 천사와 같은 존재가 아니었다. ❷ 이 세상에서의 육체와 다음 세상에서의 육체는 연속성이 있다. 그래서 제자들이 예수를 알아볼 수 있었다. 이는 새 예루살렘에서 우리가 서로를 알아볼 수 있다는 사실을 강하게 암시한다. ❸ 예수는 이 세상에서 육체적인 삶을 살았다는 증거, 즉 상처 자국이 그대로 남아 있었다. ❹ 상처 자국은 이제 죄의 흔적이 아니라 예수가 도마에게 만지게 하고 믿게 해 준 은혜의 수단이 되었다.

예수의 부활로부터 우리는 이번 생과 다음 생 사이의 단절과 연속 두 가지 모두를 확인할 수 있다. 사도 바울은 부활 이후의 몸을 '영의 몸'이라고 부르는데, 이는 우리가 하늘을 두둥실 떠다니는 형체 없는 유령이라는 말이 아니라 우리의 영적 욕구를 완전히 구현한 실제 육체를 가진 사람을 말한다. 바울은 씨앗과 다 자란 식물을 비교한다. 만약 우리가 이 땅에서보다 더 완전하고 참된 인간이 되면, 관계, 창조성, 기업, 일, 무엇보다도 하나님의 아름다운 임재를 제대로 누리게 될 것이다. 많은 사람이 자신이 얻을 수 있는 모든 것과 할 수 있는 모든 일을 이 짧은 인생에 구겨 넣으려고 한다. 마치 여기가 전부인 것처럼 말이다.

4세기 교부인 성 아우구스티누스의 육체의 부활에 관한 변론에서 다음과 같은 질문들이 제기된다. "노인은 과연 어떤 모습으로 부활하는가? 육체는 어떻게 하늘에 존재할 수 있는가? 낙태가 일어나는가? 손톱과 머리카락이 자라서 잘라야 하는가? 식인 풍습을 가진 사람들은 어떻게 되는가? 성 아우구스티누스(St. Augustine)의 핵심 메시지는 에베소서 4장 13절의 '그리스도의 장성한 분량이 충만한 데까지'이다." 그래서 아우구스티누스는 이렇게 결론을 내린다. "각 사람은 늙어서 죽으나 성숙하기 전에 죽으나 인생의 한창때의 육체를 얻게 될 것이다. …… 만약 에베소서 4장 13절의 말씀이 육체의 부활을 가리킨다면, 우리는 이 말씀을 통해 죽은 자의 육체가 그리스도보다 젊지도 않고 늙지도 않다고 봐야 한다. 부활한 육체의 나이는 그리스도께서 다시 살아났을 때의 나이와 동일할 것이다."[22] 추측이든 예언이든 이것은 좋은 생각이며, 이와 같은 생각은 우리가 장차 더 나아질 것이라고 성경에서 이야기하는 바를 긍정하고 있다!

기독교에서 약속하는 소망은 '교체'가 아니라 '회복'이다. 우리의 육과 혼과 영은 변모되어 "그리스도의 영광의 몸의 형체와 같이 변할 것이다"(빌 3:21). 물론 인간만 회복되는 것은 아니다.

둘째, 모든 것이 회복된다. 예전에 레슬리 뉴비긴(Lesslie Newbigin)은 한 세대로서 우리는 "역사의 노고가 끌어낼 어떤 가치 있는 결과에도 확신을 갖지 못한다."라고 말했다[23]. 하지만 진실은 이러하다. 세상은 '펑'하고 끝장나는 것이 아니라, 비록 지구상에 상처의 흔적이 남아 있더라도 영광스러운 예수의 재림과 만물의 회복으로 종말을 맞이한다.

많은 북미의 그리스도인들은 이 세상이 연기처럼 사라질 것이라고 믿고 있지만, 종말 때에 창조 세계가 소멸하고 아무것도 없는 상태에서 새 하늘과 새 땅이 기적적으로 생겨나는 것이 아니다. 그와 달리 모든 것이 그 상태에서 회복되고 변모한다. 베드로후서의 이미지는 만물이 점차 사라져 완전히 자취를 감추고 완전히 새로운 세상을 고대하는 것이 아니다. 거친 광석을 뜨거운 불에 넣어 불순물을 태우는 것과 같다. 이는 베드로후서 3장 10절의 의미와 꽤 유사하다. 우리가 이 세상에서 어떻게 일을 해야 하며 창조 세계를 어떻게 관리해야 하는지에 관해 대단히 새로운 관점을 제공한다.

다시 말해, 이 세상에서 행하는 우리의 노동은 소멸한다기보다는 변모한다. 심지어 창조 세계 자체도 소멸하지 않고 변모할 것이다. 선지자 에스겔은 땅이 하나님의 영광으로 빛날 것이라고 예언한다(겔 43:2). 땅은 '새 땅'이 될 것이다(계 21:1). 정신적인 몸은 '영의 몸'으로 변모할 것이다(고전 15:44). 즉 기독교의 소망은 육체의 죽음 이후 영혼의 생존이나, 비물질적인 '천국'에서 불멸하는 영혼의 지속이나, 환생을 통해 또 다른 육, 영, 혼이 공급되는 것에 있지 않다. 소망은 물질적이면서도 영적이다. 새로운 육체가 아니라 회복된 육체이며, 새로운 땅이 아니라 회복된 땅에 소망이 있다.

하나님 나라가 땅에 임하거나, 실제로 하늘과 땅이, 즉 보이지 않는 세계와 보이는 세계가 최종적으로 완전하게 하나로 어우러질 것이다. 우리는 '새 하늘과 새 땅'에서 '새 땅'을 너무 쉽게 생략한다. 이브 콩가르(Yves Congar)는 제2차 바티칸 회의를 추진할 때 많은 준비 작업을 했던 신학자이다. 그는 《교회 안의 평신도들》(*Lay People in the Church*)이라는 책에서 이렇게 말했다. "존재론적으로, 하나님 나라로 변모하고 회복될 곳은 바로 이 세상이다. 그러므로 …… 이원론적인 입장은 옳지 않다. 하나님께서 완전히 새롭게 만든 배에 생존자를 태우는 것이 아니라 이 땅의 방주를 다시 한번 띄워 마지막 구원을 이루실 것이다."[24] 이 모든 일은 웅대한 만남, 다시 말해 예수의 재림 때 일어난다.

셋째, 웅대한 만남이 이루어진다. 오늘날 예수의 재림에 대해 생각하는 사람들은 거의 없다. 아프리카의 시골 지역이나 현재의 삶에 절망하고 '미래만' 바라보는 비주류를 제외하면 말이다. 하지만 예수의 재림은 일상에 영감을 주는 현실 중 하나이다. 영국에서 노예무역의 폐지를 위해 홀로 분투했던 윌리엄 윌버포스(William Wilberforce)는 자기가 꿈꾸던 미래가 지금의 생각과 행동에 영향을 주지 않는 날이 거의 없었다고 고백한다. 성경은 예수의 약속이 복음서뿐 아니라 바울의 서신서에 기록된 대로 이루어질 것이라고 확실하게 말한다. 데살로니가전서 4장 16~18절은 쉽게 오해하는 부분이 있기에 길더라도 전부 인용할 필요가 있는 구절이다.

> "주께서 호령과 천사장의 소리와 하나님의 나팔 소리로 친히 하늘로부터 강림하시리니 그리스도 안에서 죽은 자들이 먼저 일어나고 그 후에 우리 살아남은 자들도 그들과 함께 구름 속으로 끌어 올려 공중에서 주를 영접하게 하시리니 그리하여 우리가 항상 주와 함께 있으리라 그러므로 이러한 말로 서로 위로하라."

이는 예수의 재림과 관련해 너무도 잘 알고 있는 구절이다. 영광 가운데 예수가 오시고, 동쪽에서부터 서쪽까지 모든 만물이 경험할 것이다. 하지만 우리는 그때가 언제인지 모른다(그래서 언제든지 준비되어 있어야 한다). 그리고 이 영광스러운 사건이 일어나기 전에 죽은 사람들에게 불리한 점은 없을 것이다. "평안하다, 안전하다."라고 말하는 사람들 앞에 이 일이 갑자기 벌어질 것이다. N. T. 라이트가 말한 것처럼, 하나님의 새로운 세계는 "세상의 어두운 구석에 하나님의 공의와 자비의 빛을 비추며 등장할 것이다."[25]

주님과 함께 모든 성도가 거대한 연합을 이룰 것이다. 이 마지막 부분이 바로 가장 상상력을 자극하고 쓸데없는 추측이 난무하는 지점이다.

이 부분에 관해서는 라이트의 견해가 제일 도움이 된다. 그는 바울이 예수의 재림이 갖는 중요성을 강조하기 위해 구약의 이미지, 가령 나팔 소리나 우주적 사건들을 어떻게 활용했는지 묘사한다. 그런 다음 하늘로부터 '내려오시는' 예수의 언어가 얼마나 은유적인지, 그리고 하나님 나라는 우리가 사는 공간과 구별되는 다른 공간이 아니라 또 다른 차원이라는 점을 어떻게 이야기하는지 강조한다. 또 바울은 다른 곳에서 "나타나리라"(골 3:4)라는 말을 사용한다. 이어서 라이트는 사람들이 그동안 이용하던 집, 직장, 자동차와 비행기를 갑자기 상실하게 될 것이라고 말한다. 라이트는 이것을 어느 공중의 '하늘나라'에서 육체로부터 분리된 삶을 사는 것이 아니라, 하나님이 만드실 새롭게 회복된 세계에서 하나님과 함께 살아가는 사람으로 거듭나는 것임을 보여준다.[26] 지금까지, 그리고 영원토록 이와 같은 웅대한 만남은 없을 것이다. 미래를 묘사하는 또 하나의 이미지가 있으니, 바로 안식이다. "그런즉 안식할 때가 하나님의 백성에게 남아 있도다"(히 4:9).

넷째, 활기차고 창조적인 안식을 누린다. "당신(하나님)은 우리를 당신을 위해 만드셨으므로 우리의 마음은 당신 안에서 안식할 때까지는 전혀 쉴 수 없습니다." 자주 인용되는 아우구스티누스의 이 말은 다음 질문에 대한 답이다. "누가 나에게 참된 안식을 주겠습니까? 누가 나의 마음을 사로잡아 죄악은 잊어버리고 오로지 선한 것만 품도록 하겠습니까?"[27] 이 탁월한 통찰력은 영원한 안식뿐만 아니라 속세의 안식에도 적용된다.[28] 우리가 죽은 다음에는 어떻게 되는 건가? 영원토록 같은 찬송가만 되풀이해서 불러야 하는가? 어느 뻐딱한 신학자는 천국은 내가 갈 만한 곳은 아닌 것 같다고 말했다.[29] 하지만 천국은 이와 정반대다. 새 하늘과 새 땅은 하나님을 예배하고, 은혜로운 공동체와 변모된 창조 세계 안에서 일을 하는 곳일 뿐만 아니라, 환상적인 안식을 누릴 수 있는 곳이다.

기독교 역사에서 청교도 리처드 백스터만큼 성도들을 위해 '안식'에 관해 충실히 설명한 사람도 없다. 그는 1650년에 《성도의 영원한 안식》(*The Saints' Everlasting Rest*)이라는 책을 출간했다. 백스터는 과다 출혈로 몸이 좋지 않고 머지않아 죽을 것으로 생각했다. 그래서 하늘의 안식에 대해 글을 쓰며 묵상하기 시작했다. "집에서 멀리 떠나 있을 때 나는 갑자기 피를 한 바가지 흘리고 나서 급격히 몸이 쇠해지고 말았다. …… 나는 내 생각을 영원한 안식에 맞추었다. 그리고 내 장례식 설교문을 써 내려가기 시작했는데, 나의 삶과 죽음을 묵상하는 데 도움이 되었다."[30]

이 책은 분량이 844쪽이나 되지만 판을 거듭하며 널리 사랑을 받았다. 오로지 성경만 인용하고 용어 색인만 가지고서, 백스터는 우리를 기다리는 영원한 안식의 특징을 정리했다.

- ◆ 안식은 믿음의 여정의 완수이다. "더 필요한 것이 없어 기도할 필요도 없고, 우리가 바라던 것을 누리기만 하면 된다. …… 설교도 그치고, 인간의 사역도 멈추고, 성례도 쓸모없다."[31]
- ◆ 안식은 모든 죄악으로부터 자유로워지는 것이다. "창백한 일

굴, 기력 없는 몸, 허약한 관절, 무력한 갓난아이, 노쇠한 늙은이, 사악한 농담들, 고통, 수척하게 만드는 질병들, 마음을 지배하는 두려움, 애간장을 태우는 염려, 그밖에 죄악으로 불릴 만한 모든 것이 천국에는 없다."[32]

- 안식은 성도 개인의 완성이다. "하나님이 자기를 사랑하는 자들을 위하여 예비하신 모든 것은 눈으로 보지 못하고 귀로 듣지 못하고 사람의 마음으로 생각하지도 못하였다."[33]

- 안식은 하나님을 온전히 알고 즐거워하는 것이다. "주님께서 우리에게 그의 얼굴 광채를 비추시면 세상 어느 것보다 더 큰 기쁨이 될 것이다. 그분의 빛 안에는 어둠이 없고 그와 함께 충만한 기쁨을 누리게 될 것이다."[34]

- 안식은 육체와 영혼이 완전해지는 것이다. "태양보다 훨씬 찬란한 영적인 몸은, 지금 우리의 연약한 몸을 능가하며, 우리 몸의 보고 듣는 감각을 훨씬 뛰어넘을 것이다."[35]

- 안식은 사랑과 기쁨을 충만하게 경험하는 것이다. "당신은 영원 전부터 영원까지 이어지는 사랑의 팔에 안길 것이다. 그 사랑은 하나님의 아들을 하늘에서 땅으로, 땅에서 십자가로, 십자가에서 무덤으로, 무덤에서 영광으로 이끌었다. 그 사랑은 지치고, 굶주리고, 시험당하고, 조롱받고, 채찍을 맞고, 침 뱉음을 당하고, 십자가에 못 박히고, 창에 찔리는 사랑이다. 금식하고, 기도하고, 가르치고, 치유하고, 울고, 땀 흘리고, 피 흘리며 죽는 사랑이다. 바로 그 사랑이 당신을 영원히 꺼안을 것이다."[36]

◆ 안식은 성도들이나 천사들과 친밀함을 누리는 것이다. "천국에서는 그리스도께서 머리이신 완전한 공동체의 성도들과 교제할 것이다."[37]

◆ 안식은 고통으로부터 완벽하게 벗어나는 것이다. "우리의 복잡한 의심과 두려움으로부터 …… 사탄의 모든 유혹으로부터 …… 악한 사람들의 학대로부터 …… 안타까운 분열과 다툼으로부터 …… 모든 개인적인 고통으로부터 …… 하나님과 동행하지 못하면서 생기는 모든 슬픈 결과에서 벗어나는 것이다."[38]

나는 이것을 '활기차고 창조적인 안식'이라 부른다. 왜 그런가? 우리는 모든 것이 회복하고 완성된 가운데 일을 할 것이기 때문이다. 이미 살펴본 것처럼 우리는 죽기 전까지 일해야 하는데, 그렇다면 다음 생에서도 일하는 것일까? 나는 이에 대한 강력한 성경적인 근거가 있다고 믿는다. 물론 그 일은 땀을 흘리거나 힘들게 고생할 필요도 없고, 저주도 없을 것이다. 신약 성경에 따르면, 이 세상에서 일하게 만드는 모든 권력과 보이지 않는 영적, 사회적, 구조적 힘은 모두 하나님께 완전히 복종할 것이다(고전 15:24). 구약 성경의 종말론적 비전은 일하는 인간의 모습으로 그려진다(암 9:13, 미 4:3 이하, 사 11:1~9, 호 2:18~23). 이 그림은 신약 성경에 완성된다. 구원받은 공동체가 이 새로운 창조 세계에 영광스러운 몸으로 거주할 것이다(고전 15장, 빌 3:21). 그들은 자신의 다양한 문화를 가져오고(계 21:24, 26), 재능뿐만 아니라 민족과 언어의 다양성도 그대로 유지한다(계 5:9).

　이 모든 것은 우리의 현재 모습이 극적으로, 변혁적으로, 카타르시스적으로 회복되면서도 연속성을 유지한다는 것을 보여 준다. 어떤 면에서는 우리가 완전히 이해하지 못하더라도, 인간의 노동은 새로운 창조의 길을 분명히 찾을 것이다(계 14:13). 그것은 영적인 일과 삶만이 아니라 믿음, 소망, 사랑으로 행하는 모든 일과 삶을 가리킨다(고전 13:13, 살전 1:2~3). 땅의 왕들이 거룩한 도시로 자기 영광을 가지고 들어간다(계 21:24). 변모한 창조 세계는 그리스도인들이 행한 것으로 꾸며질 것이다(계 14:13). 그래서 주님 안에서 우리의 노동은 "헛되지 않다"(고전 15:58).

　이것은 좋은 소식이다. 새 하늘과 새 땅에서 우리는 완전한 인간이 될 것이다. 우리가 이 땅에서 보지 못한 예배를 드리고, 은혜로운 관계를 누리고, 놀라운 체험을 하고, 일을 즐기게 될 것이다. 숨겨진 재능이 드러날 것이다. 이곳에서 미루어 놓았던 창조성이 발현될 것이며, 우리의 독특하고 특별한 재능이 공동체 안에서 발견되어 서로 값없이 주고받을 것이다.[39] 성경의 마지막 책은 하나님의 사람들을 다음과 같이 묘사한다. "그들이 세세토록 (그리스도와) 왕 노릇 하리로다('일하리로다'로 읽어라)"(계 22:5).[40] 심오한 의미에서 이 세상에서 하는 일은 우리가 영원히 할 일에 대한 준비다. 물론 지금 우리가 하는 일과는 정확하게 일치하지 않을 수도 있다. 하지만 일을 할 때 활용하는 재능, 일하는 방식, 그리고 일하는 이유는 모두 그대로 우리가 상상할 수 있는 가장 좋은 일터로 계속 이어질 것이다.

"주님 안에서 당신의 노동은 헛되지 않다. 당신은 예수를 따르고 있고 성령의 힘으로 우리 세계를 형성하고 있다. 최후의 완성이 이루어질 때 당신이 한 일은 그것이 성경 공부든 생화학 연구든, 설교이든 순수 수학이든, 배수로를 파는 것이든 교향곡을 연주하는 것이든 계속 이어질 것이다."

—N. T. 라이트[41]

"저는 이제 잠에 들고자 하오니, 주님께 제 영혼을 지켜 주시기를 기도합니다. 만약 제가 잠에서 깨어나기 전에 죽는다면 주님께 제 영혼을 데려가시기를 기도합니다."

12세기 교본에 나오는 한 아이의 기도
—레오니스[42]

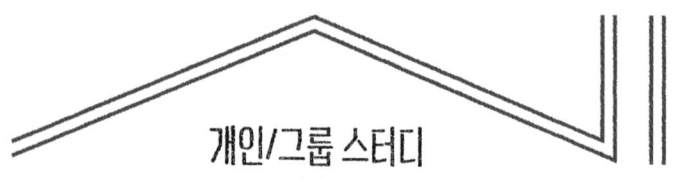

개인/그룹 스터디

영원한 삶 :
고린도전서 15:12~58, 요한계시록 7:13~17

개인 묵상

가정 안에서 당신은 죽음 이후의 세계에 관해 어떤 관점을 가지고 자랐는가? 그 관점은 어디에서 비롯되었는가?

그룹 토론

당신은 수명 연장이 좋다고 생각하는가? 이유는 무엇인가? 노화 방지는 좋다고 보는가? 이유는 무엇인가?

고린도전서 15:12~58 읽기

1 당신은 왜 바울이 그리스도의 육체 부활에 기독교의 소망을 두었다고 생각하는가(12~19절)?

2 오늘날 일부에서 가르치듯이, 그리스도께서 영적으로만 살아

남고 그의 몸은 도둑맞거나 다른 곳으로 옮겨졌다면 무엇이 달라졌겠는가(20절)?

3 기독교의 소망은 그리스적인 사고방식인 영혼 불멸보다는 육체의 부활이라고 흔히 말한다. 이 두 가지는 어떤 다른 결과를 낳는가?

4 당신은 죽음 이후의 세계에 관해 어떤 관점을 가지고 있는가?

5 바울은 물리적인 창조를 포함해 만물의 회복을 어떻게 설명하는가(23~28절)? 왜 이것이 우리의 마지막 운명으로서 '영적인 천국'보다 더 나은가?

6 바울은 만일 죽은 사람이 살아나지 못하면 사람들은 이 짧은 인생에서 최대한 즐거움을 얻으려 할 것이라 말한다(32~34절). 당신은 오늘날 세상에서 이런 일이 일어나는 것을 어떻게 보는가? 이런 유혹은 당신에게 어떤 영향을 미치는가? 바울은 왜 이것을 죄라고 부르는가(34절).

7 35~49절에서 바울은 현재의 몸과 함께 갖는 연속성과 함께, 지금 삶과의 불연속성을 설명하려고 시도한다. 바울의 주장과 그 주장을 이해시키기 위해 사용한 그림을 잘 살펴보라.

8 왜 바울은 영혼의 생존(하나님에 대한 민감한 내적 반응)만으로는 충분하지 않다고 주장하는가(50절)?

9 바울은 이번 생에서 우리가 하는 일이 주님 안에서, 주님을 위해 하는 일로서 지속되어야 한다고 주장한다(58절). 어떻게 이 주장이 우리가 굳게 서서 흔들리지 않고 주님의 일을 하는 데 도움이 되는가?

10 당신이 믿음, 소망, 사랑으로 한 일 가운데 어떤 것이 새 하늘과 새 땅에서 변모되고 제자리를 찾아갈지 상상해보자.

요한계시록 7:13~17 읽기

11 신앙인들과 함께 새 하늘과 새 땅에서 가질 위대한 만남을 묘사해 보라. 우리는 어떤 경험을 할 것인가? 우리는 무슨 일을 할 것인가? 예수와 함께하면 어떨 것 같은가? 우리가 하프를 연주하면서 같은 찬송가를 백만 번이나 반복해서 불러야 하는 천국의 그림과는 어떻게 다른가?

12 영원한 삶은 지금의 삶에 어떤 영향을 미치는가?
내 친구 앵거스 건(Angus Gunn)은 죽기 전에 다음과 같은 편지를 남겼다.

나는 이 땅의 집에서 떠날 준비를 했다. 그것은 선택이 아니라 인생의 정상적인 과정이었다. 대부분의 동료 인간들보다 그 과정이 길었고 나는 매 순간을 감사했다. 내가 스물일곱 살이던 1947년의 성탄절에 나는 내 모든 삶의 꿈과 소망을 주님이자 구원자이신 예수 그리스도께 맡겨 드렸다. 주님과 교제한 이후로 내 삶에는 많은 기쁨이 찾아왔다. 나는 절대 뒤돌아보지 않았다. 관심은 넓어졌고 나 자신을 하나님 나라의 시민으로 보았다. 1947년으로부터 13년이 지난 뒤에 나는 루스(Ruth)를 만났는데, 그녀도 1947년 성탄절에 펜실베이니아에서 그리스도를 영접했다는 사실을 알게 되었다. 시간의 의식은 죽을 때 끝이 나므로, 지금 나는 예수께서 나를 위해 죽음과 부활로 얻은 새로운 인간됨 속에서 살아간다. 이러한 전환은 내가 지극히 사랑하고 오랫동안 나와 많은 인연을 나누던 것으로부터 떠나야 하므로 눈물겨웠다. 나는 새로운 인간됨에 대해 잘 알지 못한다. 나는 소멸하지 않을 것이며 내가 이 땅에서 예수에게서 배운 사랑과 목적을 유지하고 누릴 것이다. 또한, 땅에서는 알 수 없었던 엄청난 목적을 새롭게 발견할 것이다. 나는 내가 무엇을 남겨야 하는지 많이 생각한다. 사람들은 내가 떠날 때 무엇을 남기는지가 중요하다고 말한다. 다행히 루스와 나는 사랑스러운 두 자녀 헤더(Heather)와 앵거스 주니어(Angus Jr.)에게 물려줄 만한 것이 꽤 많다.

에필로그

추모사 : 영광스러운 죽음

앞서 보았던 나의 친구 브라이언 스미스는 루게릭병으로 세상을 떠났다. 나는 그가 마지막 몇 해 동안 남긴 일기를 편집해 《마지막 인사》(Closing Comments)라는 제목으로 출간하는 특혜를 얻었다. 그의 동생이자 과거에 나의 사업 동료이기도 했던 그레이엄(Graeme)은 브라이언의 무덤 옆에서 그의 일기를 낭독했다. 낭독한 내용은 내가 출간한 책에 실린 일기를 알맞게 요약한 것이다.

몇 년 전 어느 장례식에 참석했는데, 저는 추도 연설이 본질적으로 무언가 잘못되었다는 것을 깨닫게 되었습니다. 사랑하는 사람이 영원한 삶으로 들어가는 것을 축하하면서도 오히려 우리가 알고 있던 그의 인격 중 절반은 무시하고 있었습니다. 우리가 비난하거나 참아주던 그의 모난 성격은 저세상에서 치유되어야 할 것처럼 말했습니다. 저는 이에 대해 형 브라이언과 이야기를 나누었는데, 그는 평소처럼 제가 하려는 말을 바로 알아들었고, 우리는 이에 관해 꽤 자세히 생각을 나누었습니다. 마침내 우리는 제 통찰력이 장례식에서 도움이 될 거라 결론을 내렸습니다. 확실히 숨씨는 부족하지만 제가 브라이언의 전인격을 바라보는 통찰을 여러분과 나누고 싶습니다. 동시에 좀 더 자신감을 가지고 삶과 죽음과 시간과 영원이 엇갈리는 교차로에서 두 형제가 생각했던 바도 함께 나누고 싶습니다.

지난 몇 주 동안 저는 형과의 관계에 대해 많은 것을 생각했습니다. 머릿속에 '가까운'이라는 단어가 가장 먼저 떠올랐습니다. 하지만 '가까운'이라는 단어를 어떻게 정의해야 할지 자신에게 물었습니다. 지난 40년 동안 성인으로 살아오면서 우리 형제가 함께 한 일은 한 손에 꼽을 수 있었습니다. 만나서 나누는 이야기에 대해서는 생각이 비슷했지만, 유달리 우리가 가깝다고 느꼈던 부분은 우리가 실패자라는 확신이었습니다.

이제 브라이언을 아는 사람은 누구도 그를 실패자로 부르지 않을 것입니다. 여러분도 여러분의 장례식에 500~600명의 조문객이 모여들면 무언가 성공적인 인생을 살았다고 생각할 것입니다. 그러나 다른 사람이 나를 어떻게 생각하느냐와 내가 나를 어떻게 보느냐는 완전히 별개입니다. 다른 사람들이 나를 어떻게 생각하는지 내가 추측하는 바와 실제로 그들이 나를 생각하는 바는 확실히 다릅니다. 이러한 차이는 확실히 모든 종류의 복잡하고 모순되는 생각들을 깨버릴 것입니다. 이 현상의 근본에는 기독교 신학에서 원죄로 정의하는 그것이 존재합니다. 그런데 그것은 일반적으로 오해받고 있는 개념이기 때문에(그리고 여기서는 그것을 명확하게 정의할 시간이 없으므로), 저는 '분열된 자아'라는 면에서 이 근본적인 문제를 설명하고자 합니다.

애초부터 우리의 자의식은 분열로 특징지어집니다. 우리가 원하는 것과 우리의 부모님이 원하는 것 사이의 갈등은 유아기부터 시작합니다. 부모님의 승인을 얻기 위해 욕망의 감정적 영역에서 벌어지는 싸움은 결국 분열된 자아를 만들어 냅니다. 우리가 자라면서 이 자아상은 점차 복잡해집니다. 신체적 결점, 감정적 결핍, 지적 결함, 유전적 필연성과 영속성으로 인한 단점들은 모두 우리의 자아가 분열되는 원인으로 작용합니다. 마찬가지로 부모, 형제, 타인들의 무능과 실패가 우리의 어린 시절에 파괴적인 영향을 미치기도 합니다. 우리는 이처럼 결점이 있는 자아상을 보완하거나 감추기 위해 몹시 힘겹기만 하고 비효율적인 노력을 하며 살아가고 있습니다. 우리는 모두 이 문제로 고군분투하면서 각자 다른 성과를 내고 있습니다. 이러한 결함을 느끼지 않는 것처럼 보이는 소수의 사람은 크고 작게 '역사를 만들어' 갑니다. 그 반대편에는 분열된 상태로 마비된 채 쓰레기통을 뒤지거나 쇼핑 카트에 쓰레기를 가득 채우며 인생을 보내는 사람들이 있습니다. 우리 대부분은 빛과 어둠의 천사들이 뒤섞여 뒤죽박죽된 인생을 살아갑니다. 브라이언도 그런 사람 중 한 명이었습니다.

저의 형은 알다시피 아주 재미있는 사람이지만, 그의 풍자적이고, 아이러니하고, 때로는 냉소적인 유머가 그의 불만과 실패의 경험에서 비롯되었다는 사실을 아는 사람은 없을 것입니다. 저는 브라이언이 전설의 광대 엠멧 켈리(Emmett Kelly)처럼 아이들을 웃게 만드는 슬픈 얼굴의 광대였다고 생각합니다. 브라이언의 희극은 종종 웃음을 초월하고, 더 슬프고 더 깊이 있는 감동을 선사하며, 분열된 자아와 분투하는 우리의 모습을 드러냅니다.

그의 〈충돌 실험용 인체 모형〉(Crash Test Dummies) 콘서트는 충격적인 무대였습니다. 바바라 진(Barbara Jean)의 마지막 인생 몇 주 동안 콘서트가 진행되었는데, 그는 저에게 자신의 부족함, 혼란, 두려움이 자신을 위협하고 있어 절망을 깨뜨리기 위해 슈퍼맨의 모습을 버리고 더 좋은 방법을 찾아야 할 것 같다고 고백했습니다. 슈퍼맨의 망토는 임박한 상실에 대한 무력감을 덮고 하나님을 만족시키기 위한 하나의 방편이었는데, 저는 확실히 브라이언보다 그것을 더 잘 이해하고 있습니다.

저는 슈퍼맨의 모습으로 나타나지는 않았지만, 그 코믹한 순간보다도 더 기억에 남을 만한 다른 모습으로 나타났습니다. 브라이언이 60번째 생일 파티에 슈퍼맨 의상을 입고 전동 휠체어를 끌고 모습을 드러냈을 때, 그의 평생을 표현하는 데 이보다 더 좋은 비유는 없다고 생각했습니다. 타고난 비관주의와 실패감이라는 평생의 핸디캡이 '단번에 고층 빌딩을 뛰어넘으려는' 그의 시도를 좌절시키지는 않았습니다. 그의 정신은 항상 '높이, 높이, 더 멀리' 나아가고자 했고, 나는 그가 몸이 아플수록 성신은 더욱 솟구쳐

오른다고 생각했습니다. 이제 그의 주님은 그를 전혀 다른 세계로 '높이, 높이, 더 멀리' 데려가셨습니다!

만약 브라이언이 분열된 자아와 고군분투하는 자신을 돕기 위해 유머만 구사했다면, 우리는 그를 지난 이틀 동안 기리지 않았을 것입니다. 예수를 따르는 제자로서 그는 분열된 자아를 궁극적으로 회복하기 위해 예수의 무조건적 사랑에 있는 힘껏 손을 뻗었습니다.

저는 예수를 따르는 여러분 각자에 대해 잘 모릅니다만, 저는 거룩한 사랑의 효력이 일시적이라는 사실은 알고 있습니다. 브라이언도 마찬가지였습니다. 우리는 단지 그 사랑이 진짜이고 언젠가 우리는 온전히 부활의 능력을 경험하게 될 것이라는 소망을 강화하는 데까지 이해할 수 있습니다. 지금 여기서 우리가 그 사랑을 깨달을 수 있다고 과감하게 선언하는 사람들이 많지만, 아이러니컬하게도 그 선언에는 '조건'이 수반됩니다. 그러나 저는 결국 우리에게 해방과 자유의 순간을 주시는 분은 예수라고 생각합니다. 그 이유와 시기는 오로지 그분만 알고 있습니다.

브라이언이 세상을 떠난 날 아침에 장의사들이 시신을 옮긴 직후, 저는 린(Lynn)과 크레이그(Craig) 사이에 앉아 있었습니다. 크레이그는 그의 아버지가 그 순간에 무엇을 하고 있었을지 곰곰이 생각해 보았습니다. 린은 아버지가 폐 없이도 깊고 자유롭게 숨을 들이쉬고 내쉴 수 있다고 말했습니다. 이 순간에 저의 지배적인 감정은 슬픔보다 오히려 질투에 가까웠습니다. 이제 저의 형은 아무런 방해 없이 무조건적 사랑의 공기를 호흡할 수 있습니다. 만물의 주님께서 얼굴을 맞대고 브라이언에게 사랑의 눈빛을 보낼 때, 분열된 자아는 영원히 소멸되고, 이제 그는 상상도 못할 방식으로 솟구쳐 올라가고 있을 것입니다.[1]

참고문헌

*는 특별히 추천하는 책이다.

1 일반 문헌

Arn, Win, and Charles Arn. *Catch the Age Wave: A Handbook for Effective Ministry with Senior Adults*. Kansas City, MO.: Beacon Hill Press, 1999.

Arnold, Johann Christoph. *Rich in Years: Finding Peace and Purpose in a Long Life*. Walden, NY: The Plough Publishing House, 2013.

*Bianchi, Eugene. *Aging as a Spiritual Journey*. New York: Crossroad, 1984. 강력히 추천하는 노년에 관한 책.

Bolles, Richard. *The Three Boxes of Life: And How to Get Out of Them*. Berkeley, CA: Ten Speed Press, 1981. 평생 동안 공부, 일, 놀이를 지속할 수 있는 지혜를 탐구한 책.

Borrie, Cathie. *The Long Hello*. New York: Simon & Schuster, 2015.

Buford, Bob. *Half Time: Changing Your Game Plan from Success to Significance*. Grand Rapids: Zondervan, 1994. (《하프타임》, 국제제자훈련원 역간) 제목 그대로 이 책은 중년의 전환기에 관해 탐구한다.

Diehl, William E., and Judith R. Diehl. *It Ain't Over Till It's Over: A User's Guide to the Second Half of Life*. Minneapolis: Augsburg

Books, 2003. 은퇴의 다양한 측면에 관해 매우 실제적인 지침을 제공한다.

Fischer, Kathleen. *Winter Grace: Spirituality for Later Years*. Mahwah, NJ: Paulist Press, 1985.

Griffin, Emilie. *Souls in Full Sail: A Christian Spirituality for the Later Years*. Downers Grove, IL: InterVarsity Press, 2011.

Hanson, Amy. *Baby Boomers: Tapping the Ministry Talents and Passions of Adults over 50*. A Leadership Network Publication. San Francisco: Jossey-Bass, 2010.

*Houston, James. *The Mentored Life: From Individualism to Personhood*. Colorado Springs: NavPress, 2002. (《멘토링 받는 삶》, 한국기독학생회출판부 역간) 관계의 영적 측면을 실질적으로 고찰한 책.

*Houston, James M., and Michael Parker. *A Vision for the Aging Church: Renewing Ministry for and by Seniors*. Downers Grove, IL: IVP Academic, 2011. 치매에 관한 중요한 의학적 관점과 함께 노인을 원로로 바꾸는 운동을 살펴보고 있다.

*Johnson, Richard. *Caring for Aging Parents: Straight Answers That Help You Serve Their Needs without Ignoring Your Own*. St. Louis, MO: Concordia Publishing House, 1995.

___. *Creating a Successful Retirement*. Liguori, MO: Liguori, 1999.

___. *Parish Ministry for Maturing Adults: Principles, Plans and Bold Proposals*. New London, CT: Twenty-Third Publications, 2007.

Koenig, Harold G. *Aging and God: Spiritual Pathways to Mental*

Health in Midlife and Later Years. New York: Haworth Pastoral Press, 1994.

*Kruschwitz, Robert, ed. *Aging: Christian Reflection*. Waco, TX: The Center for Christian Ethics at Baylor University, 2003. 이 책은 소명, 영성, 노인을 돌보는 것에 관해 탐구하는 장과 노년 문학을 살펴보는 장이 수록되어 있다.

Maitland, David J. *Aging as Counterculture*. New York: Pilgrim Press, 1991. 노년의 경험을 반문화로 해석하는 책.

Menconi, Peter. *The Intergenerational Church: Understanding Congregations from WWII to WWW.com*. Littleton, CO: Mt. Sage Publishing, 2010.

Moberg, David O. *Aging and Spirituality*. New York: Haworth Pastoral Press, 2001.

Nash, Laura, and Howard Stevenson. *Just Enough: Tools for Creating Success in Your Work and Life*. Hoboken, NJ: John Wiley and Sons, 2004. 이 책은 노년을 다루지는 않지만, 온전하고 성공적인 인생을 살아가는 것이 무엇인지 깊이 성찰하고 있다.

Nelson, John, and Richard Bolles. *What Color Is Your Parachute for Retirement*. Berkeley, CA: Ten Speed Press, 2010. 《나를 명품으로 만들어라》, 북플래너 역간) 은퇴를 재조명하는 고전적인 책.

Neuhaus, Richard. *The Eternal Pity: Reflections on Dying*. Notre Dame: University of Notre Dame Press, 2000. 죽음에 관한 깊이 있는

명상을 제공한다.

Nouwen, Henri J. M. *Our Greatest Gift: A Meditation on Dying and Caring*. New York: HarperOne, 1994. (《죽음, 가장 큰 선물》, 홍성사 역간)

___. *A Spirituality of Caregiving*. Nashville, TN: Upper Room Books, 2011.

*Nouwen, Henri J. M., and Walter J. Gaffney. *Aging*. New York: Doubleday, 1974. (《노인의 영광은 백발》, 한국기독교연구소 역간)

*Packer, James I. *Finishing Our Course with Joy*. Wheaton, IL: Crossway, 2014. 인생을 잘 마무리하는 알짜배기 방법을 알려준다.

Palmer, Parker J. *Let Your Life Speak: Listening for the Voice of Vocation*. San Francisco: Jossey-Bass, 2000. (《삶이 내게 말을 걸어 올 때》, 한문화 역간) 이 책은 노년을 다루지는 않지만 인생의 배움에 관한 많은 통찰을 제공한다.

Parsley, Ross. *Messy Church: A Multigenerational Mission for God's Family*. Colorado Springs, CO: David C. Cook, 2012.

*Penfield, Wilder. *The Second Career: The Other Essays and Addresses*. Boston: Little, Brown & Co., 1963. 은퇴 이후의 소명을 다룬 오래된 책.

Rohr, Richard. *Falling Upward: A Spirituality for the Two Halves of Life*. San Francisco: Jossey-Bass, 2011. (《위쪽으로 떨어지다》, 국민북스 역간) 인생의 전반전과 후반전에 관해 충실하게 다루고 있는 책.

Sell, Charles. *Transitions: The Stages of Adult Life*. Chicago: Moody,

1985.

*Small, Dwight Hervey. *When Christians Retire: Finding Your Purpose in the Bonus Years*. Kansas City, MO: Beacon Hill Press, 2000. 성경, 기독교 전통, 저자의 경험을 바탕으로 은퇴를 탁월하게 고찰한 책.

Smith, Gordon. *Courage and Calling: Embracing Your God-Given Potential*. Downers Grove, IL: IVP Books, 1999. 제목 그대로 이 책은 소명을 통찰하는 법을 다룬다.

Stevens, R. Paul. "Death." In *Down-to-Earth Spirituality*. Downers Grove, IL: InterVarsity Press, 2003. (《내 이름은 야곱입니다》, 죠이선교회 역간) 야곱에 관한 책에서 죽음을 다루는 장에 해당한다.

___. *Work Matters: Lessons from Scripture*. Grand Rapids: Eerdmans, 2012. (《일의 신학》, 도서출판 CUP 역간) 창세기부터 요한계시록까지 일에 관한 성경적 관점을 탐구한다.

Thibault, Jane M., and Richard L. Morgan. *Pilgrimage into the Last Third of Life: Seven Gateways for Spiritual Growth*. Nashville: Upper Room Books, 2012.

Thomas, Bill. Second Wind: *Navigating the Passage to a Slower, Deeper, and More Connected Life*. New York: Simon & Schuster, 2014.

*Tournier, Paul. *Learn to Grow Old*. Trans. Edwin Hudson. Louisville: Westminster John Knox Press, 1991. (《꿈꾸는 어른》, 한국장로교출판사 역간) 경험과 영적 통찰을 바탕으로 나이듦에 관해 살펴본 책.

___. *The Seasons of Life*. Eugene, OR: Wipf and Stock, 2012. (《인생의 계절들》, 쉼 역간)

Trueblood, E. *The Common Ventures of Life: Marriage, Birth, Work, and Death*. New York: Harper & Row, 1949.

*Wright, Walter C. Jr., and Max De Pree. *The Third Third of Life: Preparing for Your Future*. Downers Grove, IL: InterVarsity Press, 2012. 많은 자료와 활동 지침이 수록된 스터디 가이드.

2 신학 관련 문헌

Cullmann, Oscar. *Immortality of the Soul or Resurrection of the Dead?* London: Epworth, 1958. 죽음 이후의 삶에 관한 그리스적 관점과 성경적 관점의 차이를 탐구한 책.

*Hauerwas, Stanley et al., eds. *Growing Old in Christ*. Grand Rapids: Eerdmans, 2003. 노년에 관한 성경 연구에 도움이 될 만한 여러 자료와 초기 교회의 문헌이 수록되어 있다.

Lyon, K. Brynolf. *Toward a Practical Theology of Aging*. Philadelphia: Fortress Press, 1985. 다소 예전의 책이지만 나이듦의 신학에 관한 성경과 신학 자료를 제공한다.

*Meilaender, Gilbert. *Should We Live Forever? The Ethical Ambiguities of Aging*. Grand Rapids: Eerdmans, 2013. 무기한 연명 치료에 관해 신학적으로 깊이 분석한 책.

*Wolff, Hans Walter. *Anthropology of the Old Testament*. Trans. Margaret Kohl. Philadelphia: Fortress Press, 1974. 젊음, 나이듦, 그리고 삶의 단계에 관한 훌륭한 성경 연구서.

3 고전 문헌

*Baxter, Richard. *The Saints' Everlasting Rest*. Ed. John T. Wilkinson. Vancouver: Regent College Publishing, 1962/2004. (《성도의 영원한 안식》, 크리스천다이제스트 역간)

Bunyan, John. *Pilgrim's Progress*. Ed. Roger Sharrock. Harmondsworth, UK: Penguin, 1965/1984. (《천로역정》, 크리스천다이제스트 역간)

Donne, John. *Devotions upon Emergent Occasions*. Ann Arbor: University of Michigan Press, 1624/1959.

*Hancock, Maxine. "Aging as a Stage of the Heroic Pilgrimage of Faith: Some Literary and Theological Lenses for 'Revisioning' Age." *Crux* 47, no. 1 (Spring 2011).

*Perkins, William. "Treatise on Calling." In I. Breward, ed., *The Courtenay Library of Reformation Classics, III: The Work of William Perkins*. Appleford, UK: The Sutton Courtenay Press, 1970.

Stannard, David E. *The Puritan Way of Death*. New York: Oxford University Press, 1977.

Taylor, Jeremy. *Holy Living and Dying: With Prayers Containing the Complete Duty of a Christian*. New York: D. Appleton, 1989.

4 학제 간 연구 문헌

Adams, Michael. *Stayin' Alive: How Canadian Baby Boomers Will Work, Play, and Find Meaning in the Second Half of Their Adult Lives*. Toronto: Penguin Group/Viking Canada, 2010.

Bibby, Reginald W. *The Boomer Factor: What Canada's Most Famous Generation Is Leaving Behind*. Toronto: Bastion Books, 2006.

Bouwer, J., ed. *Successful Ageing, Spirituality, and Meaning: Multidisciplinary Perspectives*. Leuven, Holland: Peeters, 2010. 사회학, 심리학, 윤리학, 인류학, 영성학 등 학술적인 글을 모아놓았다. 노년에 관한 실천신학적인 관점에서 '관계적 존재'로서 인간의 존엄성을 발견하는 글(존커스 지음)이 특히 탁월하다.

Bridges, William. *Transitions: Making Sense of Life's Changes*. 2nd ed. Boston: Da Capo Press, 2004. (《내 삶에 변화가 찾아올 때》, 물푸레 역간)

Dychtwald, Ken, and Dan Kadlec. *The Power Years: A User's Guide to the Rest of Your Life*. Hoboken, NJ: Wiley, 2005.

Freedman, Marc. *Encore: Finding Work That Matters in the Second Half of Life*. New York: Perseus Books, 2007. (《앙코르》, 프런디이 역간)

Gurian, Michael. *The Wonder of Aging: A New Approach to Embracing Life after Fifty*. New York: Atria Books/Simon & Schuster, 2013.

Jacobs, Ruth Harris. "Becoming Sixty." In Sandra Martz, ed., *When I Am an Old Woman*. Watsonville, CA.: Papier-Mache Press, 1991.

Kelcourse, Felicity, ed. *Human Development and Faith: Life-Cycle Stages of Body, Mind, and Soul*. Atlanta: Chalice Press, 2004.

Kimble, M. A. et al., eds. *Aging, Spirituality, and Religion*. Minneapolis: Augsburg Fortress, 1995. 다수의 저자가 다양한 신학적 관점으로 노년 목회, 공동체 아웃리치 등을 쓴 방대한 분량의 책이다. 릴리 인다우먼트가 후원하는 다학문 간 컨퍼런스에서 발표된 내용을 기초로 했다.

Koenig, Harold G. *Aging and God: Spiritual Pathways to Mental Health in Midlife and Later Years*. London: Routledge, 1994.

Orr, Robert D. *Medical Ethics and the Faith Factor: A Handbook for Clergy and Health Care Professionals*. Grand Rapids: Eerdmans, 2009.

Thomas, William H. *What Are Old People For? How Elders Will Save the World*. Acton, MA: Vander Wyk and Burnham, 2004.

*Vaillant, George. *Aging Well*. New York: Little, Brown, 2002. (《10년 일찍 늙는 법 10년 늦게 늙는 법》, 나무와숲 역간) 성공적인 노년에 관해 가치 있는 결론을 도출하는 매우 중요한 연구서. 기본적인 교과서이기도

하다.

*Young, Michael, and Tom Schuller. *Life after Work: The Arrival of the Ageless Society*. London: HarperCollins, 1991. 영국에서 출간된, 일과 노년이라는 주제를 다룬 책.

Zelinski, Ernie J. *The Joy of Not Working: A Book for the Retired, Unemployed, and Overworked*. Berkeley, CA: Ten Speed Press, 2003. (《적게 일하고 많이 놀아라》, 물푸레 역간)

5 타종교 문헌

*Chittister, Joan. *The Gift of Years: Growing Older Gracefully*. Katonah, NY: BlueBridge, 2008. (《세월이 주는 선물》, 문학수첩 역간) 노년에 관한 여러 주제를 유신론적 관점에서 탐구한 책.

Richmond, Lewis. *Aging as a Spiritual Practice: A Contemplative Guide to Growing Older and Wiser*. New York: Gotham Books, 2012. 노년에 관해 불교적 관점에서 살펴본 책.

*Schachter-Shalomi, Zalman, and Ronald S. Miller. *From Age-ing to Sageing: A Revolutionary Approach to Growing Older*. New York: Grand Central Publishing, 1995. 노년에 관해 유대교적 관점으로 접근한 책.

6 장애 관련 신학 문헌

Brock, Brian, and John Swinton. *Disability in the Christian Tradition: A Reader*. Grand Rapids: Eerdmans, 2012.

Dawn, Marva J. *Being Well When We Are Ill: Wholeness and Hope in Spite of Infirmity*. Minneapolis: Fortress Press, 2008.

Reinders, Hans S. *Receiving the Gift of Friendship: Profound Disability, Theological Anthropology, and Ethics*. Grand Rapids: Eerdmans, 2008.

Reynolds, Thomas E. *Vulnerable Communion: A Theology of Disability and Hospitality*. Grand Rapids: Baker, 2008.

Yong, Amos. *The Bible, Disability, and the Church: A New Vision of the People of God*. Grand Rapids: Eerdmans, 2011.

주

프롤로그

1. Paul Tournier, *Learn to Grow Old*, trans. Edwin Hudson (Louisville, KY: Westminster John Knox Press, 1972), p. 19. (《꿈꾸는 어른》, 한국장로교출판사 역간)

2. Abraham J. Heschel, *The Insecurity of Freedom* (New York: Schocken Books, 1972), 71~72. 다음 책에서 인용됨. James M. Houston and Michael Parker, *A Vision for the Aging Church: Renewing Ministry for and by Seniors* (Downers Grove, IL: IVP Academic, 2011), p. 55.

3. George Vaillant, *Aging Well* (New York: Little, Brown, 2002), p. 23. (《10년 일찍 늙는 법 10년 늦게 늙는 법》, 나무와숲 역간)

4. Walter C. Wright, *The Third Third of Life: Preparing for Your Future* (Downers Grove, IL: InterVarsity Press, 2012), p. 33.

5. 다음의 책을 보라. Richard John Neuhaus, ed., *The Eternal Pity: Reflections on Dying* (Notre Dame: University of Notre Dame Press, 2000).

6. Heschel, *The Insecurity of Freedom*, 71~72. 위 내용을 다음의 책에서

인용함. Houston and Parker, *A Vision for the Aging Church*, p. 55.

7. 다음 책에서 인용함. Zalman Schachter-Shalomi, *From Age-ing to Sage-ing* (New York: Grand Central Publishing, 1995), pp. 21~22.

8. Schachter-Shalomi, *From Age-ing to Sage-ing*, p. 4.

9. Houston and Parker, *A Vision for the Aging Church*, p. 35.

10. Wright, *The Third Third of Life*, p. 9.

11. Wright, *The Third Third of Life*, p. 16.

12. Wright, *The Third Third of Life*, p. 19.

13. Carol Bailey Stoneking, "Modernity: The Social Construction of Aging," in Stanley Haurerwas et al., *Growing Old in Christ* (Grand Rapids: Eerdmans, 2003), p. 69.

14. Augustine, *City of God*, 1.11(《하나님의 도성》, 크리스천다이제스트 역간), 다음 책에서 인용함. Rowan Greer, "Special Gift and Special Burden: Views of Old Age in the Early Church," in Stanley Hauerwas et al., *Growing Old in Christ* (Grand Rapids: Eerdmans, 2003), p. 23.

15. Lewis Richmond, *Aging as a Spiritual Practice: A Contemplative Guide to Growing Older and Wiser* (New York: Gotham Books, 2012), p. 175.

16. Richmond, *Aging as a Spiritual Practice*, p. 175.

17. Schachter-Shalomi, *From Age-ing to Sage-ing*, pp. 43~44.

18. Yuk Shuen Wong and Paul Pearce, "Factors Contribution to

Healthy Aging," *BC Psychologist*, Vol. 3, Issue 2 (2014), pp. 11~12.

1 은퇴를 재구성하라

1. 다음 책에서 인용함. Dwight Hervey Small, *When Christians Retire: Finding Your Purpose in the Bonus Years* (Kansas City, MO: Beacon Hill Press, 2000), p. 5.

2. James M. Houston and Michael Parker, *A Vision for the Aging Church: Renewing Ministry for and by Seniors* (Downers Grove, IL: IVP Academic, 2011), p. 23.

3. 10년 전 통계를 보면 다음과 같다. "지금 65세 부부를 기준으로 네 쌍 중 한 쌍은 97세까지 살 것이고, 두 쌍 중 한 쌍은 92세까지 살 것이다. 오늘날 캐나다인의 평균 수명은 남자가 78세, 여자가 82세이다." Fidelity Investments, Viewpoint-Retirement Issues Consumer Research Report, 2003 and World Health Organization, www3.who.int, 2003, 다음 책에서 인용함. *How Will You Spend the Rest of Your Life* (BMO Financial Group). 노인의 기대 수명은 높아지지만 안타깝게도 젊은 사람들의 수는 줄어들고 있다.

4. 다음 책에서 인용함. Zalman Schachter-Shalomi, *From Age-ing to Sage-ing: A Profound New Vision of Growing Older* (New York: Grand Central Publishing, 1995), pp. 207~208.

5. Andrew Allentuck, *Financial Post*, September 7, 2013, 다음 사이트에서 인용함. http://www.vancouversun.com/business/Frugal+to

uple+want+year+plus+retirement/8882784/story.html (accessed July 10, 2014).

6. Statistics Canada, 다음 책에서 인용함. *How Will You Spend the Rest of Your Life?* (BMO Financial Group).

7. George E. Vaillant, *Aging Well* (New York: Little, Brown, 2002), p. 222.

8. Vaillant, *Aging Well*, p. 223.

9. "Navigating the Retirement Landscape," *The Vancouver Sun* (June 17, 2014), section A3. 이 책에서는 노후 준비를 위한 재정과 관련된 조언은 하지 않지만, 정부가 운영하는 공적 연금이나 자신이 근무해 온 조직, 개인 저축, 투자와 관련된 사적 연금을 통해 노후 자금을 얻을 수 있다는 사실을 적절히 언급하고 있다. 젊을 때 일하는 동안 얼마만큼 자금을 남겨 놓아야 노후에 죽기 전까지 적당한 기간 먹고 살 수 있는지 계산하는 복잡한 공식이 발전해왔다. 이는 보통 보험 통계표에 따라 산출된다. 이 계산에 따르면 평균 한 사람당 봉급의 35%를 남겨 놓아야 한다고 하는데, 대부분은 불가능하기에 많은 사람이 은퇴한 이후에도 가능하면 계속 일을 하고 있다.

10. Joan Chittister, *The Gift of Years: Growing Older Gracefully* (Katonah, NY: Bluebridge, 2008), p. 9. (《세월이 주는 선물》, 문학수첩 역간)

11. Vaillant, *Aging Well*, pp. 224, 238~239.

12. Small, *When Christians Retire*, pp. 22~23.

13. Lewis Richmond, *Aging as a Spiritual Practice: A Contemplative Guide to Growing Older and Wiser* (New York: Gotham Books, 2012), p. 57.
14. Bianchi, *Aging as a Spiritual Journey* (Eugene, OR: Wipf and Stock, 2011), p. 191.
15. Bianchi, *Aging as a Spiritual Journey*, p. 60.
16. Bianchi, *Aging as a Spiritual Journey*, p. 62.
17. Bianchi, *Aging as a Spiritual Journey*, p. 157.
18. Schachter-Shalomi, *From Age-ing to Sage-ing*.
19. Schachter-Shalomi, *From Age-ing to Sage-ing*, p. 207.
20. Vaillant, *Aging Well*, pp. 114~115.
21. 미로슬라브 볼프는 노동을 이렇게 정의한다. 노동은 참되고, 목적이 있고, 방법론적으로 구체적인 사회 활동으로, 그것의 주된 목표는 일하는 개인들이나 그의 동료들의 필요를 만족시킬 수 있는 제품 또는 상태를 창조하는 것이다. 또는 (목적 그 자체로 중요하다면) 활동 자체의 필요와는 별개로 일하는 개인의 필요를 만족시키기 위해 필요로 하는 활동을 가리킨다. Miroslav Volf, *Work in the Spirit: Toward a Theology of Work* (New York: Oxford University Press, 1991), pp. 10~11.
22. Judy Stoffman, "Mighty Brain Helped Avert Apollo 13 Tragedy," *Globe and Mail* (July 24, 2014): S10.
23. 성경 전체를 통해 우리는 노동자로 나타나는 하나님의 여러 이미지를 확인할 수 있다. 목자(시 23편), 옹기장이(렘 18:6), 의사(마 8:16), 교

사(잠 143:10), 포도나무 과수원 관리자(사 5:1~7) 등. 하나님은 이 50억 광년의 우주가 시작될 때 그랬던 것처럼 지금도 창조하고, 지속하고, 구원하고, 완성하시는, 활동적이고 창의적인 분이다. 다음의 책을 보라. Robert Banks, *God the Worker: Journeys into the Mind, Heart and Imagination of God* (Valley Forge, PA: Judson Press, 1994).

24. Chittister, *The Gift of Years*, p. 53.

25. 죄의 영향력이 만연함에도 하나님은 그리스도를 통해 창조 질서 전체를 구원하셨다(골로새서 1:15~20에서 창조와 구원에 관해 '만물'이라는 단어를 반복해서 사용한 것에 주목하라). 인간을 제외하고 피조물은 종노릇 한 데서 해방될 날을 기다린다(롬 8:19~23). 하나님의 구원이 전 우주적이라는 것은 인간의 노동을 포함해 죄와 저주의 영향을 받는 모든 만물이 구원될 수 있다는 것을 의미한다. 성령의 능력으로 주의 백성이 일터에 그분의 임재(마 5:16~17)와 거룩한 가치(시 16:11, 마 5:13~17, 잠 20:10, 암 5:10~12)를 가져올 때 하나님은 교회를 통해 노동을 구원하신다. 분명히 비윤리적이고 부도덕하고 착취적인 행위는 하나님의 나라에 들어설 자리가 없다.

26. Dietrich Bonhoeffer, *Life Together*, trans. John W. Doberstein (New York: Harper and Row, 1954), p. 70. (《성도의 공동생활》, 복있는사람 역간)

27. 예수가 다시 오실 때 그리스도인은 복음 전도나 교회와 직접 관련된 일뿐만 아니라 하나님이 주신 자원, 즉 물적 자원, 재능, 훈련, 기술 등을 충실하게 사용했는지 평가받을 것이다(마 25:31~36). 이 평가 기준은 하

나님께서 우리에게 기대하시는 바를 더 넓은 관점에서 보게 하고, 그리하여 현재 우리 인간의 일을 다양한 자격으로 검증하게 한다.

28. Kenneth S. Kantzer, "God Intends His Precepts to Transform Society," in Richard C. Chewning, ed., *Biblical Principles & Business* (Colorado Springs: NavPress, 1989), p. 24. (《성경의 경영 원리》, 한국장로교출판사 역간)

29. Eugene H. Peterson, *Christ Plays in Ten Thousand Places: A Conversation in Spiritual Theology* (Grand Rapids: Eerdmans, 2005), p. 127. (《현실, 하나님의 세계》, 한국기독학생회출판부 역간)

30. R. Paul Stevens and Alvin Ung, *Taking Your Soul to Work: Overcoming the Nine Deadly Sins of the Workplace* (Grand Rapids: Eerdmans, 2010). (《일삶구원》, 한국기독학생회출판부 역간)

31. 암 9:13, 미 4:3 이하, 사 11:1, 호 2:18~23.

32. 계 5:9, 21:24, 26.

33. 고전 13:13, 살전 1:2~3.

34. Eugene H. Peterson, *The Message* (Colorado Springs: NavPress, 2002), p. 2264. (《메시지》, 복있는사람 역간)

35. Derek Kidner, *Proverbs* (Downers Grove, IL: InterVarsity Press, 1972), pp. 42-43. (《잠언》, 기독교문서선교회 역간)

36. Augustine, *The Literal Meaning of Genesis*, vol. 2, no. 42, Ancient Christian Writers, trans. John Hammond Taylor (New York: Newman Press, 1982), p. 46.

2 인생 후반기의 소명은 매우 중요하다

1. Carl Jung, in Paul Tournier, *Learn to Grow Old* (Louisville: Westminster John Knox Press, 1991), p. 11. (《꿈꾸는 어른》, 한국장로교출판사 역간)

2. Karl Barth, *Church Dogmatics* III/4 (Edinburgh: T&T Clark, 1961), pp. 607~618. (《교회 교의학》, 대한기독교서회 역간)

3. Adapted from Gilbert Meilaender, "Mortality," *First Things* 10 (February 1991): 14~21.

4. 다음에 나오는 내용 중 일부는 이 책에서 나온다. R. Paul Stevens, "Vocational Guidance," in Robert Banks and R. Paul Stevens, eds. *The Complete Book of Everyday Life* (Downers Grove, IL: InterVarsity Press, 1997), pp. 1078~1085.

5. Os Guinness, *The Call: Finding and Fulfilling the Central Purpose of Your Life* (Nashville: Word Publishing, 1998), p. 10. (《소명》, 한국기독학생회출판부 역간)

6. Augustine, *Confessions*, trans. Henry Chadwick (Oxford: Oxford University Press, 1998), p. 3. (《고백록》, 크리스천다이제스트 역간)

7. 고전 7:15, 갈 5:13, 엡 4:4, 골 3:15, 살전 4:7, 딤후 1:9.

8. 출 19:6, 사 41:2, 42:6, 마 4:21, 막 3:13~14, 엡 4:1, 벧전 2:9~10.

9. 눅 10:38~42.

10. Walter Hilton, *Toward a Perfect Love*, trans. David L. Jeffrey (Portland: Multnomah, 1985), pp. 8~9.

11. 다음 내용의 일부는 다음 글에서 나왔다. R. Paul Stevens, "Calling," in Banks and Stevens, *The Complete Book of Everyday Christianity*, pp. 97~102.

12. John Calvin, *Institutes of the Christian Religion*, 2 vols., ed. J. T. McNeill, trans. F. L. Battles (Philadelphia: Westminster, 1960), Opera, XLI, p. 300. (《기독교 강요》, 크리스천다이제스트 역간)

13. J. Campbell White, "The Layman's Missionary Movement," in *Perspectives on the World Christian Movement*, ed. Ralph D. Winter and Steven C. Hawthorne (Pasadena, CA: William Carey Library, 1981), p. 22, (《퍼스펙티브스》, 예수전도단 역간) 다음 책에서 인용함. James M. Houston and Michael Parker, *A Vision for the Aging Church: Renewing Ministry for and by Seniors* (Downers Grove, IL: IVP Academic, 2011), p. 225.

14. Tournier, *Learn to Grow Old*, p. 18.

15. Tournier, *Learn to Grow Old*, p. 17.

16. 다음의 글을 보라. Tournier, "A Second Career," in *Learn to Grow Old*, pp. 122~168.

17. Tournier, *Learn to Grow Old*, p. 11.

18. Elizabeth O'Connor, *The Eighth Day of Creation* (Waco, TX: Word, 1971), pp. 14~15.

19. Gordon Jones and Rosemary Jones, *Naturally Gifted: A Self-Discovery Workbook* (Downers Grove, IL: InterVarsity Press, 1993).

20. 다음 책에서 인용함. Peter Brown, *Augustine of Hippo: A Biography* (Berkeley and Los Angeles: University of California Press, 1967/2000), p. 101. (《아우구스티누스》, 새물결 역간)

21. Tournier, *Learn to Grow Old*, p. 155.

22. William Perkins, "A Treatise on Callings," *The Workes of That Famous Minister of Christ in the University of Cambridge, Mr. William Perkins* (London: John Legatt, 1626), p. 171.

23. Perkins, "A Treatise on Callings," p. 756.

24. Perkins, "A Treatise on Callings," p. 760.

25. Perkins, "A Treatise on Callings," p. 762.

26. Perkins, "A Treatise on Callings," p. 766.

27. Perkins, "A Treatise on Callings," p. 770.

28. Perkins, "A Treatise on Callings," p. 773.

29. Perkins, "A Treatise on Callings," p. 779.

30. 다음 책에서 인용함. George E. Vaillant, *Aging Well* (New York: Little, Brown, 2002), p. 3.

3 인생 후반기의 소명과 하나님의 사람들

1. M. Therese Lysaught, "Memory, Funerals, and the Communion of Saints," in Stanley Hauerwas et al., eds., *Growing Old in Christ* (Grand Rapids: Eerdmans, 2003), p. 292.

2. George E. Vaillant, *Aging Well* (New York: Little, Brown, 2002), p.

144.

3. 신명기 21:2~6, 19절 이하, 22:15~18, 25:7~9, 룻기 4:2, 4, 9, 예레미야 26:17.

4. Hans Walter Wolff, *Anthropology of the Old Testament* (Philadelphia: Fortress Press, 1974), p. 124.

5. Wolff, *Anthropology*, pp. 125~126.

6. Richard Hays and Judith Hays, "The Christian Practice of Growing Old," in Hauerwas, *Growing Old in Christ*, p. 5.

7. Hays and Hays, "The Christian Practice of Growing Old," p. 5.

8. Hays and Hays, "The Christian Practice of Growing Old," p. 11.

9. Eugene C. Bianchi, *Aging as a Spiritual Journey* (Eugene, Ore.: Wipf and Stock, 2011), p. 131.

10. 다음 책에서 인용함. Bianchi, *Aging as a Spiritual Journey*, p. 164.

11. Hays and Hays, "The Christian Practice of Growing Old," p. 17.

12. Derek Kidner, *Genesis: The Tyndale Old Testament Commentaries* (Downers Grove, IL: InterVarsity Press, 1967), p. 117.

13. Kidner, *Genesis*, p. 117.

14. 리처드 헤이스와 주디스 헤이스는 예수가 젊은 나이 죽었다는 사실에 대해 다음과 같이 깊이 묵상한다. "젊을 때처럼 나이들 때도 그리스도인들은 주 예수 그리스도를 일상의 삶과 인간관계에서 자신의 모델로 삼는다." Hays and Hays, "The Christian Practice of Growing Old," pp. 17~18.

15. 브루스 왈트케(Bruce Waltke)는 "네 손을 내 허벅지 아래에 넣고"라는 말은 생식기의 완곡한 표현이라고 말한다(창 46:26, 출 1:5, 삿 8:30). "죽음을 앞두고 족장들은 맹세를 통해 삶의 근원에 대한 자신의 의지를 지켰다(창 47:29을 보라). 이런 제스처를 취하는 이유는 불분명하지만, 아마도 이 맹세는 하나님께서 약속하신 후세에 대한 확실성을 포함하고 있다고 본다." Bruce K. Waltke, *Genesis: A Commentary* (Grand Rapids: Zondervan, 2001), p. 327.

16. 이 놀라운 문구는 신학자 칼 바르트에게서 빌려왔다.

17. Gordon Tucker, "Jacob's Terrible Burden: In the Shadow of the Text," *Bible Review* (June 1994): 25~26.

18. 터커는 "슬프게도"(원서에는 'to my sorrow'라고 나오지만, 개역개정판 성경 창세기 48:7에서는 이 부분이 번역되지 않았다. - 역자 주)가 "나 때문에 죽었다"로 번역될 수 있다고 말한다. 따라서 창세기 48장 7절은 다음과 같이 바꿀 수 있다. "내가 밧단에서 올 때 라헬이 나를 따르는 도중 가나안 땅에서 나 때문에 죽었는데, 그곳은 에브랏까지 길이 아직도 먼 곳이라." 터커는 야곱이 라헬의 죽음에 대한 죄책감을 내려놓기 전까지는 죽을 수 없었다고 주장한다. "야곱이 원하는 것은 솔직히 고백하는 것이었지만, 그는 임종 자리에서 자신이 요셉의 어머니를 죽였다고 차마 말할 수 없었다. 그래서 '갑자기 죽었다', '슬프게도 죽었다'와 같은 표현을 사용했지만, 사실상 라헬이 '나 때문에 죽었다'라는 말을 한 것이나 다름없었다." 터커는 "야곱이 정교하게 모호한 말을 함으로써 요셉 앞에서 짐을 내려놓는 동시에 숨기고 싶은 사실을 감춘 것 같다"라고 말한다.

우리는 창세기 48장 7절의 수수께끼 같은 말을 이런 식으로 이해할 수밖에 없다. (Tucker, "Jacob's Terrible Burden," p. 28).

19. "이스라엘의 하나님 여호와를 찬송하리로다 여호와께서 오늘 내 왕위에 앉을 자를 주사 내 눈으로 보게 하셨도다"(왕상 1:48).

20. Alex Miller, *Landscape of Farewell* (Crows Nest, NSW, Australia: Allen & Unwin, 2008), p. 120.

21. James M. Houston and Michael Parker, *A Vision for the Aging Church: Renewing Ministry for and by Seniors* (Downers Grove, IL: IVP Academic, 2011), pp. 197~199.

22. Zalman Schachter-Shalomi, *From Age-ing to Sage-ing: A Profound New Vision of Growing Older* (New York: Grand Central Publishing, 1995).

23. Houston and Parker, *A Vision for the Aging Church*, p. 225.

24. Matt Kitchener, "Stories of Our Life: An Intergenerational Storytelling Project with West Point Grey Baptist Church," for "Aging Matters" course (DMPM 949), Carey Theological College, Vancouver, BC, December 12, 2014.

4 영적 여정으로서의 나이듦

1. Matthew the Poor, *Orthodox Prayer Life: The Interior Way* (Crestwood, NY: St. Vladimir's Seminary Press, 2003), p. 164.

2. Eugene C. Bianchi, *Aging as a Spiritual Journey* (Eugene, OR: Wipf

and Stock, 2011), p. 190.

3. George Vaillant, *Aging Well* (New York: Little, Brown, 2002), p. 278.

4. Malcolm Cowley, *The View from Eighty* (New York: Viking Press, 1980), pp. 3, 4, 41, cited in Vaillant, *Aging Well*, p. 160.

5. Segundo Galilea, *The Way of Living Faith: A Spirituality of Liberation* (San Francisco: Harper and Row, 1988), p. 20.

6. Simone Weil, *Waiting on God: The Essence of Her Thought*, trans. Emma Craufurd (London: Collins, 1959), p. 91. (《신을 기다리며》, 이제이북스 역간)

7. Dallas Willard, *The Spirit of the Disciplines: Understanding How God Changes Lives* (San Francisco: Harper and Row, 1988), p. 156. (《영성 훈련》, 은성 역간)

8. Keith G. Meador and Shaun C. Henson, "Growing Old in a Therapeutic Culture," in Stanley Hauerwas et al., eds., *Growing Old in Christ* (Grand Rapids: Eerdmans, 2003), p. 90.

9. Meador and Henson, "Growing Old," p. 95.

10. Meador and Henson, "Growing Old," p. 98.

11. Meador and Henson, "Growing Old," p. 110.

12. Bianchi, *Aging as a Spiritual Journey*, p. 17.

13. Bianchi, *Aging as a Spiritual Journey*, p. 31.

14. 다음 책에서 인용함. Zalman Schachter-Shalomi, *From Age-ing to*

Sage-ing: A Profound New Vision of Growing Older (New York: Grand Central Publishing, 1995), p. 85.

15. 다음 책에서 인용함. Janice Brewi and Anne Brennan, *Mid-Life: Psychological and Spiritual Perspectives* (New York: Crossroad, 1982), p. 19

16. C. G. Jung, "Stages of Life," in *The Structure and Dynamics of the Psyche*, vol. 8 of *Collected Works of C. G. Jung*, trans. R. F. C. Hull (Princeton: Princeton University Press, 1960), p. 783, 다음 책에서 인용함. Sue Monk Kidd, *When the Heart Waits: Spiritual Direction for Life's Sacred Moments* (San Francisco: HarperSanFrancisco, 1990), p. 9. (《기다림》, 복있는사람 역간)

17. Carl Jung, *Psychological Reflections*, ed. J. J. Jacobi (Princeton: Princeton University Press, 1971), pp. 137~138, 다음 책에서 인용함. Bianchi, *Aging as a Spiritual Journey*, p. 26.

18. Kidd, *When the Heart Waits*, p. 10.

19. See Gail C. Stevens and R. Paul Stevens, "Menopause and the Male Climacteric," in Robert Banks and R. Paul Stevens, eds., *The Complete Book of Everyday Christianity* (Downers Grove, IL: InterVarsity Press, 1997), pp. 624~629.

20. Bianchi, *Aging as a Spiritual Journey*, p. 152.

21. Bianchi, *Aging as a Spiritual Journey*, p. 46.

22. Richard Rohr, *Falling Upward: A Spirituality for the Two Halves of*

Life (San Francisco: Jossey-Bass, 2011), pp. 143~144.

23. Bianchi, *Aging as a Spiritual Journey*, p. 191.

24. Matthew the Poor, *Orthodox Prayer Life*, p. 164.

25. Maurice Regnier, e-mail, December 16, 2013.

26. See Julie Banks and Robert Banks, "Simpler Lifestyle," in *Banks and Stevens, The Complete Book of Everyday Christianity*, pp. 896~900.

27. Banks and Banks, "Simpler Lifestyle," p. 899.

28. C. S. Lewis, *Mere Christianity* (London: Collins, 1952/1969), p. 116. (《순전한 기독교》, 홍성사 역간)

29. W. H. Auden, introduction to *The Descent of the Dove: The History of the Holy Spirit in the Church*, by Charles Williams (New York: Meridian Books, 1956), p. viii.

30. E-mail, July 13, 2014.

31. See R. Paul Stevens, *Doing God's Business: Meaning and Motivation for the Marketplace* (Grand Rapids: Eerdmans, 2006); *The Other Six Days: Vocation, Work, and Ministry in Biblical Perspective* (Grand Rapids: Eerdmans, 1999); and *Work Matters: Lessons from Scripture* (Grand Rapids: Eerdmans, 2012). (《일의 신학》, 도서출판 CUP 역간)

32. Ben Witherington III, Work: A Kingdom Perspective on Labor (Grand Rapids: Eerdmans, 2011), p. 118.

33. 다음 책에서 인용함. Dwight Hervey Small, *When Christians Retire: Finding New Purpose in Your Bonus Years* (Kansas City, MO: Beacon Hill Press, 2000), pp. 14~15.

5 나이듦의 악덕

1. Paul Tournier, *Learn to Grow Old*, trans. Edwin Hudson (Louisville: Westminster John Knox Press, 1991), p. 118.

2. Montaigne, 다음 책에서 인용함. Eugene C. Bianchi, *Aging as a Spiritual Journey* (Eugene, OR: Wipf and Stock, 2011), p. 134.

3. Hermas, 다음 책에서 인용함. Bianchi, *Aging as a Spiritual Journey*, p. 132.

4. Montaigne, 다음 책에서 인용함. Bianchi, *Aging as a Spiritual Journey*, p. 134.

5. 다음 책에서 인용함. William H. Willimon, *Sinning Like a Christian: A New Look at the Seven Deadly Sins* (Nashville: Abingdon Press, 2005), p. 21.

6. 가치는 반대되는 개념이 없다. 하지만 미덕은 반대되는 개념, 즉 악덕이 존재한다.

7. R. Paul Stevens and Alvin Ung, *Taking Your Soul to Work: Overcoming the Nine Deadly Sins of the Workplace* (Grand Rapids: Eerdmans, 2010), pp. 15~20. 이 책에서 처음으로 '일곱 가지 죄악'의 일부를 정의했다.

8. John Cassian, *Institutes* 11.8 (*NPNF*, 2nd ser., 11:277), 다음 책에서 인용함. Rowan A. Greer, "Special Gift and Special Burden: Views of Old Age in the Early Church," in Stanley Hauerwas et al., eds., *Growing Old in Christ* (Grand Rapids: Eerdmans, 2003), p. 33.

9. Macrobius, *Saturnalia* 7.2.14, 다음 책에서 인용함. Hauerwas, *Growing Old in Christ*, p. 33.

10. *The Sayings of the Fathers* 105, in *Western Asceticism*, ed. Owen Chadwick, Library of Christian Classics, vol. 12 (Philadelphia: Westminster, 1958), p. 129, 다음에서 인용함. Greer, "Special Gift and Special Burden," p. 33.

11. Stevens and Ung, *Taking Your Soul to Work*, pp. 50~55.

12. Elaine Jarvik, "Envy — Sin That's 'No Fun at All' Has Elements of Pride, Greed, Anger," Deseret News; http://www.deseretnews.com/article/1,5143,635197503,00.html (accessed August 1, 2008).

13. Tournier, *Learn to Grow Old*, p. 118.

14. Stevens and Ung, *Taking Your Soul to Work*, pp. 38~43.

15. Stevens and Ung, *Taking Your Soul to Work*, pp. 44~49.

16. John Cassian, *Conferences* 2.13 (*NPNF*, 2nd ser., 11:314), in Greer, "Special Gift and Special Burden," p. 33.

17. Paul Jordan-Smith, "Seven (and More) Deadly Sins," *Parabola* 10 (Winter 1985): 41.

18. Stevens and Ung, *Taking Your Soul to Work*, pp. 21~25.

19. Alexander Schmemann, *For the Life of the World: Sacraments and Orthodoxy* (Crestwood, NY: St. Vladimir's Seminary Press, 1973), pp. 11, 18. 《세상에 생명을 주는 예배》, 복있는사람 역간)

20. Gregory I, *Moralia* 30.18, quoted in Gerard Reed, *C. S. Lewis Explores Vice and Virtue* (Kansas City, MO: Beacon Hill Press, 2001), pp. 62~63. 《죄악과 도덕》, 누가 역간)

21. Stevens and Ung, *Taking Your Soul to Work*, pp. 26~31.

22. Richard Rohr, "An Appetite for Wholeness," Sojourners (November 1982): 30.

23. 다음 책에서 인용함. Stanford M. Lyman, *The Seven Deadly Sins and Evil* (Dix Hills, NY: General Hall, 1989), p. 55.

24. J. W. Rowe and R. L. Kahn, *Successful Aging* (New York: Pantheon Books, 1998), pp. 28~30 《성공적인 노화》, 학지사 역간), 다음 책에서 인용함. James M. Houston and Michael Parker, *A Vision for the Aging Church: Renewing Ministry for and by Seniors* (Downers Grove, IL: IVP Academic, 2011), pp. 118~119. 이 주제를 훌륭하게 다룬 다음 글을 읽어 보라. Patricia Jung, "Differences among the Elderly: Who Is on the Road to Bremen?" in Hauerwas, *Growing Old in Christ*, pp. 112~128.

25. 《일삶구원》에서 앨빈 웅과 나는 각각의 일곱 가지 죄악과 성령의 열매를 연결해 보았다.

26. Greer, "Special Gift and Special Burden," p. 30.

27. Carlo Carretto, *Letters from the Desert* (Maryknoll, NY: Orbis Books, 1972/2002), pp. 61~62.

28. Tournier, *Learn to Grow Old*, p. 118.

29. 이삭 가족의 이야기를 더 자세히 알고 싶다면 다음 책을 보라. R. Paul Stevens, *Down-to-Earth Spirituality: Encountering God in the Ordinary, Boring Stuff of Life* (Downers Grove, IL: InterVarsity Press, 2003). 《내 이름은 야곱입니다》, 죠이선교회 역간)

6 나이듦의 미덕

1. Charles Pinches, "The Virtues of Aging," in Stanley Hauerwas et al., eds., *Growing Old in Christ* (Grand Rapids: Eerdmans, 2003), p. 204.

2. *Lutheran Book of Worship* (Minneapolis: Augsburg, 1978), p. 153, 다음 책에서 인용함. Gilbert Meilaender, *Should We Live Forever? The Ethical Issues of Aging* (Grand Rapids: Eerdmans, 2013), p. 102.

3. "What Is the Deadliest Sin?" *Economist* (June 14~20, 2014): 6~9를 보라. 그리고 "The Seven Deadly Sins: Turn Temptations into a Source of Strength," *Scientific American Mind* (November/December 2013): 25~53을 보라.

4. 다음 책에서 인용함. Pinches, "The Virtues of Aging," pp. 203~204.

5. 다음 책에서 인용함. Rowan A. Greer, "Special Gift and Special

Burden: Views of Old Age in the Early Church," in Hauerwas, *Growing Old in Christ*, p. 26.

6. 다음 책에서 인용함. Greer, "Special Gift and Special Burden," p. 27.

7. Meilaender, *Should We Live Forever?*, p. 33.

8. Paul B. Baltes, "Facing Our Limits: Human Dignity in the Very Old," *Daedalus* 135, no. 1 (Winter 2006): 35, 다음 책에서 인용함. Meilaender, *Should We Live Forever?*, p. 84.

9. Cardinal Wyszynski, *All You Who Labor: Work and the Sanctification of Daily Life* (Manchester, NH: Sophia Institute Press, 1995), pp. 123, 141.

10. Matthew the Poor, *Orthodox Prayer Life: The Interior Way* (Crestwood, NY: St. Vladimir's Seminary Press, 2003), p. 164.

11. Meilaender, *Should We Live Forever?*, p. 86.

12. William May, *The Patient's Ordeal*, p. 134, 다음 책에서 인용함. Pinches, "The Virtues of Aging," p. 210.

13. 살전 1:3, 고전 13:13, 골 1:5을 보라.

14. Eugene C. Bianchi, *Aging as a Spiritual Journey* (Eugene, OR: Wipf and Stock, 2011), p. 184.

15. Edward Collins Vacek, S.J., "Vices and Virtues of Old-Age Retirement," 다음 책에서 인용함. Meilaender, *Should We Live Forever?*, p. 57.

16. Pinches, "The Virtues of Aging," p. 222.

17. 다음 책을 활용함. N. T. Wright's translation here: *Paul for Everyone: 2 Corinthians* (London: SPCK, 2003), p. 46. 《모든 사람을 위한 고린도후서》, 한국기독학생회출판부 역간)

18. Wright, *Paul for Everyone*, pp. 50~51.

19. Stuart Barton Babbage, "Retirement," in Robert Banks and R. Paul Stevens, eds., *The Complete Book of Everyday Christianity* (Downers Grove, IL: InterVarsity Press, 1997), p. 859.

20. Edmund H. Oliver, *The Social Achievements of the Christian Church* (Vancouver: Regent College Publishing, 1930/2004).

21. From the Ministry of Money Newsletter, edited by Don McClanen (February 1997), 다음 책에서 인용함. William E. Diehl and Judith R. Diehl, *It Ain't Over Till It's Over: A User's Guide to the Second Half of Life* (Minneapolis: Augsburg Books, 2003), p. 134.

22. Thomas Aquinas, "Treatise on Faith, Hope and Charity," *Summa Theologica*, part II of second part, qu. 32, art. 2. 《신학대전》, 바오로딸 역간)

23. James M. Houston and Michael Parker, *A Vision for the Aging Church: Renewing Ministry for and by Seniors* (Downers Grove, IL: IVP Academic, 2011), p. 39.

24. Houston and Parker, *A Vision for the Aging Church*, p. 100.

25. Houston and Parker, *A Vision for the Aging Church*, p. 20.

26. Richard Rohr, *Falling Upward: A Spirituality for the Two Halves of*

Life (San Francisco: Jossey-Bass, 2011), p. 9.

27. Zalman Schachter-Shalomi, *From Age-ing to Sage-ing: A Profound New Vision of Growing Older* (New York: Grand Central Publishing, 1995), p. 39.

28. Abot 4:20, 다음 책에서 인용함. Houston and Parker, *A Vision for the Aging Church*, p. 55.

29. Martin Luther, "Treatise on Good Works," in W. A. Lambert, trans., James Atkinson, ed., Luther's Works, vol. 44 (Philadelphia: Fortress Press, 1966), pp. 26~27. 캘빈(Calvin)은 말했다. "우리가 진리이며 견고한 지식으로 아는 하나님은 혼란을 야기시키거나 우려를 증폭시키시는 분이 아니다"(*Comm*. Ps. 4:2). 캘빈에게 구원이란, 하나님을 알고 우리 자신을 아는 것이었다. 이 두 가지 앎은 성령의 일하심으로 내적으로 증명되고, 내적 확신으로 설득된다(*Institutes* 3.2.14~16).

30. Bianchi, *Aging as a Spiritual Journey*, p. 210.

31. 우리가 어떻게 미덕을 얻는가에 관한 내용은 나와 이언 벤슨이 처음 출간한 다음 글에 잘 나와 있다. "Virtues," in Banks and Stevens, The Complete Book of Everyday Christianity, pp. 1069~1072.

32. www.goodreads.com/quotes/tag/aging (accessed April 3, 2014).

33. 여기서는 수수께끼 같은 책 아가서에 대해 자세히 설명하지 않지만, 솔로몬이 아름답고 젊은 여인을 아내로 삼는 과정을 그린 책이라는 것이 최선의 해석이다. 그러나 그녀는 이미 목동인 애인과 사랑을 언약했다.

반면 솔로몬은 그녀의 아름다운 몸을 노래하며 환심을 사려고 하지만, 목동 애인은 "솔로몬은 언제든 아내를 만들 수 있지만, 그녀는 나의 유일한 애인이다."라고 일축한다. 아가서는 사랑은 언약한 사람들의 에로틱한 사랑의 아름다움과 솔로몬의 탐욕에 대한 혐오를 그린 시다.

34. 다음 글에서 인용함. "An All-Round Ministry," in Larry J. Michael, *Spurgeon on Leadership* (Grand Rapids: Kregel, 2003), p. 67. 《스펄전의 리더십》, 생명의말씀사 역간)

7 다방면의 유산 남기기

1. 이 인용문은 간혹 랄프 왈도 에머슨의 글로 오해되기도 한다. 다음의 인터넷 사이트에서 확인할 수 있다. emerson-legacy.yamu.edu/Ephemera/success/html.

2. Eugene C. Bianchi, *Aging as a Spiritual Journey* (Eugene, OR: Wipf and Stock, 2011), p. 169.

3. William Hendriksen, *Exposition of the Gospel according to Matthew* (Grand Rapids: Baker Book House, 1973), p. 883.

4. 마 4:17, 행 1:3.

5. Mortimer Arias, *Announcing the Kingdom: Evangelization and the Subversive Memory of Jesus* (Lima, OH: Academic Renewal Press, 1984), pp. 66~67.

6. René Padilla, "The Mission of the Church in the Light of the Kingdom of God," *Transformation* 1, no. 2 (April-June 1984): 19.

7. 마 7:23, 25:12.

8. 창 13:8~18, 욥 1:21.

9. 시 73:12~13, 욥 21:7~21.

10. Jacques Ellul, *Money and Power*, trans. LaVonne Neff (Downers Grove, IL: InterVarsity Press, 1984).

11. Richard Foster, *Money, Sex, and Power: The Challenge of the Disciplined Life* (New York: Harper and Row, 1985), p. 28. 《돈 섹스 권력》, 두란노 역간)

12. Jeffrey K. Salkin, Being God's Partner: How to Find the Hidden Link between Spirituality and Work (Woodstock, VT: Jewish Lights Publishing), p. 162.

13. J. Schneider, "Money," in Robert Banks and R. Paul Stevens, eds., *The Complete Book of Everyday Christianity* (Downers Grove, IL: InterVarsity Press, 1997), p. 662.

14. John Wesley, "The Use of Money," in Max L. Stackhouse et al., eds., *On Moral Business: Classical and Contemporary Resources for Ethics in Economic Life* (Grand Rapids: Eerdmans, 1995), pp. 194~197.

15. John Chrysostom, *On Wealth and Poverty*, trans. Catherine P. Roth (Crestwood, NY: St. Vladimir's Seminary Press, 1984), p. 12.

16. H. Hurwitz, *The Ancient Hebrew Sages* (Morrison and Watt, 1826); www.sofii.org/node/820 (accessed January 17, 2013).

17. Brian Griffiths and Kim Tan, *Fighting Poverty through Enterprise: The Case for Social Venture Capital* (Coventry, UK: Transformational Business Network, 2007).

18. Some of the following was published in R. Paul Stevens, "Will, Last," in Banks and Stevens, *The Complete Book of Everyday Christianity*, pp. 1117~1120.

19. L. Stone, "The Rise of the Nuclear Family," in C. E. Rosenburg, ed., *The Family in History* (Philadelphia: University of Pennsylvania Press, 1975), p. 46.

20. 다음 글을 보라. "The Practice of Advance Directives," in Allen Verhey, *The Christian Art of Dying: Learning from Jesus* (Grand Rapids: Eerdmans, 2011), pp. 357~363.

21. 다른 자료로는 다음의 글들이 있다. R. Paul Stevens, "Stewardship," in Banks and Stevens, *The Complete Book of Everyday Christianity*, pp. 962~967; R. Paul Stevens and Alvin Ung, "Joyful Relinquishment" and "Surrendered Contentment," in *Taking Your Soul to Work: Overcoming the Nine Deadly Sins of the Workplace* (Grand Rapids: Eerdmans, 2010), pp. 139~150; Laura Nash and Howard Stevenson, *Just Enough: Tools for Creating Success in Your Work and Life* (Hoboken, NJ: Wiley and Sons, 2004).

22. 다음의 책을 보라. R. Paul Stevens, *Down-to-Earth Spirituality: Encountering God in the Ordinary, Boring Stuff of Life* (Downers

Grove, IL: InterVarsity Press, 2003), pp. 166~181.

23. 3장의 미주 17, 18번을 보라.

24. 다음 책에서 인용함. T. K. Jones, "Death: Real Meaning in Life Is to Be Found beyond Life," *Christianity Today* 35 (June 24, 1991): 30.

8 인생 돌아보기와 인생 미리보기

1. Eugene C. Bianchi, *Aging as a Spiritual Journey* (Eugene, OR: Wipf and Stock, 2011), p. 207.

2. Zalman Schachter-Shalomi, *From Age-ing to Sage-ing: A Profound New Visionof Growing Older* (New York: Grand Central Publishing, 1995), p. 26.

3. Brian A. Smith, *Closing Comments: ALS - a Spiritual Journey into the Heart of a Fatal Affliction* (Toronto: Clements Publishing, 2000), pp. 121~122.

4. 다음 책에서 인용함. Carol Bailey Stoneking, "Modernity: The Social Construction of Aging," in Stanley Hauerwas et al., eds., *Growing Old in Christ* (Grand Rapids: Eerdmans, 2003), p. 76.

5. Erasmus, "Preparing for Death" (1553), in John W. O'Malley, ed., *Collected Works of Erasmus: Spiritualia and Pastoralia* (Toronto: University of Toronto Press, 1998), pp. 392~430, quoted in Allen Verhey, *The Christian Art of Dying: Learning from Jesus* (Grand Rapids: Eerdmans, 2011), p. 255.

6. Dwight Hervey Small, *When Christians Retire: Finding New Purpose in Your Bonus Years* (Kansas City, MO: Beacon Hill Press, 2000), p. 113.

7. Small, *When Christians Retire*, p. 122.

8. C. S. Lewis, *Mere Christianity* (London: Geoffrey Bles, 1953), p. 120.

9. 다음의 장을 보라. "A Good Dying," in Fred Craddock, Dale Goldsmith, and Joy V. Goldsmith, *Speaking of Dying: Recovering the Church's Voice in the Face of Death* (Grand Rapids: Brazos Press, 2012), pp. 163~194. 특별히, 이 저자들은 교회가 죽음을 잘 준비하도록 돕는 일이 무엇인지를 안내한다.

10. 이 말은 루터가 말했지만, 원래 프로이센의 프레데릭 2세의 어느 근위병에게서 나온 것으로 알려져 있다. Markus Barth, *Ephesians* 4~6, Anchor Bible (Garden City, NY: Doubleday and Co., 1960), p. 517.

11. Bianchi, Aging as a Spiritual Journey, pp. 57~58.

12. 다음 책에서 인용함. Bianchi, *Aging as a Spiritual Journey*, p. 194.

13. 다음 책에서 인용함. Richard Rohr, *Falling Upward: A Spirituality for the Two Halves of Life* (San Francisco: Jossey-Bass, 2011), p. 51.

14. Paul Tournier, *Learn to Grow Old*, trans. Edwin Hudson (Louisville: Westminster John Knox Press, 1991), p. 33.

15. Anthony de Mello, S.J., *Sadhana: A Way to God* (Anand, India: Gujarat Sahitya Prakash, 1978), pp. 89~90.

16. Tournier, *Learn to Grow Old*, p. 171.

17. 다음 책에서 인용함. Tournier, *Learn to Grow Old*, p. 172.

18. 다음 책에서 인용함. Small, *When Christians Retire*, p. 40.

19. Craddock, Goldsmith, and Goldsmith, *Speaking of Dying*, p. 137. "What the Dying Might Want to Say"라는 제목의 글에서 저자들은 마지막에 예수께서 경험하신 일에 관해 기술한다, pp. 116~119. 또한, 다음 글을 보라. "Lament," in Verhey, *The Christian Art of Dying*, pp. 313~315.

20. Smith, *Closing Comments*, p. 90.

21. Verhey, *The Christian Art of Dying*, pp. 110~156, 255~294.

22. Verhey, *The Christian Art of Dying*, p. 150.

23. Verhey, *The Christian Art of Dying*, pp. 299, 300~385. 또한, 다음 책을 보라. Craddock, Goldsmith, and Goldsmith, *Speaking of Dying*.

24. Walter Wangerin Jr., *Mourning into Dancing* (Grand Rapids: Zondervan, 1992), pp. 78~126.

25. Tournier, *Learn to Grow Old*, p. 184.

26. Mia Kafieris, "Preparing for Death" (미출간된 문서임. Regent College, Vancouver, BC, 2013), p. 3.

27. Tournier, *Learn to Grow Old*, p. 214.

28. Bianchi, *Aging as a Spiritual Journey*, pp. 171~172.

29. Bianchi, *Aging as a Spiritual Journey*, pp. 171~172.

30. 다음 책에서 인용함. Small, When Christians Retire, p. 30. 다음 책에서 기억과 아우구스티누스를 다루는 부분을 보라. Hauerwas, *Growing Old in Christ*, pp. 274ff.

31. Schachter-Shalomi, *From Age-ing to Sage-ing*, p. 62.

32. Os Guinness, *The Call: Finding and Fulfilling the Central Purpose of Your Life* (Nashville: Word Publishing, 1998), pp. 241~242.

33. Guinness, *The Call*, p. 242.

34. Francis A. Schaeffer, *True Spirituality* (Wheaton, IL: Tyndale House, 1971), p. 9. (《진정한 영적 생활》, 생명의말씀사 역간)

35. Joan Chittister, 다음 책에서 인용함. Lewis Richmond, *Aging as a Spiritual Practice: A Contemplative Guide to Growing Older and Wiser* (New York: Gotham Books, 2012), p. 62.

36. Rohr, *Falling Upward*, p. 101.

37. 다음 책에서 인용함. T. K. Jones, "Death: Real Meaning in Life Is to Be Found beyond Life," *Christianity Today* 35 (June 24, 1991): 30.

38. 다음 책에서 인용함. Jones, "Death," p. 30.

39. *The Table Talk of Martin Luther* (London: H. G. Bohn, 1857), pp. 322~323. (《탁상담화》, 크리스천다이제스트 역간)

9 끝은 또 다른 시작

1. Richard Rohr, *Falling Upward: A Spirituality for the Two Halves of Life* (San Francisco: Jossey-Bass, 2011), p. xxxvi.

2. G. K. Chesterton, *What's Wrong with the World*, in *The Collected Works of G. K. Chesterton*, vol. 4 (San Francisco: Ignatius Press, 1987), p. 77, 다음 책에서 인용함. Gilbert Meilaender, *Should We Live Forever? The Ethical Issues of Aging* (Grand Rapids: Eerdmans, 2013), p. 79.

3. Stanley Hauerwas, "How Risky Is *The Risk of Education?* Random Reflections from the American Context," in *The State of the University* (Malden, MA: Blackwell, 2007), p. 53, 다음 책에서 인용함. Fred Craddock, Dale Goldsmith, and Joy V. Gold smith, *Speaking of Dying: Recovering the Church's Voice in the Face of Death* (Grand Rapids: Brazos Press, 2012), p. 33.

4. 이 내용 중 일부는 다음 책에서 출간되었다. Gail C. Stevens and R. Paul Stevens, "Death," in Robert Banks and R. Paul Stevens, eds., *The Complete Book of Everyday Christianity* (Downers Grove, IL: InterVarsity Press, 1997), pp. 273~278.

5. Mia Kafieris, "Preparing for Death" (미출간된 문서임. Regent College, Vancouver, BC, 2013), p. 1.

6. Gilbert Meilaender, *Should We Live Forever? The Ethical Ambiguities of Aging* (Grand Rapids: Eerdmans, 2013).

7. Meilaender, *Should We Live Forever?*, p. 41.

8. 다음 책에서 인용함. "Introduction," Richard John Neuhaus, ed., *The Eternal Pity: Reflections on Dying* (Notre Dame: University of

Notre Dame Press, 2000), p. 11. 노이하우스는 세속 문학 작품뿐 아니라 종교 전통 문헌을 통해 불교, 이슬람, 유대교, 힌두교 등 다양한 종교에서 죽음을 어떻게 다루고 있는지 탁월하게 정리해 놓았다.
9. 죽어 가는 사람의 말, 죽음의 비신화화, 야훼와 죽음의 공백, 죽음의 단계, 한 사람의 죽음과 많은 사람의 죽음. Hans Walter Wolff, *Anthropology of the Old Testament* (Philadelphia: Fortress Press, 1974), pp. 99~118.
10. Wolff, *Anthropology*, p. 102.
11. Wolff, *Anthropology*, p. 105.
12. Wolff, *Anthropology*, pp. 106~107.
13. Wolff, *Anthropology*, p. 109.
14. J. Pedersen, *Israel: Its Life and Culture*, 4 vols. (London: Geoffrey Cumberlege, 1964), 1:179.
15. 이와 정반대되는 견해에 관해서는 다음 책을 참고하라. J. W. Cooper, *Body, Soul, and Life Everlasting: Biblical Anthropology and the Monism-Dualism Debate* (Grand Rapids: Eerdmans, 1989).
16. 단 12:2, 욥 3:17, 살전 4:14, 계 14:13.
17. 창 3:19~22, 전 12:7, 롬 5:12.
18. 눅 9:31, 16:22, 행 9:39, 빌 1:23, 벧후 1:15, 약 2:26.
19. 창 25:8, 삿 2:10.
20. 눅 23:43, 고후 5:8, 빌 1:23.
21. 이 주제를 탁월하게 다룬 다음 책을 보라. Allen Verhey, *The Christian*

Art of Dying: Learning from Jesus (Grand Rapids: Eerdmans, 2011), pp. 203~207.

22. Rowan A. Greer, "Special Gift and Special Burden: Views of Old Age in the Early Church," in Stanley Hauerwas et al., eds., *Growing Old in Christ* (Grand Rapids: Eerdmans, 2003), p. 25.

23. Lesslie Newbigin, *Honest Religion for Secular Man* (Philadelphia: Westminster Press, 1966), p. 42.

24. Yves Congar, *Lay People in the Church: A Study for a Theology of the Laity*, trans. D. Attwater (Westminster, MD: Newman Press, 1967), p. 92.

25. Tom Wright, *Paul for Everyone: Galatians and Thessalonians* (London: SPCK, 2002), p. 128.

26. Wright, *Paul for Everyone: Galatians and Thessalonians*, pp. 124~125. 《모든 사람을 위한 갈라디아서·데살로니가전후서》, 한국기독학생회출판부 역간)

27. Augustine, *Confessions*, trans. Henry Chadwick (Oxford: Oxford University Press, 1998), pp. 3, 5.

28. Much of this is drawn from R. Paul Stevens, "Rest," in Banks and Stevens, *The Complete Book of Everyday Christianity*, pp. 853~854.

29. R. Paul Stevens, "Boredom," in Banks and Stevens, *The Complete Book of Everyday Christianity*, p. 80.

30. Richard Baxter, *The Saints' Everlasting Rest*, ed. John T. Wilkinson (Vancouver: Regent College Publishing, 2004), p. 23. (《성도의 영원한 안식》, 크리스천다이제스트 역간)

31. Baxter, *The Saints' Everlasting Rest*, pp. 38~39.

32. Baxter, *The Saints' Everlasting Rest*, p. 39.

33. Baxter, *The Saints' Everlasting Rest*, p. 39.

34. Baxter, *The Saints' Everlasting Rest*, p. 41.

35. Baxter, *The Saints' Everlasting Rest*, p. 42.

36. Baxter, *The Saints' Everlasting Rest*, p. 45.

37. Baxter, *The Saints' Everlasting Rest*, p. 65.

38. Baxter, *The Saints' Everlasting Rest*, pp. 75~82.

39. 다음 책을 보라. George MacDonald, *The Curate's Awakening* (Minneapolis: Bethany House, 1985), p. 145.

40. Eugene H. Peterson, *The Message* (Colorado Springs: NavPress, 2002), p. 2264.

41. N. T. Wright, *The Challenge of Jesus: Rediscovering Who Jesus Was and Is* (Downers Grove, IL: InterVarsity Press, 1999), pp. 180~181.

42. 다음 책에서 인용함. Richard John Neuhaus, "Introduction," in *The Eternal Pity: Reflections on Dying* (Notre Dame: University of Notre Dame Press, 2000), p. 2.

에필로그

1. Brian A. Smith, *Closing Comments: ALS - a Spiritual Journey into the Heart of a Fatal Affliction* (Toronto: Clements Publishing, 2000), pp. 134~138.

색인

ㄱ

고든 터커(Tucker, Gordon) 83 296

교만(Pride) 123, 125, 126

구약 성경(Old Testament):

    구약 성경에서 죽음 233~237,

    구약 성경에서 노인들 69, 73~85

그래엄 스미스(Smith, Graeme) 256

그레고리우스 1세 124, 135

그레고리우스 교황(Gregory the Great) 135

금욕주의(Asceticism) 108

기독교 자원 봉사(Volunteerism, Christian) 28, 30, 50, 53, 154, 155

길버트 메일랜더(Meilaender, Gil-bert) 147, 148, 231, 232

ㄴ

나이듦(Aging):

    문화적 관점에서 69~70,

    신약 성경에서 71~73, 85~86,

구약 성경에서 77~79, 85~86,

시편에서 74~76,

지혜서에서 74~76

나지안주스의 성 그레고리우스(Gregory of Nazianzus) 146

노화 방지(Age-retardation) 231

놀이 vs. 일(Play vs. work) 27~30

니사의 성 그레고리우스(Gregory of Nyssa) 206

ㄷ

단순함(Simplicity) 148

달라스 윌라드(Willard, Dallas) 98

데렉 키드너(Kidner, Derek) 77

데이비드 스태나드(Stannard, David) 202

돈(Money) 180~183, 187~193

드와이트 스몰(Small, Dwight) 203

디트리히 본회퍼(Bonhoeffer, Dietrich) 32, 35

ㄹ

라헬(Rachel) 82~84

랄프 맷슨(Mattson, Ralph) 57

로버트 뱅크스(Banks, Robert) 110

로완 그리어(Greer, Rowan) 138

루이스 리치몬드(Richmond, Lewis) 11

르네 빠딜라(Padilla, René) 180

르우엘 하우(Howe, Reuel) 204

리처드 로어(Rohr, Richard) 105, 136, 158, 221

리처드 백스터(Baxter, Richard) 130, 246

리처드 볼스(Bolles, Richard) 204

리처드 헤이스(Hays, Richard) 73

■

마르틴 루터(Luther, Martin) 159, 204, 221

마이모니데스(Maimonides) 186

마이클 파커(Parker, Michael) 157

마크 트웨인(Twain, Mark) 232

마타 엘 메스킨(Matthew the Poor) 147

만족(Contentment) 219

말콤 머거리지(Muggeridge, Malcolm) 203

말콤 카울리(Cowley, Malcolm) 94

매일 죽기(Dying daily) 208

메노나이트 교회(Mennonite Church) 110

멘토링(Mentoring) 26

명상(Contemplation) 25, 158

모리스 레니에(Regnier, Maurice) 109

문화(Culture): 치료 문화 98, 99, 젊은이의 문화 104

미덕(Virtues): 노년의 146~148, 미덕 키우기 161~163, 미덕 vs. 가치 146, 미덕과 지혜 138,

미셸 드 몽테뉴(Montaigne, Michel de) 122, 123

미아 카피에리스(Kafieris, Mia) 214

믿음(Faith) 148~149

ㅂ

바울(Paul) 151~152

버킷 리스트(Bucket lists) 133, 224, 226

베드로(Peter) 72, 127, 128, 162

벤 위더링턴 3세(Witherington, Ben, III) 116

부(Wealth) 180~183

부차적인 죽음들(Secondary dyings) 213

부활(Resurrection) 36, 37, 116, 138, 151, 204, 208, 212, 221, 234, 238, 240~242

분노(Anger) 74, 123, 124, 127~129, 210, 213

분노(Wrath) 123, 124, 128, 129, 210

브라이언 스미스(Smith, Brian) 211, 212, 256

브루스 왈트케(Waltke, Bruce) 295

비스진스키 추기경(Wyszynski, Cardinal) 147

ㅅ

사라(Sarah) 77~79

사랑(Love) 33~34, 153~156, 159

생성 능력(Generativity) 27

서로를 점검해 주는 공동체(Accountability groups) 218

성(Sexuality) 135~139

성 베네딕트(Benedict, Saint) 70, 125

성격과 소명(Personality, and calling) 58

세군도 갈릴레아(Galilea, Segun-do) 96

세대 간 스토리텔링(Storytelling, intergenerational) 89

소명(Calling) : 소명 대 직업(vs. career) 16, 47~48

  소명의 정의 47~48, 소명의 발견 44~46, 52~53, 56~60,

  소명의 형태 47~51, 소명과 하나님의 목적 52, 예수의 소명 71,

  소명에 관한 오해 52~56, 소명을 정기적으로 새롭게 하기 217~218,

  종교적 소명과 비종교적 소명 51 54, 소명 대 보수를 받는 직업 53,

  소명과 소명의 온전함 61~63

소명(Vocation) :

  소명 안에서 온전함 61~64, 소명의 상실 51, 소명의 재평가 25

솔로몬(Solomon) 137, 166, 167, 181

쇠렌 키에르케고어(Kierkegaard, Søren) 215 225

수 몽크 키드(Kidd, Sue Monk) 102

숀 헨슨(Henson, Shaun) 98, 99

스탠 볼터(Boulter, Stan) 206

스튜어트 배비지(Babbage, Stuart) 153

시간(Time) 74, 114~115

시기(Envy) 79 123~124 126~127

시몬 베유(Weil, Simone) 96, 97

시므온(Simeon) 71, 72, 80, 150, 151, 153

시편에 등장하는 노인들(Psalms, older people in) 74~76

신약 성경에 등장하는 노인들(New Testament, older people in) 71~73, 80~85

신학적 미덕(Virtues, theological):

    믿음(faith) 148~150, 소망(hope) 151~152, 사랑(love) 153~156

ㅇ

아담과 하와(Adam and Eve) 48, 124, 132, 134, 229, 236

아브라함(Abraham) 76, 77, 78, 81, 180, 184

아서 밀러(Miller, Arthur) 57

아우구스티누스(Augustine):

    소명에 관해 60, 하나님과의 교제에 관해 48, 질투에 관해 126,

    친구의 상실에 관해 210, 음욕에 관해 135,

    하나님 안에서 안식에 관해 246, 육체의 부활에 관해 240

악덕(Vices):

    노년의 122~125, 탐욕(avarice) 132, 시기(envy) 126,

탐식(gluttony) 133, 탐욕(greed) 132, 음욕(lust) 135,
교만(pride) 125, 나태(sloth) 130, 분노(wrath) 128

안나(Anna) 71, 88

알렉 우드헐(Woodhull, Alec) 192

알렉스 밀러(Miller, Alex) 85

애가(Lament) 210, 224, 226

앨런 베르헤이(Verhey, Allen) 212

앨빈 웅(Ung, Alvin) 29, 36, 125

앵거스 건(Gunn, Angus) 205

야곱(Jacob) 80~84

야곱의 아들 요셉 70, 79, 80~83

에드워드 콜린스 바체크(Vacek, Edward Collins) 150

엘리자베스(Elizabeth) 71

엘리자베스 오코너(O'Connor, Elizabeth) 57

영적 여정(Spiritual journey):

    영적 여정의 정의 96~98, 영적 여정과 천국의 영성 111~113,

    노년의 영적 여정 104~117, 중년 전환기의 영적 여정 100~104,

    영적 여정과 치료 문화 98~100

영적 형성(Spiritual formation) 35

영성 훈련(Spiritual disciplines) 58, 80, 97, 98

예수(Jesus):

    예수님과 교제로 부르심 48, 하나님 나라의 전형으로서의 예수 34~35,

예수와 신약 성경의 인물들 71~73, 예수의 재림 244~246,

예수의 단순한 삶 108 110 116

예수 34, 하나님 나라와 유산 179~180, 하나님 나라와 일 34~38

하나님 나라에서 비금전적인 투자 184~187, 하나님 나라와 부 180~183,

오스 기니스(Guinness, Os) 48

요하네스 크리소스토무스(Chry-sostom, John) 185

요한(John) 72

우상 숭배(Idolatry) 61

월터 힐튼(Hilton, Walter) 50

월터 라이트(Wright, Walter) 7, 9, 10, 217

월터 완게린(Wangerin, Walter) 213

윌리엄 딜(Diehl, William) 155

윌리엄 메이(May, William) 146, 148

윌리엄 윌버포스(Wilberforce, William) 244

윌리엄 퍼킨스(Perkins, William) 61~63

윌리엄 헨드릭슨(Hendriksen, William) 175

유산과 유언장 187~193

유언장(Wills) : 도덕 유언장 192, 생전 유언장 191

유진 피터슨(Peterson, Eugene) 35. 165

유진 비안키(Bianchi, Eugene):

은퇴에 대한 태도 25~26, 인생 후반기에 관한 고찰 108,

노년의 도전을 다루는 것에 관해 105, 정체에 관해 204,

죽음을 고찰해 온 역사에 관해 215~216, 인생 중반의 전환에 관해 101,

남은 날을 세는 것에 관해 75, 사랑의 보편화에 관해 161

은퇴(Retirement):

은퇴에 대한 태도 24~27, 은퇴의 유익 23, 30~38,

은퇴에 대해 성경에서는 거의 다루지 않음 19~21,

은퇴에 대한 문화적 변화 21~22, 은퇴란? 24,

은퇴 준비 24, 25~26, 54~56

이브 콩가르(Congar, Yves) 243

인간관계(Relationships) 213, 218

인생 비전 선언문 217

일곱 가지 치명적인 죄악 123, 125, 135, 138, 144

음욕(Lust) 123, 134, 135, 136 139

ㅈ

자선 행위(Alms deeds) 155, 156

자끄 엘룰(Ellul, Jacques) 181

작은 죽음들(Little deaths) 213

잘만 샤흐터-샬로미(Schachter-Shalomi, Zalman) 26, 158, 200

장 칼뱅(Calvin, John) 52, 218

재능과 소명(Gifts and calling) 58

제임스 휴스턴(Houston, James) 18 55 157

조 플라워(Flower, Joe) 19

조앤 치티스터(Chittister, Joan) 31, 219

조지 베일런트(Vaillant, George) 21, 23, 26, 68, 94

조지 산타야나(Santayana, George) 221

존 웨슬리(Wesley, John) 183

존 카시안(Cassian, John) 146

존재하는 것 vs. 행하는 것(Being vs. doing) 104~108

주디스 딜(Diehl, Judith) 155

주디스 바이어스트(Viorst, Judith) 210

주디스 헤이스(Hays, Judith) 73

죽음(Death):

    죽음의 수용 213, 214, 죽음의 거부 206, 죽음에 대한 두려움 240,

    죽음에 대한 제도화 232, 죽음의 이해 238.

죽음 준비하기:

    수용 211~214, 성경의 예 80~85, 지속적으로 배우기 204~207,

    이중 국적 203~204, "매일 죽는 법" 배우기 208~210,

    점진적인 포기 208, 일 36~38

죽음을 준비하는 일(Death work) 80~85

줄리 뱅크스(Banks, Julie) 110

중년 전환기(Midlife transition) 100~102

지속적으로 배우기 204~207

지혜(Wisdom) 69, 75

지혜서에 등장하는 노인들 74~76

ㅊ

찰스 링마(Ringma, Charles) 205, 207

찰스 핀치스(Pinches, Charles) 144, 146, 150

천국(Heaven):

    천국의 영성 가꾸기 114~116, 천국을 실천하기 220~223,

    천국에서 육체의 회복 240~242, 천국과 땅의 회복 242~244,

    천국에서의 안식 244~251

청교도, 죽음의 관점(Puritans, view of death) 202

청지기(Stewardship) 173, 177, 182, 184~186

ㅋ

카를로 카레토(Carretto, Carlo) 138

칼 융(Jung, Carl) 44, 46, 57, 101, 102

케네스 칸저(Kantzer, Kenneth) 34

케이스 메더(Meador, Keith) 98

켄 디찰드(Dychtwald, Ken) 19

키케로(Cicero) 45, 108, 216

ㅌ

탐식(Gluttony) 123, 133~135

탐욕(Greed) 132, 133, 165, 190

탐욕(Avarice) 99, 123, 131~133, 165, 190

태만(Sloth) 123, 130, 131

토마스 아퀴나스(Aquinas, Tho-mas) 155~157

ㅍ

포기(Relinquishment) 208

포기(Renunciation) 209

폰투스의 에바그리우스(Evagrius of Pontus) 124, 132, 133

폴 투르니에(Tournier, Paul):

    수용 vs. 순응 213, 노년의 소명 발견하기에 관해 56~61,

    하나님의 인도하심에 관해 215~217, 은퇴 준비하기에 관해 55~56,

    포기에 관해 208, 책 다시 읽기에 관해 207, 노인의 유형에 관해 128,

    사랑의 보편화에 관해 161

프란시스 쉐퍼(Schaeffer, Francis) 219

프레드릭 뷰크너(Buechner, Frederick) 216

ㅎ

하타이, 데이비드(Hataj, David) 182

하나님 나라(Kingdom of God) : 하나님 나라와 천국의 영성 113,

    하나님 나라의 전형으로서핵심 동기(Motivation, essential) 57

하늘의 안식(Rest, heavenly) 247

힌스 발터 볼프(Wolff, Hans Wal-ter) 69, 233

행하는 것 vs. 존재하는 것(Doing vs. being) 104~108

헤르마스(Hermas) 122

흑인 성 모세(Moses, Abba) 131

C. S. 루이스(Lewis, C. S.) 112, 203

E. H. 올리버(Oliver, E. H.) 155

J. I. 패커(Packer, J. I.) 221

J. 캠벨 화이트(White, J. Campbell) 54

N. T. 라이트(Wright, N. T.) 152, 240, 245, 246, 251

SIMA 테스트(SIMA test) 57

To my sorrow의 번역 296

W. H. 오든(Auden, W. H.) 113